AF309387

HISTOIRE ABRÉGÉE

DES CAMPAGNES

DU

61me RÉGIMENT

D'INFANTERIE

Rédigée sous les auspices

DU

Colonel URION

Commandant le Régiment

et d'après les Archives du Ministère de la Guerre

PAR

LE CAPITAINE EMILE ESPÉRANDIEU

Ceux qui meurent en combattant
pour la Patrie acquièrent une gloire
qui les immortalise.

INSTITUTES DE JUSTINIEN, I, 25.

MARSEILLE
LIBRAIRIE AUBERTIN ET Cie
34, Rue Paradis, 34

1897

Librairie Charles DELAGRAVE, 15, rue Soufflot, Paris

La Guerre de 1870

SIMPLE RÉCIT

Par le Général NIOX

Un vol. cartonné, in-12 Jésus de 150 pages

Avec sept illustrations, reproductions de tableaux historiques et 12 cartes en couleurs

Prix.................. **1 fr. 25**

Librairie Henri GAUTIER, Quai des Grands-Augustins, 55, Paris

BIBLIOTHÈQUE DE SOUVENIRS
ET RÉCITS MILITAIRES

Directeur : P. GAULOT

Prix du volume.... **0 fr. 15**

On s'abonne aux CINQUANTE-DEUX volumes d'une année

Le prix de l'abonnement, pour la France, est de **9** fr. par an

---

Librairie LAROUSSE, 17, rue Montparnasse, Paris

NOUVEAU LAROUSSE ILLUSTRÉ
EN 6 VOLUMES

Directeur : Claude AUGÉ

Prix du fascicule... **0 fr. 50**

IL PARAIT UN FASCICULE TOUS LES SAMEDIS

Souscription à forfait : 150 fr.. payables 10 fr. par trimestre

HISTOIRE ABRÉGÉE

DES CAMPAGNES

du

61ᵐᵉ RÉGIMENT D'INFANTERIE

If 207
510

HISTOIRE ABRÉGÉE

DES CAMPAGNES

DU

61ᵐᵉ RÉGIMENT

D'INFANTERIE

Rédigée sous les auspices

DU

Colonel URION

Commandant le Régiment

et d'après les Archives du Ministère de la Guerre

PAR

LE CAPITAINE EMILE ESPÉRANDIEU

Ceux qui meurent en combattant
pour la Patrie acquièrent une gloire
qui les immortalise.

INSTITUTES DE JUSTINIEN, I, 25.

MARSEILLE

LIBRAIRIE AUBERTIN ET Cⁱᵉ

34, Rue Paradis, 34

1897

PRÉFACE

La filiation suivie du *61me Régiment d'infanterie* ne remonte qu'au 1er avril 1823. Mais avant cette date, le numéro 61 a été porté par d'autres corps que l'on considère, à juste titre, comme les ancêtres du régiment actuel.

Il faut citer en premier lieu le régiment de *Vermandois*, qui prit une part glorieuse à la longue série des guerres de Louis XIV. et de Louis XV, devint *61me Régiment de ligne* en 1791, contribua à repousser l'invasion et disparut trois ans après. Ensuite, la *61me Demi-brigade de bataille*, dont l'existence éphémère se passa à pacifier la Vendée. Enfin, la *61me Demi-brigade de ligne*, qui se continua, sans interruption, par le *61me Régiment de ligne*, et promena triomphalement, pendant près de vingt ans, sur tous les champs de bataille de l'Europe et jusqu'en Egypte, les trois couleurs du Drapeau français.

Nous avons été conduit, par cela même, à partager notre travail en six chapitres se rapportant à autant de corps de dénomination distincte.

Ainsi que son titre l'indique, nous n'avons voulu donner, dans ce travail, qu'un simple résumé consacré exclusivement, pour l'usage des soldats, aux campagnes du 61me. Plus tard, si les circonstances le permettent, un historique plus étendu, que nous avons rédigé en conformité des instructions ministérielles, sera publié.

Nous tenons à remercier d'une façon générale, dans cette préface, toutes les personnes qui, à un titre quelconque, nous ont facilité, au Ministère, la recherche des documents que nous avions à consulter. Mais nous exprimons surtout notre gratitude à MM. Hennet et Martinien. dont l'obligeance a été de tous les instants.

E. E.

Privas, le 14 Mars 1897.

HÉLIOPOLIS — 1800
WAGRAM — 1809
SÉBASTOPOL — 1855
SOLFÉRINO — 1859

Marche du Régiment

CHAPITRE PREMIER

RÉGIMENT DE VERMANDOIS

Création du Régiment de Vermandois

Le régiment de Vermandois, ainsi nommé en l'honneur du Comte de Vermandois, fils de Louis XIV et de Mademoiselle de la Vallière, a été créé par Colbert, le 24 décembre 1669, pour servir à bord

COMTE DE VERMANDOIS

des vaisseaux. Le capitaine *Louis de Josseaud*, du régiment d'Auvergne, eut pour mission de l'organiser à Toulon avec douze compagnies tirées des vieux corps et huit compagnies de nouvelle levée (1).

Comme le comte de Vermandois, alors âgé de trois ans, était aussi amiral de France, c'est-à-dire chef nominal de la Marine française, le régiment

(1) Les *vieux corps* étaient ceux de Picardie, Piémont, Provence, Navarre, Armagnac et Champagne. Le capitaine Louis de Josseaud ne resta au régiment de l'Amiral que jusqu'au mois de mars 1670. Il reprit, à cette date, le commandement de sa compagnie.

de Vermandois dût à cette particularité d'être connu pendant quelque temps sous le nom de l'*Admiral*. Le *comte de Gacé* en fut le premier colonel (1).

Expédition des îles Canaries

Une expédition conduite par Duquesne, et sur laquelle on n'a que peu de détails, est dirigée, en 1670, contre les pirates de la Côte occidentale d'Afrique. Le régiment de l'Amiral, qui en fait partie, assiste au bombardement de *Salé* et débarque aux *îles Canaries*.

Au mois de mars 1661, le régiment de l'Amiral passe au service de l'armée de terre et prend définitivement le nom de *Vermandois*. On le met en garnison à Amiens.

GUERRE DE HOLLANDE

(1672-1679)

Campagne de 1672

Louis XIV n'aimait pas la Hollande, autant parce qu'elle était calviniste et républicaine, que parce qu'elle accaparait le commerce maritime. Il lui reprochait aussi sa fierté.

En 1672, la France et l'Angleterre font une alliance et se mettent en mesure d'envahir les Pays-Bas.

Le régiment de Vermandois quitte sa garnison et se rend à Charleroi, au mois d'avril, pour entrer dans la composition d'une *armée* dite de *Flandre*.

La Belgique dépendait de l'Espagne, avec qui le roi de France avait fait la paix en 1668. En traversant les états

---

(1) Charles de Goyon de Matignon, comte de Gacé, nommé colonel Vermandois, le 24 décembre 1669, fut tué à la bataille de Senef.

belges, Louis XIV courait le risque de rallumer des hostilités qui n'étaient que mal éteintes. Il les évite momentanément en suivant le cours de la Meuse et passant par les évêchés de Cologne et de Munster, qui sont favorables à la France.

Prise d'Orsoy. — Le 24 mai, l'armée française est conduite au siège d'Orsoy. La place, bien défendue, résiste courageusement et ne capitule qu'après avoir repoussé quatre assauts.

Louis XIV s'empare ensuite de *Rheinberg*, dont le gouverneur a fui honteusement, et franchit le Rhin, d'abord au point où le fleuve se divise en plusieurs bras dont le principal est le Wahal, ensuite aux environs de *Tolhuys* (1).

Vaincus presque sans combat, les Hollandais demandent la paix. Louis XIV y met de telles conditions qu'aucune entente n'est possible. Une révolution éclate à la Haye, et le parti de la guerre, après avoir massacré le premier magistrat du pays, Jean de Witt, prend pour chef Guillaume de Nassau, prince d'Orange.

En Hollande, certaines terres sont au dessous du niveau de la mer. Le prince d'Orange ordonne de crever les digues qui retiennent les eaux et fait ouvrir les écluses d'Amsterdam.

Les Français sont obligés de reculer devant l'inondation.

Campagne de 1673

Prise d'Unna. — En même temps qu'il arrête ainsi Louis XIV, le prince d'Orange fomente contre lui une coalition à laquelle participent l'empereur d'Allemagne, le roi d'Espagne et l'Electeur de Brandebourg. Ce dernier prince ayant dévoilé ses intentions un peu trop prématurément, le régiment de Vermandois destiné, sous les ordres du maréchal de Turenne, à marcher contre lui, passe le Rhin à Wesel, le 4 février 1673, et arrive le 6 devant *Unna*. Cette place capitule après un siège de deux jours et

____

(1) C'est ce passage du Rhin que Boileau a célébré avec un enthousiasme excessif.

l'Electeur de Brandebourg se réfugie derrière le Weser, où l'on ne songe pas à le poursuivre.

L'armée du maréchal devait s'établir en quartiers d'hiver dans le comté de la Marck. Mais l'Electeur de Brandebourg étant revenu sur ses pas, elle l'attaque de nouveau et le repousse jusqu'aux limites extrêmes de la Westphalie.

« Cette expédition, faite par Turenne, avec la moitié moins de monde que l'Electeur de Brandebourg, fut regardée, avec raison, comme une des plus hardies et des plus belles manœuvres qui se fut faite à la guerre. » (1).

Prise de Maëstricht. — Jusqu'au mois de juin, le régiment de Vermandois se repose près de Kempen. Puis il quitte cette ville, à la suite de Louis XIV, et participe à l'investissement de *Maëstricht*. On l'emploie à une fausse attaque, du côté de Wyck, sous les ordres du frère du roi. La place capitule au bout de treize jours.

Premières opérations contre Montecuculli. — Dès le mois d'août, l'empereur d'Allemagne déclare la guerre à la France et fait secourir les Hollandais par une armée que commande le célèbre général *de Montecuculli*. Turenne, qui lui est opposé, et a sous ses ordres le régiment de Vermandois, passe le Rhin à Seligenstadt et s'empare du pont d'Aschaffenbourg. Montecuculli l'évite à la faveur des monts de Franconie et marche sur Bonn en dévastant sur sa route les états de l'évêque de Wurzbourg, resté fidèle à Louis XIV.

Turenne, ne pouvant le poursuivre faute de vivres, repasse le Rhin à Philipsbourg et campe dans la vallée de Neustadt.

Divers combats gagnés par l'amiral Ruyter sur les flottes

______

(1) De Quincy, *Hist. milit. du règne de Louis XIV*, t. I, p. 348.

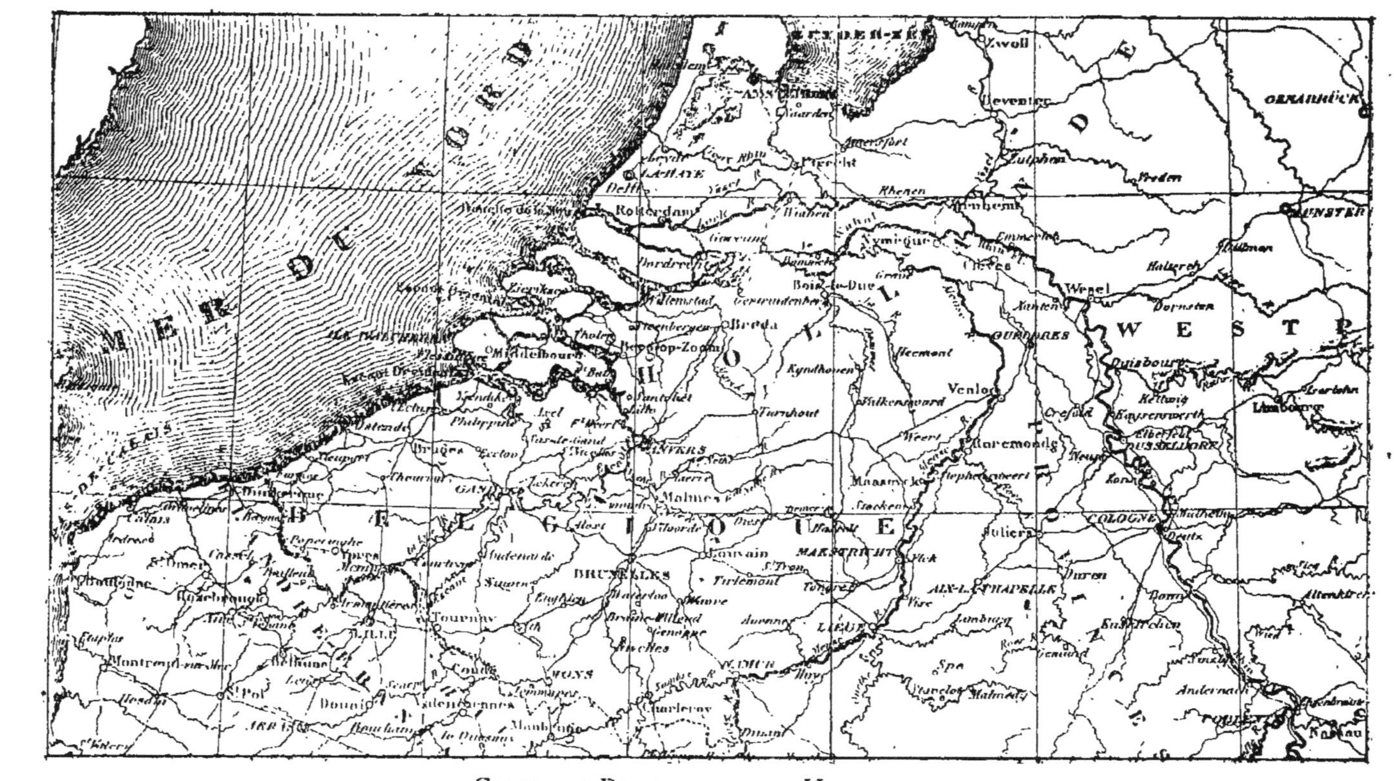

CARTE DE BELGIQUE ET DE HOLLANDE

combinées de France et d'Angleterre, encouragent les Hollandais, qui prennent l'offensive. Le roi d'Espagne déclare la guerre à Louis XIV, l'Angleterre entame des négociations qui aboutissent à un traité de paix. La France reste ainsi à peu près seule pour faire face à une plus forte coalition.

Défense de Bonn. — La ville de Bonn était la résidence de l'évêque de Cologne, allié de Louis XIV. Turenne en fait renforcer la garnison par deux régiments, dont celui de Vermandois.

L'investissement de cette place commence le 25 octobre, à l'arrivée de Montecuculli, et se continue plus étroitement par l'entrée en ligne du prince d'Orange et des Espagnols.

Jusqu'au 12 novembre, les Français résistent à leurs ennemis, et les soldats de Vermandois font des prodiges de valeur.

La garnison ne capitule qu'après avoir épuisé tous ses moyens de défense. Elle sort de la place avec les honneurs de la guerre et se retire librement à Nuytz.

Un peu moins de 1.500 hommes ont tenu pendant dix-neuf jours contre 35.000 alliés.

Campagne de 1674

A l'instigation de la Suède, des négociations sont ouvertes à Cologne pour terminer les hostilités. Un attentat commis le 14 février 1674 sur la personne du prince de Furstemberg, allié de la France, force Louis XIV à rappeler ses ambassadeurs.

Bataille de Senef. — Le régiment de Vermandois entre dans la composition d'une armée qui passe ensuite sous les ordres du prince de Condé pour combattre le prince d'Orange dans les Pays-Bas.

Le projet des alliés était d'envahir la France par Charleroi. Le 11 août, Condé atteint son adversaire et lui livre la sanglante bataille de *Senef*.

« Les ennemis occupaient le village du Fay, qui avait une bonne église et un château entouré d'une forte haie. Il y avait un marais d'un côté et un bois de l'autre, dans lequel le prince d'Orange mit plusieurs bataillons, soutenus par toute la cavalerie allemande qui était venue à son secours. Le duc de Luxembourg fut chargé de les attaquer du côté du bois, pendant que le prince de Condé les fit attaquer de l'autre par les Gardes françaises et suisses, soutenues d'autres régiments (parmi lesquels celui de Vermandois). Ce fut en cet endroit qu'il y eut un combat sanglant que la nuit ne put finir. Il continua deux heures au clair de lune et dura cinq heures sans qu'on pût dire que l'un des partis eût avantage sur l'autre. L'obscurité qui survint le fit cesser ; chacun resta de son côté dans le poste où il se trouva.

« Il y avait deux heures qu'on se reposait dans les deux camps et que les soldats, accablés de lassitude et pour la plupart couverts de blessures et de sang, tâchaient de reprendre des forces pour recommencer à combattre dès que le jour paraîtrait, lorsque tout à coup les deux armées firent, comme de concert, une décharge si subite et tellement de suite, qu'elle ressemblait plutôt à une salve qu'à une décharge de troupes qui combattent.

« On était si près les uns des autres, que quantité de soldats des deux armées en furent tués ou blessés. Et comme tous les périls paraissent plus affreux dans l'horreur de la nuit, l'épouvante fut si grande, que les deux armées se retirèrent avec précipitation, en même temps. Mais chacun s'apercevant qu'il n'était pas poursuivi, on s'arrêta tout court, et le prince de Condé, s'étant remis à la tête de son armée, la fit retourner sur le champ de bataille où il passa le reste de la nuit. Le prince d'Orange l'abandonna, ce qui fut une des preuves que le

Louis XIV (1)

____

(1) Le portrait que nous donnons à cette page, et quelques autres du même genre que l'on trouvera plus loin, sont extraits du *Deuxième livre d'Histoire de France* de Claude Augé et Maxime Petit. Les éditeurs, MM. Hollier-Larousse et C⁰, nous ont permis de les reproduire avec une obligeance dont nous sommes heureux de les remercier,

prince de Condé remporta une victoire que le prince d'Orange s'efforça de s'attribuer mal à propos. » (1)

Dans cette journée, le colonel de Gacé est mortellement frappé en donnant l'exemple d'une bravoure à toute épreuve. Son frère, le comte de Gacé, le remplace au mois de novembre à la tête du régiment (2).

La bataille de Senef accentue la mésintelligence qui s'est mise depuis quelque temps parmi les alliés. Le prince de Condé en profite pour faire lever le siège d'*Audenarde* (23 septembre).

Campagne de 1675

Combat de Mulhouse. — Le prince d'Orange ayant pris ses quartiers d'hiver, le 1er bataillon du régiment de Vermandois fait partie d'un renfort de 14.000 hommes qui est envoyé à l'armée d'Alsace.

Après avoir franchi le Rhin et porté la guerre au cœur même de l'Allemagne, Turenne a dû se replier, par le col de Saverne, devant une armée double de la sienne. Au milieu de décembre 1674, et dès qu'il a reçu le renfort qu'on lui destine, le valeureux maréchal reprend l'offensive. Il longe toute la chaîne des Vosges, au lieu de la traverser, et malgré les neiges qui obstruent les routes, arrive en vingt-deux jours sous les murs de Belfort.

Les coalisés, se croyant débarrassés de leur redoutable adversaire, ont pris leurs quartiers d'hiver dans les villages d'Alsace. Turenne les surprend dans leurs cantonnements et les bat à *Mulhouse*, où son infanterie n'intervient que pour faire des prisonniers.

Bataille de Turkheim. — Le 5 janvier 1675, l'armée française se trouve en présence des Impériaux

---

(1) De Quincy, *Hist. milit.*, t. I, p. 381.
(2) Charles-Auguste de Goyon de Matignon, comte de Gacé, fut nommé lieutenant général en 1689 et maréchal en 1708.

rangés en bataille autour de Colmar et de Turkheim, entre l'Ill et les deux rivières de la Fecht et de Colmar. L'attaque commence vers le soir et est menée avec une extrême vigueur, surtout à la sortie du vallon de *Turkheim*.

Les Impériaux sont entièrement battus et rejetés sous les murs de Schlestadt. Ils repassent le Rhin cinq jours après.

L'Alsace est délivrée, et cette campagne aussi brillante que rapide, porte la gloire de Turenne à son apogée.

| Turenne | Boufflers | Luxembourg |

Le 1ᵉʳ bataillon de Vermandois prend ses quartiers d'hiver en Lorraine. Le 2ᵐᵉ bataillon, resté à l'armée de Flandre, est réparti entre Dreux, Verneuil, Charleroi et Audenarde.

Au mois de mai 1675, l'armée de Flandre se réunit dans les environs de Tournai.

Prises de Dinant, de Huy et de Limbourg. — Le 1ᵉʳ bataillon de Vermandois, rassemblé à Philippeville, est conduit au siège de *Dinant* par le maréchal de Créqui. La ville est attaquée le 22 et enlevée le 24. Le château, mieux situé et plus solidement défendu, ne capitule que le 29.

Le 2ᵐᵉ bataillon participe de son côté au siège de *Huy*, puis à celui de *Limbourg* sous les ordres du prince de Condé. Cette dernière place est enlevée de vive force dans la nuit du 20 au 21 juin.

Après la prise de Dinant, le maréchal de Créqui est retourné sur la Moselle, vers Melling. Lorsque Turenne est tué à Salzbach (22 juillet), le roi fait renforcer l'armée de Moselle par un détachement tiré de Flandre. Le 2ᵐᵉ bataillon de Vermandois est désigné pour en faire partie.

Bataille du pont de Konz. — Les ducs de Lorraine et de Lunebourg, après avoir franchi le Rhin à Coblentz, ont mis le siège devant Trèves. Le maréchal de Créqui marche à leur rencontre et se fait battre le 11 août, au pont de Konz (1).

L'honneur des armes n'est sauvé que par l'héroïsme des soldats de la Couronne et de Vermandois qui se font tuer plutôt que de se rendre. Le comte de Gacé est blessé et fait prisonnier.

Les débris de l'armée de Créqui parviennent, à la faveur des bois, à gagner Thionville et Metz. Le maréchal se jette dans Trèves avec une escorte de cinq cavaliers.

Campagne de 1676

Prise de Condé et de Bouchain. — Le régiment de Vermandois se reconstitue en Normandie et se rassemble à Philippeville et au Quesnoy dans le courant de janvier 1676. Au mois d'avril, vingt compagnies (un bataillon) tirées du Quesnoy sont employées à l'armée de Flandre. Elles participent aux sièges de *Condé* et de *Bouchain*, qui se terminent par une capitulation.

Dans la soirée du 10 mai, sous les murs de Bouchain, la brigade d'Aubijoux (Douglas, Orléans et

---

(1) Cette rencontre a été improprement appelée *bataille de Consarbrück*. Il n'y a aucune localité de ce nom autour de Trèves.

Vermandois) échoue en donnant l'assaut du corps de place. Le lendemain, elle recommence son attaque sous les ordres de Monsieur, frère du roi, et parvient à franchir le fossé, ce qui amène la reddition de la ville.

Prise d'Aire. — Le bataillon de Vermandois qui tient la campagne se rend, avec l'armée du roi, au camp d'*Heurtebize*. On l'en détache au mois de juillet pour l'envoyer au siège d'*Aire*.

Le 22, le fort Saint-François est emporté l'épée à la main par les soldats de Vermandois ; le 23, la tranchée est ouverte et le 31, la place capitule après avoir subi plusieurs assauts.

Levée du Siège de Maëstricht. — La garnison française de Maëstricht a été investie, le 7 juillet, par le prince d'Orange et les Espagnols. Le comte de Schomberg, qui leur est opposé, marche contre eux, avec l'appui de quelques bataillons, dont celui de Vermandois, et les met en déroute après un violent combat. Il se retirent vers Diepenbeek en abandonnant tous leurs canons.

L'armée de secours entre dans Maëstricht le 27 août à 9 heures du matin, aux applaudissements de la garnison qui déjà manquait de vivres.

Combat de Noiremont. — La levée du siège de Maëstricht, due à l'audace des Français, cause en Hollande une véritable stupeur. Les Espagnols et les Hollandais se replient s u Wavre et Louvain, serrés de près par le maréchal de Schomberg, qui les atteint et leur livre un sanglant combat d'arrière-garde dans le voisinage de *Noiremont*. Mais il eut été dangereux, pour les Français, de poursuivre plus longtemps leurs ennemis dans leur mouvement de retraite. Le maréchal de Schomberg recule du côté de Gotève et, finalement, rentre à Maëstricht, d'où le bataillon de Vermandois est dirigé sur Douai.

Le 11 novembre, les différents corps prennent leurs quartiers d'hiver. Le régiment de Vermandois est envoyé pour se refaire à Bourges, La Flèche et Saumur.

Campagne de 1677

Prise de Fribourg. — Pendant l'année 1677, le régiment de Vermandois sert à l'armée d'Alsace, sous les ordres du maréchal de Créqui. Il opère d'abord sur la Nied allemande, puis sur la Seille et participe aux opérations qui ont pour but d'empêcher le duc de Lorraine de faire sa jonction avec un corps d'Impériaux, qui a passé le Rhin pour envahir l'Alsace. Il assiste au *combat de Kockersberg*, livré le 7 septembre et au *siège de Fribourg*, qui se termine, le 16 octobre, par la capitulation de cette ville. On lui fait prendre ses quartiers d'hiver dans les places du Nord (17 compagnies à Guise).

Campagne de 1678

Le Parlement d'Angleterre se prononce contre la France et fournit à la Hollande un secours de 30.000 hommes. Louis XIV veut épouvanter ses ennemis par la rapidité de ses conquêtes.

Prise de Gand.— Le duc de Villahermosa, qui commande les Espagnols dans les Pays-Pas, est surpris par l'arrivée soudaine des Français. Lès efforts qu'il fait pour porter secours à quelques villes assiégées dégarnissent la place de *Gand*, devant laquelle le maréchal d'Humières arrive le 3 mars. Le régiment de Vermandois est sous ses ordres.

La tranchée est ouverte, dans la nuit du 5 au 6,

sous les yeux mêmes de Louis XIV. Le 12, la ville capitule après un bombardement de deux jours.

Cette opération, qui ne coûte aux Français qu'une cinquantaine d'hommes mis hors de combat, est d'autant plus brillante, que la place de Gand est une des plus importantes des Pays-Bas.

Prise d'Ypres. — Pendant que le maréchal d'Humières reste à Gand, Louis XIV fait procéder au *siège d'Ypres*. Le régiment de Vermandois y est employé du côté de la citadelle.

Des pluies abondantes rendent le terrain si mauvais, que les troupes ont de l'eau jusqu'au genou. Dans la nuit du 19 au 20 mars, les assiégés font une sortie qui est repoussée. Le 24, le chemin couvert est emporté à la suite d'un combat très meurtrier. Enfin, le 25, la place capitule après un bombardement de quatre jours.

Les succès de l'armée de Flandre, complétés par les victoires navales de Duquesne, conduisent les Hollandais à faire des propositions de paix qui sont accueillies.

Par le *traité de Nimègue*, les Etats de Hollande se retirent de la coalition, le 10 août.

Bataille de l'abbaye de Saint-Denis. — Le 14, l'armée française, se rendant au siège de Mons, est attaquée, près de *l'abbaye de Saint-Denis*, par l'armée du prince d'Orange. Le combat est opiniâtre et la victoire disputée. Plus de 4.000 hommes sont tués de chaque côté. Le maréchal de Luxembourg, qui commande les Français, outré de ce qu'il considère comme une trahison, reprend la campagne contre les Hollandais, mais un ordre de Louis XIV interrompt les hostilités.

Campagne de 1679

Le traité de Nimègue est accepté le 17 septembre 1678 par l'Espagne. Le 5 février 1679, l'Empire et les princes allemands y adhèrent aussi à l'exception de l'Electeur de Brandebourg.

Prise de Minden. — Pour forcer ce dernier prince à déposer les armes, le maréchal de Créqui se porte sur le Weser et s'empare de *Minden* (30 juin).

Le régiment de Vermandois se distingue dans cette expédition, qui termine la guerre.

Annexion de Strasbourg. — La paix de Nimègue laisse à Louis XIV ses conquêtes de Flandre et la Franche Comté dont il s'est emparé sur les Espagnols. Les *chambres de réunion*, instituées pour rechercher les dépendances des pays qui ont été cédés, donnent à la France *Strasbourg*, restée ville libre au milieu de l'Alsace devenue terre française (1681).

Siège de Luxembourg (1684)

Le 26 octobre 1683, le roi d'Espagne reprend les armes sur l'instigation du prince d'Orange, qui le fait soutenir secrètement. Le régiment de Vermandois, avec le maréchal de Créqui, est conduit au *siège de Luxembourg*, où il arrive le 29 avril 1684. La tranchée est ouverte dans la nuit du 8 au 9 mai et le 19 on commence à charger les mines. Une redoute que les ennemis tiennent encore s'éboule par devant et est abandonnée. Les assiégés font une vigoureuse sortie qui est repoussée par les régiments de Bourbonnais, d'Humières, de la Couronne et de Vermandois.

« M. le comte de Gacé, du régiment de Vermandois, fit paraître une grande valeur et eut 20 grenadiers de tués ou blessés » (1).

Enfin, le 28, l'assaut est donné au corps de place. La lutte terrible qui en résulte a été considérée par un historien du temps comme l'action la plus mémorable du règne de Louis XIV.

____

(1) De Quincy, *Hist. mil.*, t. II, p. 66.

Les Espagnols conservent encore pendant neuf jours les remparts confiés à leur garde et sortent de la ville en emmenant tous leurs bagages. De leur propre aveu, ils ont tiré sur leurs ennemis 50.000 coups de canon et 7.500 bombes.

Le régiment de Vermandois compte une vingtaine de morts et de très nombreux blessés, parmi lesquels huit officiers, dont le colonel et les capitaines de la Touche, de Savigny et de la Faitière.

Après la prise de Luxembourg, l'Espagne finit par consentir à une trêve de vingt ans, qui est signée à Ratisbonne le 15 août. Le régiment de Vermandois est ramené en France.

Période de paix. — Dans le courant des années 1685 et 1686, le régiment de Vermandois, réduit à un seul bataillon, est employé au creusement du canal de dérivation qui doit conduire à Versailles les eaux de l'Eure. Il a beaucoup à souffrir de la maladie.

A la fin de 1687, la baïonnette à douille est mise en service et le nombre des fusils de chaque compagnie est porté de 4 à 6. L'armement du bataillon se compose de 390 mousquets, 132 fusils et 150 piques. Les officiers et les sous-officiers sont armés du fusil.

GUERRE DE LA LIGUE D'AUGSBOURG

(1688 - 1697)

Causes de la guerre. — La révocation de l'édit de Nantes (1685) avait attiré à Louis XIV l'inimitié des états protestants. Son ambition et aussi des conquêtes qu'il avait faites en pleine paix, le rendirent dangereux pour les états catholiques. Une ligue se forma contre lui à *Augsbourg*, en 1686, entre l'empereur Léopold, la Hollande et la Suède.

Campagnes de **1688** et de **1689**

Prise de Philipsbourg. — Louis XIV, dont la puissance est alors à son apogée, fait envahir l'Allemagne, en 1688, et mettre le siège devant *Philipsbourg*. Le régiment de Vermandois, sous les ordres du marquis d'Uxelles, participe à cette opération.

« Le marquis se servit si bien des troupes qu'il commandait, qu'il emporta le fort du Rhin au bout de deux jours, l'épée à la main. Les ennemis, après une faible résistance, se sauvèrent dans des bateaux du côté de la ville, parce que leur pont était rompu » (1).

Le corps de place capitule le 30 octobre, après dix-neuf jours de tranchée ouverte.

Prises de Mannheim et de Frankenthal. — Vermandois est encore employé aux sièges de *Mannheim* et de *Frankenthal*. Puis, on le met en garnison dans les places d'Alsace où il reste pendant toute l'année 1689, tandis que les armées du roi combattent en Flandre et en Allemagne, et que se déroulent les événements politiques qui conduisent le prince d'Orange sur le trône d'Angleterre en remplacement de Jacques II.

Campagne de 1690

Bataille de Fleurus. — En 1690, les troupes du roi, conduites par le maréchal de Luxembourg, envahissent la Belgique.

Le régiment de Vermandois, rappelé d'Alsace, assiste à la *bataille de Fleurus* (1ᵉʳ juillet) contre le prince de Waldeck et 40.000 hommes des troupes d'Angleterre, d'Espagne, de Brandebourg et de Hollande.

L'action commencée de bonne heure, ne se

---

1) De Quincy, *Hist. milit.*, t. II, p. 124.

termine qu'à la nuit. La brigade de Navarre (Vermandois) avait à combattre une ligne d'infanterie renforcée de huit ou dix escadrons et de nombreuses pièces d'artillerie. Cette ligne était de plus abritée derrière des haies. Elle comptait dans ses rangs un régiment Suédois au service de la Hollande, qui n'avait pas encore été battu, disait-on.

L'infanterie française se porte en avant avec une impétuosité devant laquelle rien ne résiste.

Guillaume d'Orange   Le prince Eugène   Marlborough

« On vit dans cet instant une confusion terrible de combattants mêlés les uns avec les autres, et le combat fut très sanglant. Il devait l'être davantage, mais la nation française plus portée à combattre pour la gloire que pour le carnage, donna la vie à des bataillons entiers » (1).

La bataille de Fleurus coûte au régiment de sérieuses pertes. Son colonel, le marquis de Soyecourt, qui a remplacé le colonel de Gacé, nommé lieutenant-général, est tué à la tête de sa troupe (2). Le lieutenant-colonel de la Ferrière, quatre capitaines et neuf lieutenants sont blessés.

Quartiers d'hiver. — L'armée du maréchal de Luxembourg manœuvre pendant quelque temps

____

(1) De Quincy, *Hist. milit.*, t. ii. p. 258.
(2) De Seiglière de Belleferrière, marquis de Soyecourt, avait été nommé colonel de Vermandois le 29 mars 1689.

contre le prince de Waldeck et prend ses quartiers d'hiver entre Roulers et Dixmude. Le régiment de Vermandois se rend à Courtrai (17 octobre).

Campagne de 1691

Siège de Mons. — Pendant que les Princes alliés se concertent à La Haye, Louis XIV recommence la lutte et fait investir la place de Mons. Le régiment de Vermandois, sous les ordres du marquis de Joyeuse, entre dans les lignes, depuis la digue de la Trouille jusqu'à Nimy.

Le 21 mars, la tranchée est ouverte sous la direction du roi lui-même, que seconde le maréchal de Vauban.

« Le soir du 29, la tranchée fut montée, à l'attaque des gardes, par M. le duc de Vendôme, lieutenant-général, avec un bataillon de Vermandois et un de Toulouse. On continua pendant la nuit à embrasser l'ouvrage à corne et à se bien établir dans les logements. Au bord et au long du fossé, un sergent du régiment de Vermandois, qui avait monté la garde cette nuit-là, passa de bonne volonté le fossé de l'ouvrage à corne pour le sonder. Il eut de l'eau jusqu'au menton ; il observa la contre-garde et les ouvrages les plus avancés, et trouva le terrain fort bon. Quelques-uns ayant eu de la peine à le croire, il y retourna et rapporta une palissade de cet ouvrage, que notre canon avait rompue. M. le prince de Conti voulut lui donner cent pistoles ; il les refusa en disant qu'il était gentilhomme et qu'il ne s'exposait que pour la gloire. Sa Majesté l'ayant su, lui promit d'avoir soin de lui et lui donna une lieutenance de grenadiers » (1).

Dans la nuit du 6 au 7 avril, la garde de tranchée est relevée par deux bataillons des Vaisseaux et un de Vermandois. Le lieutenant-colonel de la Ferrière et trois soldats du régiment sont blessés.

----

(1) De Quincy, *Hist. mil.*, t. II, p. 355.

Le 9, la garnison capitule sous les yeux mêmes du roi d'Angleterre, Guillaume III (le prince d'Orange), qui s'éloigne avec son armée.

Le régiment de Vermandois rejoint l'armée de Moselle et termine la campagne, avec le maréchal de Boufflers, contre l'Electeur de Brandebourg. Il prend ses quartiers d'hiver à Courtrai.

Campagne de 1692

En 1691, Louis XIV avait fait de grands armements de mer qui ne produisirent rien de bien considérable, parce que les flottes combinées d'Angleterre et de Hollande s'appliquèrent à éviter les combats que Tourville cherchait à leur livrer. Louvois était mort, et son fils, le marquis de Barbézieux, l'avait bien remplacé à la tête de l'armée, mais n'avait pas hérité de son talent.

Le 21 mai 1692, l'armée de Flandre, solidement constituée sous les ordres du maréchal de Luxembourg, est passée en revue par le roi dans la plaine des Estines, près de Namur. Le régiment de Vermandois se déplace autour de cette dernière ville pour en couvrir le siège, qui a été considéré comme le chef-d'œuvre de Vauban.

Guillaume III tenait la campagne avec une armée de 100.000 hommes. Après la capitulation de Namur (30 juin), le roi retourne à Versailles et l'armée de Flandre est réduite. Le maréchal de Luxembourg ne manœuvre plus, dès ce moment, que pour éviter son adversaire.

Bataille de Steinkerque. — Au commencement du mois d'août, le maréchal est cependant conduit à livrer bataille dans des conditions toutes particulières. L'armée française était alors campée entre *Steinkerque* et Enghien, en face de l'armée de Guillaume III, dont elle n'était séparée que par un terrain boisé et coupé de nombreux défilés.

« Le maréchal de Luxembourg se servait pour avoir des nouvelles des ennemis d'un musicien de l'Electeur de Bavière qui l'avertissait de leurs mouvements. Il fut reconnu et arrêté dans ce temps-là. Le prince d'Orange voulant se servir de cette occasion, lui fit écrire une lettre à M. de Luxembourg, par laquelle il lui marquait qu'il ne devait point être surpris s'il voyait un gros corps de troupe qui devait marcher le 3 ; que ce n'était qu'un détachement de l'armée ennemie, destiné uniquement à couvrir un grand fourrage. Cette lettre fut rendue à M. de Luxembourg par la même voie dont ce musicien se servait ordinairement,et comme jusque-là il avait toujours accusé juste, on ne balança pas à le croire » (1).

Le 3 avril, en effet, les reconnaissances françaises signalent, de très grand matin, l'ennemi à la sortie des défilés. Le maréchal du Luxembourg croit au fourrage annoncé et ne prend aucune disposition. Il ne se rend un compte exact de la situation que lorsque la bataille est engagée, mais la promptitude de sa détermination le préserve d'un désastre. Ses troupes courent aux armes, arrêtent les alliés qui se croient déjà sûrs de la victoire et finalement les repoussent du champ de bataille.

Après la journée de Steinkerque, Guillaume III et le maréchal de Luxembourg, dont les armées ont eu fort à souffrir, ne restent que huit jours en présence et rentrent dans leurs quartiers. Le régiment de Vermandois est envoyé à Autrage, près d'Ath.

Campagne de 1693

L'armée de Flandre, commandée par le maréchal de Luxembourg, fait une tentative infructueuse contre la place de Liège, et se met ensuite dans une excellente position entre Tirlemont et Jodoigne (15 juin).

Bataille de Neerwinden. — L'armée de Guillaume III était solidement établie à l'est de la Petite Gette, entre les villages de Lixen et de Neerwinden.

---

(1) De Quincy. *Hist. milit.*, t. II, p. 527.

Le maréchal de Luxembourg feint de vouloir attaquer Huy, au confluent de la Méhaigne et de la Meuse, et attire de ce côté une partie des forces de son adversaire. Puis, il tourne brusquement au nord, et, après une marche forcée de sept lieues, se retrouve, le 28 juillet, en face de Guillaume III.

Le lendemain, de très bonne heure, une sanglante bataille commence. Vermandois (deux bataillons) tient la tête de la seconde ligne d'infanterie. Tous les efforts du maréchal de Luxembourg se portent contre le village de *Neerwinden*, qui est enlevé, perdu, repris et reperdu (1).

« M. de Luxembourg fit alors avancer la brigade des gardes et celle de Vermandois, commandée par M. de Charost, et fit tout de nouveau, par ces brigades, rattaquer le village qu'elles emportèrent de vigueur et s'y maintinrent, malgré deux attaques formidables que leur firent les ennemis » (2).

Bataille de Neerwinden

Les soldats de Vermandois, qui n'ont plus de cartouches, se battent à la baïonnette et restent inébranlables sous les furieux assauts qui leur sont livrés (3). Guillaume III, désespéré, abandonne le champ de bataille où 18.000 des siens ont trouvé la mort, et se retire autour de Diest et de Tirlemont. Le maréchal de Luxembourg ne le pour-

---

(1) Ce furent ces attaques successives qui arrachèrent à Guillaume III ce cri d'admiration et de colère : « Oh ! l'insolente nation ! »

(2) *Archives historiques*, registre n° 1206, pièce n° 214 (Relation attribuée à M. d'Artagnan.

(3) Ce combat à la baïonnette est le premier dont l'histoire a gardé le souvenir.

suit pas « afin de ne pas faire tuer bien des gens pour un profit qui aurait été médiocre ».

On ne sait exactement quelles furent les pertes subies par le régiment de Vermandois ; mais les Gardes, auprès desquelles il combattit, et dont il partagea le courage, laissèrent sur le terrain les trois quarts de leur effectif.

Prise de Charleroi. — Le siège de Charleroi est résolu après la bataille de Neerwinden. La place est investie le 10 septembre et capitule après vingt-sept jours de tranchée. Dans la nuit du 25 au 26, le duc de Charost, qui a été nommé colonel de Vermandois en 1690, en remplacement du marquis de Soyecourt, est blessé à la tête en repoussant une sortie (1).

A la fin du mois d'octobre, les troupes de Flandre sont envoyées dans leurs quartiers entre la Sambre et la Meuse. Le régiment de Vermandois passe l'hiver à Fier-le-Grand.

Campagne de 1694

Les défaites subies sur d'autres points de la frontière ont obligé Louis XIV à réduire l'armée de Flandre. Pendant la campagne de 1694, le maréchal de Luxembourg manœuvre surtout, comme en 1692, pour éviter son adversaire.

Guillaume III, campé autour de Tirlemont, se porte, le 23 juillet, entre la Mehaigne et la Grande Gette. Le maréchal de Luxembourg se repose à Vignamont.

Marche de Vignamont au pont d'Espierres. — Le 18 août, les ressources du pays étant épuisées, le roi d'Angleterre se dirige tout à coup vers l'Escaut, dont les passages ne sont pas gardés.

---

(1) Armand de Bethune, marquis de Charost, appartenait à la famille du cardinal de Richelieu.

Le 21, les ennemis vont de Nivelles à Soignies. Le maréchal de Luxembourg, qui a déjà lancé sa cavalerie en avant et lui a donné rendez-vous au pont d'Espierres, fait partir le prince de Conti avec les grenadiers de tous les corps et le dirige, à marche forcée, sur Tournai. Le régiment de Vermandois, donnant un bel exemple d'entraînement, suit les grenadiers, avec son colonel et ses drapeaux, et arrive sur l'Escaut en même temps qu'eux, après une étape de vingt-quatre heures parcourue par une pluie incessante.

Le 27, pendant que Guillaume III franchit l'Escaut à Audenarde, le maréchal de Luxembourg se retranche solidement entre Menin et Courtrai. Guillaume III déconcerté de se trouver en face de l'armée française, qu'il croyait avoir laissée derrière lui, repasse le fleuve sans combattre et se retire sur la Dyle. Les troupes peu de temps après se dirigent vers leurs quartiers d'hiver.

Campagne de 1695

Lorsque s'ouvre la campagne de 1695, la misère intérieure est extrême. La rentrée des impôts ne s'effectue qu'au moyen de colonnes de dragons. Louis XIV, pour la première fois, se sent humilié dans son orgueil et demande à faire la paix.

Prise de Dixmude. — L'armée de Flandre, sous les ordres du maréchal de Villeroy, fait le siège de *Dixmude*, dont le gouverneur capitule à la fin de juillet (1). Vermandois est en première ligne, au centre de l'armée, avec les régiments de Bourbonnais et de la Marche.

Bombardement de Bruxelles. — Comme

---

(1) Le général danois, qui commandait cette place, se rendit avec 250 officiers et 5.000 hommes après avoir perdu seulement 4 tués et 16 blessés. Guillaume III lui fit trancher la tête.

représaille du bombardement, par les Anglais, de plusieurs villes des côtes de la Manche, Louis XIV fait mettre le siège devant *Bruxelles*, qui reçoit, en une seule nuit, jusqu'à 3.000 bombes et 1.200 boulets rouges.

Guillaume III accourt précipitamment et l'armée française se retire.

Le maréchal de Boufflers, assiégé dans *Namur*, se défendait courageusement. Le maréchal de Villeroy se porte à son secours, mais il arrive trop tard. Le maréchal de Boufflers, entouré de décombres, et ne sachant plus où loger ses soldats, a dû se rendre, le 1ᵉʳ octobre, après avoir perdu 430 officiers et 7.500 hommes (1).

Les quartiers d'hiver de l'armée de Flandre sont distribués vers la fin du mois. Le marquis de Charost, nommé lieutenant général, est remplacé par le marquis de Tourouvre à la tête du régiment de Vermandois (2).

Campagnes de 1696 et de 1697

La campagne de 1696 ne donne lieu à aucune opération importante. Pendant que des négociations pour la paix sont conduites à Ryswick, les armées de Flandre, lassées de la guerre, ne se livrent que des escarmouches sans portée.

Prise d'Ath. — Le maréchal de Catinat, qui a reçu le commandement d'un corps spécial de 40,000 hommes, fait de très grands préparatifs, au cours de l'hiver, pour assiéger la place d'Ath, défendue par le comte de Rœux. La tranchée est ouverte le 23 mai 1697 et les travaux sont poussés activement.

---

(1) Il ne sortit de Namur que 4.800 français.

(2) Le colonel Antoine de la Vove, marquis de Tourouvre, fut nommé brigadier le 2 avril 1703 et mourut le 1ᵉʳ janvier 1706.

Le 1ᵉʳ juin, la garde de tranchée est prise par M. de Clérambault avec les deux bataillons de Vermandois et un bataillon de Bugey.

« Le fossé de la demi-lune fut comblé sur les 5 heures du soir. Un détachement de grenadiers de Vermandois (1ʳᵉ compagnie) passa le pont et monta sur la pointe de la demi-lune dont il chassa ce qui était derrière. Les ennemis se retirèrent dans un corps de garde de briques, crénelé et fossoyé dans ladite demi-lune. L'on travailla diligemment à se loger sous un feu médiocre. Les tranchées et les batteries incommodèrent beaucoup

Villars

celui des ennemis. M. le maréchal de Catinat et M. de Vauban visitèrent ce travail à deux heures du matin. La compagnie des grenadiers de Vermandois étant toujours logée, les ennemis firent commencer de la vouloir déposter. Tout le rempart fut garni, et le feu dura une heure et demie, nonobstant celui des bombes, du canon et de la mousqueterie.

« Il y a apparence que la bonne contenance de nos grenadiers étonna les gens ordonnés pour les attaquer » (1).

Vendôme

Le capitaine de Savigny, des grenadiers, est blessé d'un coup de mousquet au travers du corps. Dix à douze grenadiers sont tués et vingt-six sont blessés (2). Mais la prise de la demi-lune entraîne celle du corps de garde, et le 6, la place capitule.

Traités de Ryswick. — La prise d'Ath marque la fin de la guerre de la ligue d'Augsbourg. Sur les instances du roi de Suède, la paix est signée, à *Ryswick*, le 20 septembre avec la Hollande, le lendemain avec l'Espagne et le 30 octobre avec le roi d'Angleterre et l'empereur d'Allemagne.

Louis XIV, qui a recueilli le roi détrôné Jacques II et l'a

(1) Arch. hist., *Flandre*, registre n° 1110, pièce n° 31. (Lettre de M. de Mauroy.)
(2) *Ibid.*, pièce n° 32.

soutenu dans ses revendications, reconnaît Guillaume III comme roi d'Angleterre. Le duc de Lorraine est rétabli dans ses Etats. La France conserve Strasbourg, mais elle abandonne toutes ses autres conquêtes et paie aux alliés une contribution de guerre de 49 millions.

De pareilles conditions indignent tellement le peuple, que les ambassadeurs qui les ont acceptées n'osent plus se montrer dans Paris. La Cour leur a fait commettre une faute dont ils ont à supporter tout le poids.

Camp de Compiègne

Après la paix de Ryswick, le régiment de Vermandois est réduit à 8 compagnies (un bataillon).

Au mois de septembre 1698, un camp d'instruction est établi à Coudun, près de Compiègne, pour l'instruction militaire du duc de Bourgogne, petit-fils de Louis XIV. Quelques troupes de choix y sont envoyées, et le régiment de Vermandois est de ce nombre.

Le camp de Compiègne est resté célèbre, autant par la présence de Mme de Maintenon, que par les fêtes somptueuses que Louis XIV y donna. Comme il était alors de règle de ne mettre aucune troupe dans Paris, la proximité d'un spectacle militaire fut une nouveauté dont les Parisiens ne manquèrent pas de profiter.

Une comédie du Théâtre-Français : *Les Curieux de Compiègne*, ajouta, du reste, à la popularité du camp par les couplets gaulois qui la terminaient.

GUERRE DE LA SUCCESSION D'ESPAGNE

(1701-1713)

Causes de la Guerre. — Le roi d'Espagne, Charles II, meurt sans postérité, le 1er novembre 1700, en laissant un testament par lequel il lègue son royaume au duc d'Anjou, petit-fils de Louis XIV, que les Espagnols reconnaissent pour roi sous le nom de Philippe V. Pour recueillir cette succession, le Roi de France est conduit à une guerre qui le met en présence d'une nouvelle coalition.

CARTE D'ALSACE

Campagne de 1701

Au mois de juillet 1701, le régiment de Vermandois (deux bataillons), fait partie de l'armée de Flandre et sert sous les ordres de M. d'Artagnan. Il est employé à la garde et au perfectionnement des ouvrages d'Aerschot.

A la fin du mois de novembre, on l'envoie pour se refaire à Saint-Trond.

Campagne de 1702

Lorsque s'ouvre la campagne de 1702, le régiment de Vermandois est destiné tout d'abord à la garde des places fortes de la Flandre ; mais on ne tarde pas à l'envoyer à l'armée de Catinat, sur les bords du Rhin. Il y arrive au mois de juin et sert en première ligne, à Eckelsheim, sous les ordres du marquis d'Uxelles (brigade de Bligny).

Les opérations jusques là n'ont guère été que préventives ; le 3 juillet, Louis XIV prend les devants contre ses ennemis et déclare la guerre à l'empereur d'Allemagne.

L'Electeur de Bavière, allié de la France, s'étant rendu maître de la place d'Ulm, Louis XIV le fait secourir par le marquis de Villars.

Bataille de Friedlingen. — A la suite de ce grand capitaine, le régiment de Vermandois passe le Rhin à *Huningue* et participe, le 4 octobre, à la bataille de Friedlingen, livrée contre le prince Louis de Bade.

L'infanterie du prince de Bade était postée sur plusieurs lignes, à la lisière d'un bois dominant la plaine

« Le marquis de Villars ordonna à M. Desbordes d'y marcher
avec les brigades de Champagne, de Bourbonnais (Aunis,
Bourbonnais et Vermandois), de la Reine et de Poitou. Les
troupes eurent beaucoup de peine à monter la hauteur, à
cause des vignes dans lesquelles elles furent obligées de passer
et parce qu'on les mena un peu trop vite. Elles arrivèrent
cependant en haut, et après une petite halte pour leur faire
prendre haleine et pour les mettre en ordre, elles marchèrent
droit à l'infanterie des ennemis qu'elles attaquèrent avec tant
de vigueur, qu'après un combat très opiniâtré, et dans lequel
il périt beaucoup de monde de part et d'autre, elles les chas-
sèrent du bois.

« Les ennemis à qui il arrivait de nouvelles troupes, et même
six escadrons que leur envoya M. de Bade, revinrent à la
charge jusqu'à trois fois ; mais ils furent enfin obligés d'abandonner ce poste et d'y laisser cinq pièces de canon » (1).

La mort du lieutenant général Desbordes amène un
certain désarroi dont les ennemis profitent pour
reprendre leurs positions ; mais leur cavalerie se fait
battre et les entraîne dans sa déroute. Le champ de
bataille reste aux Français avec 900 prisonniers, 35
drapeaux et 500 chariots chargés de munitions et de
vivres.

Villars manœuvre pendant quelque temps contre son adversaire. Puis il repasse le Rhin, dont il fait garder les ponts, et
prend ses quartiers d'hiver autour de Saverne.

Campagne de 1703

Siège de Kehl. — Le régiment de Vermandois,
cantonné à Saverne, reprend la campagne avec le
maréchal de Villars et participe au *siège de Kehl*
(brigade de Mailly). A l'assaut du corps de place, qui
est donné le 6 mars, les grenadiers de Vermandois,

______

(1(De Quincy, *Hist. milit.*, t. III, p. 602.

conduits par le colonel des Arennes (1), se distinguent par leur bravoure.

Le maréchal de Villars essaie, sans y parvenir, de s'emparer des lignes de Stolofen. Il se rend ensuite en Bavière par les défilés de la Forêt Noire.

1re Bataille d'Hochstaedt. — Après quelques engagements sans portée, les armées de Villars et de l'Electeur de Bavière se trouvent en présence, dans le voisinage d'*Hochstaedt*, d'un corps de 20.000 hommes que conduit le comte de Stirum, détaché de l'armée du prince de Bade.

La bataille, prématurément engagée par la cavalerie est d'abord défavorable aux Français. Mais elle est rétablie par l'infanterie et se termine, vers le soir par une brillante victoire. Le comte de Stirum laisse sur le champ de bataille 4.000 morts et 5.000 blessés. Il lui est fait 4.500 prisonniers.

La bataille d'Hochstaedt, qui a été amenée par l'entrée à *Augsbourg* de l'armée du prince de Bade, est suivie de la reprise de cette ville. Le maréchal de Villars, délivré pour quelque temps de ses ennemis, prend ensuite ses quartiers d'hiver à Neubourg.

Campagne de 1704

L'Electeur de Bavière s'est plaint, en différentes circonstances, de ce que le maréchal de Villars n'a pas le caractère suffisamment souple. On lui donne cette satisfaction, dont il ne tardera pas à se repentir, de le remplacer par le maréchal de Marcin (2).

A la suite de divers échecs (*combat de Donauwerth*), la position des Français en Bavière est devenue des plus critiques. Louis XIV les fait secourir par une armée que conduit le maréchal de Tallard.

---

(1) Pierre Paul Guérin des Arennes, capitaine au corps en 1671, fut nommé lieutenant-colonel en 1694 et brigadier en 1705.

(2) Villars fut alors envoyé dans les Cévennes, pour combattre la révolte des Camisards.

2ᵐᵉ Bataille d'Hochstaedt. — Dans les premiers jours du mois d'août, l'armée française est arrêtée près d'*Hochstaedt*, en face du prince Eugène, qui commande les Impériaux, presque sur le même terrain où Villars a été vainqueur l'année précédente. La bataille, engagée mal à propos, est perdue par l'incapacité des deux maréchaux de Tallard et de Marcin. Les soldats font des prodiges de valeur, mais s'épuisent en vains efforts. Près de 900 officiers et de 30.000 hommes sont mis hors de combat.

Le maréchal de Tallard, qui a la vue courte, veut rallier les escadrons français et se jette au milieu d'un corps de hessois qui le fait prisonnier. Le maréchal de Marcin oublie, dans sa retraite, 30 bataillons et 12 escadrons de vieilles troupes qui sont obligés de se rendre.

Des régiments entiers que la fortune a trahis brisent leurs armes (13 août).

Le régiment de Vermandois, réduit de moitié, est ramené en France, avec les débris de l'armée, et repasse le Rhin à Strasbourg. L'Alsace est envahie par les armées du prince Eugène et du prince de Bade.

Défense de Landau. — La garnison de Landau étant très menacée, quelques troupes de l'armée de Bavière sont envoyées à son secours. Le régiment de Vermandois est de ce nombre.

La *défense de Landau*, par M. de Laubanie, est restée célèbre : Ce serait l'amoindrir que de la vanter. Et la part que le régiment de Vermandois prit à cette défense est une preuve de l'estime en laquelle on le tenait (1).

---

(1) La garnison de Landau se composait de 12 bataillons des régiments de Toulouse, Angoumois, Beaufermé, Hessy, Suisse, Ponthieu, Agenais, Savigny, Castelet et Vermandois. Le régiment de Vermandois était le plus ancien corps de cette garnison.

Le 21 septembre, le capitaine de Saintville, des grenadiers, fait une sortie qui bouleverse complètement les travaux du siège.

Le 17 octobre, à la tombée de la nuit, 400 impériaux menacent la place d'armes saillante, située derrière la lunette de la porte de France. Les grenadiers de Vermandois se lancent contre eux à la baïonnette et en tuent près de 300 dans une mêlée furieuse.

Dans la nuit du 24 au 25, l'ennemi parvient à faire sauter cette place d'armes. Il est attaqué, encore une fois, par les grenadiers du capitaine de Saintville et mis en fuite après un violent combat.

Le 30, une explosion de mine tue un lieutenant et 11 grenadiers du régiment de Vermandois, ce qui permet aux assiégeants de faire le logement près de la contregarde de gauche.

Le 20 novembre, le magasin à poudre de cette contregarde fait explosion et enterre une centaine d'hommes sans ébranler le courage des survivants. Le lieutenant-colonel des Arennes n'est retiré des décombres que grièvement blessé.

Enfin, le 24 novembre, lorsque la place n'est déjà plus qu'un monceau de ruines, la garnison de Landau obtient les honneurs de la guerre et se rend.

Le régiment de Vermandois se retire dans les places de Moselle (1).

Campagne de 1705

En 1705, le maréchal de Villars est rappelé des Cévennes pour réparer les fautes commises par les maréchaux de Tallard et de Marcin.

------

(1) Et non pas à Strasbourg, ainsi que le général Susane l'a dit par errreur.

Par ses manœuvres habiles, il enlève près de *Deux-Ponts* les quartiers de ses ennemis et brave jusque dans *Sierck* l'armée anglaise du duc de Marlborough.

Il couvre Thionville, Sarrelouis, la frontière de la France, et sans livrer aucune bataille décisive oblige son adversaire à se retirer dans les Pays-Bas.

Prise du château de Wœrth. — Le régiment de Vermandois, reconstitué pendant l'hiver, suit le maréchal de Villars dont il partage la gloire. Avec un détachement de 300 hommes, son lieutenant-colonel, M. de Nocey (1), s'empare du château de *Wœrth* et le démolit.

Délivrance de l'Alsace. — Le maréchal de Villars, débarrassé du duc de Marlborough, force les lignes de Wissembourg. Puis il se soutient sur tous les points et, avec l'aide du comte du Bourg, fait repasser le Rhin aux troupes de l'Empire. L'Alsace est délivrée ; mais pendant que la fortune sourit ainsi au vieux maréchal, les revers se multiplient sur les autres frontières (*Ramillies*).

Le 1er janvier 1706, le régiment de Vermandois perd son colonel, le marquis de Tourouvre, que Louis XIV avait fait brigadier en 1703. Il est remplacé par son frère le chevalier de Tourouvre.

Campagne de 1706

A la reprise des opérations, le duc de Bade, établi à Bischwiller, ne possède plus en Alsace que les lignes de Haguenau et de Lauterbourg.

Le maréchal de Villars le met en péril et l'oblige à reculer sans combat jusqu'à Drusenheim, ce qui dégage Fort-Louis et permet de ravitailler la place (3 mai).

Il s'empare ensuite de *Drusenheim*, où il n'est resté qu'une garnison de 2.500 hommes, puis se rend à Spire, après avoir fait un court séjour au Camp de Langenkandel. Il termine la campagne autour de Fort-Louis (16 novembre).

---

(1) Jean-Baptiste de Nocey, capitaine au corps en 1673, fut nommé major en 1702, lieutenant-colonel en 1705 et brigadier en 1719.

Le régiment de Vermandois, qui a suivi Villars, sans qu'il soit possible de connaître exactement quel a été son rôle, est placé en garnison à *Lauterbourg*.

Campagne de 1707

Les frontières envahies ne permettent pas à Louis XIV de donner à l'armée du Rhin toute la consistance dont elle a besoin. Mais sous l'habile direction de son chef, elle supplée par son courage à la faiblesse de ses effectifs.

Prise des lignes de Stolofen. — L'armée de la princesse de Bade (1) avait passé l'hiver dans les lignes de Stolofen (dites aussi de Biehl), dont la réputation était considérable.

« Elles étaient dans un si grand point de perfection, qu'on les regardait comme imprenables, ce qui avait donné la confiance au prince de Bade de faire bâtir sa belle maison de Rastadt, qui n'en est qu'à trois lieues, et à laquelle il avait employé neuf millions » (2).

Le maréchal de Villars, secondé par le comte de Broglie, forme le projet audacieux de s'en rendre maître et il y réussit si bien, autant par la ruse que par la force, qu'elles sont évacuées le 23 mai, sans que l'armée du Rhin ait à déplorer la perte d'un seul homme.

Le maréchal de Villars trouve dans les lignes de Stolofen quarante mille sacs de farine et autant de sacs d'avoine.

Fin de la campagne. — La fin de la campagne se passe tout entière à lever des contributions dans la Souabe et le Palatinat, pendant que l'armée impériale se reforme au camp de Kretzingen, sous les ordres du marquis de Bareith.

Le maréchal de Villars prend ses quartiers d'hiver dans les places d'Alsace.

---

(1) Le prince de Bade était mort.
(2) De Quincy, *Hist. milit.*, t. v, p. 290.

Campagne de 1708

En 1708, le maréchal de Villars est envoyé dans le Dauphiné en remplacement du maréchal de la Feuillade. L'Electeur de Bavière prend le commandement de l'armée du Rhin, ayant sous lui le maréchal de Berwick.

Le régiment de Vermandois fait partie d'un détachement qui garde les lignes de Wissembourg.

Campagne de 1709

Louis XIV, courbant son orgueil devant l'implacabilité du sort, fait à ses ennemis des propositions de paix. Mais il refuse de souscrire aux préliminaires d'un traité qui a pour base la renonciation de Philippe V au trône d'Espagne et la guerre reprend sur toutes les frontières.

Berwick

L'hiver de 1708 à 1709 a été d'une extrême rigueur. La misère publique est à son comble : « Quand des brigades marchent, écrit Villars, il faut que les brigades qui ne marchent pas jeûnent. On s'accoutume à tout. Je crois cependant, ajoute-t-il tristement, que l'habitude de ne pas manger n'est pas bien facile à prendre. »

Louis XIV lui ayant confié la défense de la frontière du Nord, le maréchal de Berwick le remplace à l'armée des Alpes.

Le régiment de Vermandois quitte l'armée du Rhin pour se rendre à *Briançon*. Il participe pendant toute la campagne aux fameuses *navettes* qui ont immortalisé le nom de Berwick (1). Le centre de ses

---

(1) « Toute cette guerre, écrivait Berwick à Louis XIV, en parlant des opérations qu'il dirigeait, consiste à tâcher de ne point ignorer les mouvements des ennemis, à faire ses navettes à propos, et à prendre des situations à couper toujours au court pendant que l'ennemi est obligé de faire un circuit. C'est, Sire, ce que je crois avoir trouvé en mettant mon centre à Briançon. (*Archives historiques*, registre n° 2170, pièce n°.307).

cantonnements est dans la *vallée de Monestier*, où il forme la brigade Destouches avec les régiments de Cambresis et de Cotentin.

Le comte de Thaun, qui commande l'armée du duc de Savoie, fait une feinte sur Briançon et se porte ensuite rapidement contre Chambéry. Le maréchal de Berwick le devance dans la Tarentaise et lui fait rebrousser chemin (24 septembre). La saison étant trop avancée pour entreprendre de nouvelles opérations, les troupes des deux partis prennent leurs quartiers d'hiver.

Dans le courant de juillet, le marquis de Saint-Paul, a remplacé le colonel de Tourouvre à la tête du régiment de Vermandois (1).

Campagne de 1709

Le maréchal de Berwick a dû quitter le Dauphiné pour se rendre à la Cour et, de là, à l'armée de Flandre. M. de Medavi, qui le remplace momentanément, reste sur la défensive en attendant son retour.

Le régiment de Vermandois est établi au *château de Vars*, dans la vallée de Queyras, avec les régiments de Ponthieu, de Bassigny et de Gatinais. L'armée du duc de Savoie se concentre entre Pignerol et Coni (mois de juin).

La misère publique est toujours aussi grande que par le passé. Les soldats français ne reçoivent que du pain et il leur est dû jusqu'à dix-neuf prêts.

Après une tentative infructueuse contre le château de Vars, les alliés forment le projet d'envahir la Provence par le col de Tende. Ils en sont empêchés par les dispositions nouvelles que le maréchal de Berwick fait prendre à son armée, et à la suite

---

(1) Francois-Lazare de Thomassin, marquis de Saint-Paul, fut nommé brigadier le 1er février 1719 et resta à la tête du régiment jusqu'en 1733.

desquelles le régiment de Vermandois est placé à
Saint-Paul, près de Barcelonnette.

Le duc de Savoie et ses alliés se concertent alors
pour pénétrer en Savoie et dans le Briançonnais par
le mont Genèvre. Le régiment de Vermandois
retourne au château de Vars et se rend ensuite au
pont de Servières. Les projets du duc de Savoie sont
encore déjoués (mois de septembre).

Les alliés, devant l'insuccès de toutes leurs tentatives, se retirent alors dans leurs camps, à proximité
des troupes françaises. Le régiment de Vermandois
reste au pont de Servières.

Au commencement de novembre, lorsque la neige
a suffisamment obstrué tous les cols, 36 bataillons
sont tirés de l'armée des Alpes pour secourir celle
des Pyrènées. Le régiment de Vermandois arrive à
Perpignan vers la fin du mois et sert en première
ligne, sous les ordres du maréchal de camp de
Belport. L'hiver se passe en campements et décampe-
ments.

Campagne de 1711

Au printemps de 1711, le régiment de Vermandois
retourne à l'armée des Alpes. On le place, le 1er juin,
dans la *vallée de Barcelonnette*.

Défense de la Savoie. — Dans les premiers
jours de juillet, le maréchal de Berwick est informé
que tous les efforts de l'ennemi paraissent dirigés
contre la Savoie par les cols du Mont Cenis et du
Petit Saint-Bernard. Le gros de l'armée française est
alors établi dans l'espace compris depuis Valloire
jusqu'à Chambéry. Le régiment de Vermandois garde

Chambéry, avec le régiment de Blaisois et passe sous le commandement du maréchal de camp de Saubeuf.

Dans la nuit du 9 au 10, le duc de Savoie et le comte de Thaun arrivent à Moutiers. Le régiment de Vermandois quitte Chambéry pour se poster à *Aiguebelle*.

Les alliés ayant réussi à s'emparer d'Annecy, le maréchal de Berwick s'établit autour de Montmélian et fait garder par sa cavalerie tous les points de passage du Rhône, depuis le fort l'Ecluse jusqu'à Pont de Beauvoisin. Le régiment de Vermandois est replacé à *Chambéry*.

Le 19, à 6 heures du matin, le col de Fully est enlevé et l'armée du duc de Savoie entre en force dans la vallée d'Aillon. Le maréchal de Berwick ordonne alors un mouvement général de retraite pour couvrir le fort Barraux et Grenoble sans rien perdre de ses communications avec la Maurienne et Briançon. Le régiment de Vermandois prend position à *Apremont*.

Le 23, le mouvement de retraite est continué jusqu'aux Echelles, pendant que la cavalerie s'établit derrière le Guiers pour défendre les défilés d'Aiguebelette et d'Yenne. Tout le pays est couvert depuis Grenoble jusqu'à Saint-Genis. Le régiment de Vermandois garde le *fort Barraux*.

Jusqu'au mois de septembre, le maréchal de Berwick et le duc de Savoie ne se livrent que des escarmouches. Le 7, les alliés prennent le parti de retourner dans le Piémont pour y passer l'hiver. Le maréchal de Berwick se met à leur poursuite dans l'espérance de les devancer du côté d'Exilles.

Attaque de la redoute des Quatre-Dents. — Le régiment de Vermandois, conduit par le marquis de Broglie, a pour mission d'occuper le col du Mont

Cenis. Le 13 au matin, le maréchal de Berwick est avisé que les alliés arrivent à ce col. Il en prévient le marquis de Broglie, dont le camp est aux *Testines*, et celui-ci, craignant d'être coupé, se replie d'autant plus volontiers que ses troupes sont très éprouvées par le froid et le manque de vivres.

Il essaie, sans y parvenir, de s'emparer de la redoute des *Quatre-Dents*, qui lui permettrait de communiquer plus librement avec les postes de la vallée Etroite, et se retranche ensuite dans *Modane* pour y attendre les événements.

Le capitaine de Laco, le lieutenant de Saint-Georges, 2 sergents et 34 soldats du régiment de Vermandois sont tués dans cette affaire. On compte, parmi les blessés, le capitaine Jolicœur et les lieutenants de la Grasse et du Roule (1).

Le 17, le marquis de Broglie franchit le col de la Roue et arrive à Bardonnèche où il continue sa route jusqu'à la Saulze d'Oulx. Il y est rejoint, le 25, par la majeure partie de l'armée, qui s'établit sur les deux versants de la montagne du Bourget, depuis le Chison en Pragelas jusqu'à Oulx. Les ennemis, de leur côté, prennent position entre Exilles, Suse et Fenestrelle.

Le duc de Savoie, dangereusement malade, remet son commandement au général de Rehbinder, qui renonce à tenir plus longtemps la campagne, en raison des rigueurs de la saison. Le maréchal de Berwick, de son côté, réunit son armée à Cézanne et fait la répartition de ses quartiers d'hiver.

Le régiment de Vermandois, faisant partie d'une division aux ordres du maréchal de camp de Barville, est placé à *Saint-Jean de Maurienne*.

---

(1) *Archives historiques*, registre n° 2325, pièce n° 244.

Campagne de 1712

L'hiver de 1711 à 1712 se passe en négociations pour la paix. Mais les Impériaux, bien que sur le point d'être abandonnés par l'Angleterre, affichent encore de telles prétentions, que le congrès d'Utrecht n'aboutit pas.

La guerre reprend au printemps sur toutes les frontières.

Le maréchal de Berwick, arrivé à Chambéry le 15 juin, observe pendant quelque temps le duc de Savoie. Puis il se porte dans les vallées d'Oulx et de Pragelas et ferme ainsi à son adversaire les chemins qui conduisent dans le Dauphiné. Enfin, sur la nouvelle de la brillante victoire que le maréchal de Villars a remportée à Denain (juillet), il pénètre plus avant dans le Piémont où il lève des contributions de guerre. Mais toutes ces opérations s'accomplissent sans le concours du régiment de Vermandois, qui reste dans la Maurienne, à *Saint-Martin d'Arc.*

Campagne de 1713

Le *traité d'Utrecht*, signé le 11 avril 1713, termine la guerre entre Louis XIV et tous ses ennemis, sauf les Impériaux.

Prise de Landau. — Le régiment de Vermandois, qui a passé l'hiver à *Saint-Jean de Maurienne,* quitte les Alpes au commencement du mois de mai pour être employé au siège de Landau sous les ordres du maréchal de Bezons. Il arrive devant cette place le 14 juin et participe à l'ouverture de la tranchée dans la nuit du 24 au 25.

Le prince de Wurtemberg, gouverneur de Landau, se défend d'une façon désespérée. Les assiégeants sont obligés de repousser de continuelles sorties qui leur font perdre beaucoup de monde. Enfin, après une première suspension d'armes n'ayant pas abouti, la garnison est faite prisonnière et conduite sous escorte à Haguenau (20 août).

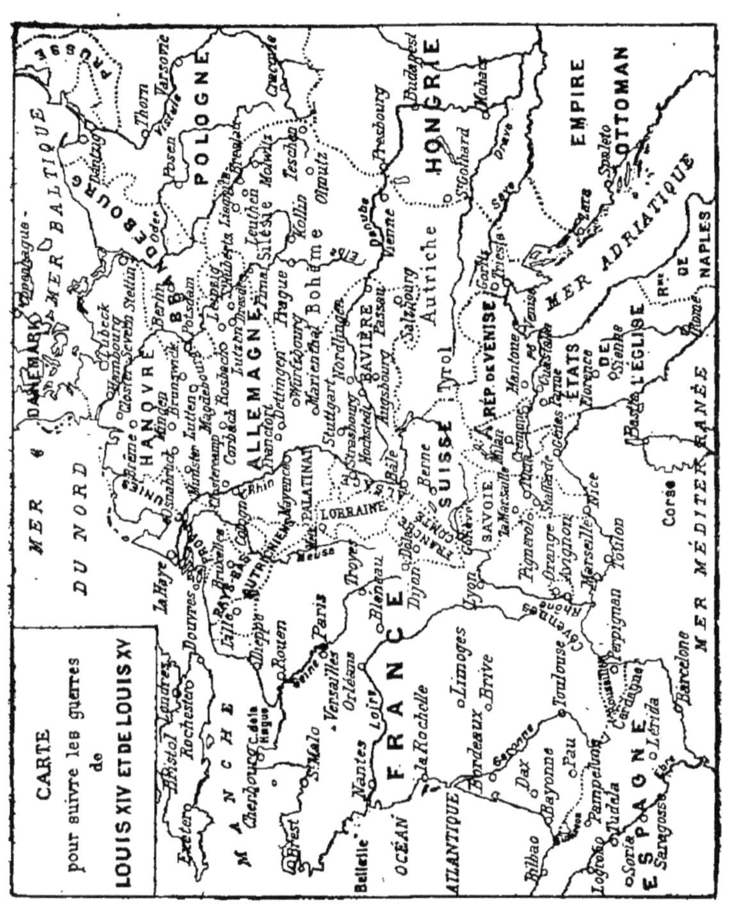

Cette carte est extraite, avec l'assentiment des éditeurs, MM. Hollier-Larousse et C⁰⁰, du *Deuxième Livre d'Histoire de France*, de Claude Augé et Maxime Petit.

Le régiment de Vermandois, qui a brillamment contribué à toutes les opérations du siège, est mis en garnison dans la place de *Landau*, autant pour la garder que pour la remettre en état.

Le reste du corps de siège accompagne le maréchal de Villars dans son expédition contre le prince Eugène.

Traité de Rastadt. — Les négociations pour la paix entamées à *Rastadt* entre le maréchal de Villars et le prince Eugène, aboutissent à un traité qui est signé le 6 mars 1714. La France ne perd rien de ses conquêtes sur le continent, mais elle cède à l'Angleterre quelques-unes de ses colonies (Acadie, Terre-Neuve). Le royaume d'Espagne laissé à Philippe V, est amoindri par de nombreux abandons de territoire faits aux souverains qui ont participé à la coalition. La France perd surtout par l'agrandissement des autres puissances. Elle assiste à la formation du *Royaume de Prusse* et à la prise de possession, par l'Angleterre, du rocher de *Gibraltar* qui constitue encore, à son profit, la clef de la Méditerranée.

Période de paix. — Après le traité de Rastadt, le régiment de Vermandois, réduit à un seul bataillon, tient garnison dans les places du royaume.

Louis XIV meurt en 1715 en laissant le trône à son petit-fils, proclamé roi sous le nom de Louis XV.

Une guerre, vite apaisée, éclate en 1719 entre la France et l'Espagne. Le régiment de Vermandois n'y prend aucune part.

En 1733, le colonel de Saint-Paul est remplacé par le comte de Lesparre qui passe aux gardes françaises, le 10 mars 1734, et a lui-même pour successeur le duc de Rohan-Chabot (1).

------

(1) Louis-Antoine de Gramont, comte de Lesparre, fut tué à la bataille de Fontenoy.

GUERRE DE LA SUCCESSION DE POLOGNE

(1734 - 1738)

Causes de la guerre. — Stanislas Leczinski, roi détrôné de Pologne, était devenu le beau-père de Louis XV. En 1733, à la mort du roi qui l'avait remplacé, il cherche, sans y parvenir, à reprendre sa couronne. Il est soutenu, dans ses revendications, par les cours de France, d'Espagne et de Sardaigne et combattu par le roi de Prusse, la Tsarine et l'empereur d'Autriche.

La guerre est déclarée le 3 mars 1734, à la suite d'un coup de main que Louis XV a fait tenter contre la place de Kehl.

Campagne de 1734

Les Impériaux, ayant à leur tête le prince Eugène, se rassemblent de très bonne heure le long du Rhin, plus particulièrement dans leurs lignes d'Ettlingen.

L'armée française commandée par le maréchal de Berwick, se réunit en Alsace dans les premiers jours du mois d'avril.

Le régiment de Vermandois (un bataillon), destiné à opérer sous les ordres du maréchal Belle-Isle, quitte les Evêchés où il tenait garnison, et se rend à *Sierck*.

Prise de Trêves. — Le 8 avril, le corps dont il fait partie se met en route à la pointe du jour, passe la Sarre au pont de Conz et s'empare de *Trêves*.

Prise de Traerbach. — Le chevalier de Belle-Isle, frère du maréchal, prend aussitôt les devants à la tête de 14 compagnies de grenadiers, dont celle de Vermandois, et arrive le 9, sous les murs de Traerbach. Il n'a plus avec lui que 35 hommes, presque tous de la Couronne et de Vermandois ; le reste n'a pu le suivre à cause du mauvais temps. Il s'avance jusqu'à la première barrière où l'accueillent les coups de feu d'un poste de quelques hommes placé au-dessus de la porte de Traben. Un combat s'engage ; la première barrière, puis la seconde sont abattues à coups de hache et un pétard est attaché à la porte, qui vole en éclats. Le poste prend la fuite et la ville est prise.

Ce coup d'audace n'a cependant pas été sans occasionner des pertes. Elles se réduisent fort heureusement à deux ou trois tués et à une dizaine de blessés, parmi lesquels le lieutenant de Chazelle, des grenadiers de Vermandois.

Fusilier sous Louis XV

Prise du château de Traerbach. — Toute la garnison de Traerbach s'est réfugiée dans le château qui domine la ville. Le maréchal de Belle-Isle en fait le siège et l'oblige à capituler dans la matinée du 2 mai.

Berwick, ayant réussi à s'emparer des lignes d'Ettlingen, détache le comte d'Asfeldt pour faire le siège de Philipsbourg. et continue à manœuvrer contre le prince Eugène, dont le camp est établi près de Heilbronn. Il appelle à lui l'infanterie du maréchal de Belle-Isle, qui le rejoint le 28 mai au camp de Kirloch.

Prise de Philipsbourg. — Dans la nuit du 1er au 2 juin, la tranchée est ouverte devant Philipsbourg et le 2, toutes les troupes du camp de Kirloch entrent dans les lignes d'investissement. Le régiment de Vermandois passe sous les ordres du prince d'Issenghen. Il est employé à l'attaque de gauche, du côté d'Oberhausen.

Le 12, le maréchal de Berwick a la tête emportée par un boulet.

Le 29, un ouvrage à corne est enlevé à la suite d'un combat qui coûte la vie à 12 officiers et à près d'une centaine d'hommes.

Le prince Eugène, établi au camp de Brushall, se porte au secours de la place assiégée et menace la ligne de contrevallation en s'établissant autour de Weisenthal, depuis le Rhin jusqu'à Neudorf. L'infanterie française se poste sur ses retranchements dans l'attente d'une attaque qui n'a pas lieu.

Le 14 juillet, à 10 heures du soir, huit compagnies de grenadiers, dont celle de Vermandois, donnent l'assaut à un ouvrage couronné que défend une garnison de 360 hommes. Une lutte fort vive se produit dans l'obscurité. Les grenadiers tombent sur leurs adversaires, la baïonnette en avant, et les serrent de tellement près que la fuite même leur est impossible. Toute la garnison est massacrée ou faite prisonnière.

L'inaction du prince Eugène et la perspective d'un nouvel assaut amènent une capitulation, qui est signée le 18 juillet. Les défenseurs de la place se retirent à Mayence par la rive gauche du Rhin.

Dernières opérations de la Campagne. — Après la prise de Philipsbourg, le comte d'Asfeldt, promu maréchal, se rend à Spire avec la majeure partie de l'armée. Le régiment de Vermandois reste à la Petite Hollande, où il entre dans la composition d'une forte arrière-garde confiée au maréchal de Noailles.

En n'attaquant pas le comte d'Asfeldt, le prince Eugène a mécontenté le roi de Prusse, qui le quitte brusquement, vers la fin de juillet, pour retourner dans ses états. L'armée des Impériaux lève alors son camp de Brushall pour se rapprocher de Mayence. Mais le comte d'Asfeldt, peu soucieux d'engager une bataille, remonte la rive gauche du Rhin jusqu'à Fort-Louis et s'établit ensuite en Souabe, avec toute son armée, depuis Kupenheim jusqu'à Rastadt.

Le prince Eugène ayant dû, faute de vivres, s'arrêter sur les bords du Necker, la campagne de 1734 est virtuellement terminée. Les mouvements des deux armées, jusqu'à la reprise des quartiers d'hiver, ne sont inspirés que du désir de se procurer des subsistances.

Le 20 octobre, le régiment de Vermandois est envoyé à Strasbourg où il reste jusqu'au 7 novembre. A cette dernière date, un détachement dont il fait partie se rend à *Worms* pour y passer le restant de l'hiver.

Campagne de 1735

Lorsque s'ouvre la campagne de 1735, les Impériaux tiennent la rive droite du Rhin, depuis Wesel jusqu'au lac de Constance. L'armée française est repartie dans la haute Alsace, la basse Alsace et les évêchés de Spire et de Worms, depuis Huningue jusqu'à Neustadt. De part et d'autre on se fortifie.

Le 14 avril, les Impériaux sortent de leurs quartiers et se répandent dans le pays de Durlach et les terres de l'Electeur palatin, où ils sont rejoints par une colonne de troupes russes.

Le maréchal de Coigny, désigné pour commander l'armée du Rhin, arrive à Strasbourg le 20 avril.

Louis XV ayant formé le projet de rester sur la défensive, le régiment de Vermandois ne quitte Worms que le 27 août, pour entrer dans la composition d'une armée destinée à couvrir le Rhin sous les ordres du maréchal de camp de Chabannes. On le place d'abord à Altirp, puis à Germersheim et finalement à Spire et à Wintsingen, où il est encore au mois de novembre, lorsque les hostilités sont interrompues à la suite d'un armistice convenu entre la France et l'Autriche.

Il ne prend ainsi aucune part directe aux opérations de la campagne.

Traité de Vienne. — Le traité de Vienne (18 novembre 1738) termine la guerre. Stanislas Leczinski renonce au trône de Pologne. On lui donne en échange la Lorraine, qui devra faire retour, à sa mort, à la couronne de France. Le duc de Lorraine reçoit comme dédommagement le grand duché de Toscane.

L'Autriche perd en Italie une grande partie de ses possessions et ne se retire de la lutte que très affaiblie.

Période de paix. — Le régiment de Vermandois quitte Wintsingen à la fin de 1735 et se rend à Neustadt. On le met ensuite en garnison à *Belle Isle*, après un court séjour dans le duché de Lorraine (1737).

Le marquis de Clermont-Gallerande prend le commandement du régiment, le 24 février 1738, en remplacement du duc de Rohan-Chabot, qui passe au régiment de Béarn.

GUERRE DE LA SUCCESSION D'AUTRICHE
(1741 - 1748)

Causes de la Guerre. — A la mort de l'Empereur Charles VI, sa fille Marie-Thérèse monte sur le trône d'Autriche et des compétitions, les unes prévues les autres nouvelles, se produisent de toutes parts pour lui disputer sa couronne. A la candidature qu'elle soutient de son mari, François de Lorraine, au trône d'Allemagne, la France oppose celle de l'Electeur de Bavière. La guerre est déclarée en 1741.

Campagne de 1741

Opérations en Westphalie. — Dès le commencement des hostilités, Louis XV, indépendamment de l'appui direct qu'il prête à l'Electeur de Bavière, envoie une armée en Westphalie autant pour parer à toute éventualité du côté de l'Angleterre et de la Hollande, que pour peser sur le vote des Electeurs de Trèves et de Mayence, dans l'élection impériale qui doit avoir lieu.

Louis XV

Le régiment de Vermandois (un bataillon) qui fait partie de cette armée, se rassemble à Sedan dans le courant du mois d'août et se rend ensuite à Kalkum, sur les terres de l'Electeur de Cologne allié de la France.

Le but de l'expédition paraît rempli, lorsque l'Electeur de Hanovre, rompant avec ses engagements, prend l'offensive (1). Le maréchal de Maillebois, placé à la tête de l'armée de Westphalie, se porte alors en avant et s'établit depuis Aix-la-Chapelle jusqu'à Paderborn.

Le régiment de Vermandois est placé à *Paderborn* où il passe l'hiver.

Campagne de 1742

Dans le courant de janvier, les troupes que Louis XV a mises au service de l'Electeur de Bavière, proclamé empereur sous le nom de Charles VII, sont bloquées dans *Prague* par le prince Charles de Lorraine.

La Cour ayant décidé, en 1742, que l'armée de Westphalie se porterait à leur secours, le régiment de Vermandois, alors à *Neuss*, lève son camp le 11 août sous la conduite du comte Maurice de Saxe. Il arrive le

Maurice de Saxe

---

(1) L'Electeur de Hanovre, alors Georges II, était en même temps roi d'Angleterre.

15 septembre à *Amberg*, où se réunissent également, sous le nom d'armée de Bavière, toutes les troupes françaises qui tiennent la campagne au Nord de la Bohême et sur les bords du Danube.

Opérations en Bavière.— Après une tentative contre *Pilsen*, où il espère devancer le prince Charles, le maréchal de Maillebois, chef provisoire de l'armée, rétrograde sur *Premenhoff*. Il y est attaqué le 2 octobre et recule encore jusqu'à *Nabburg*.

Malgré le cercle étroit formé autour de lui, le maréchal de Broglie, désigné depuis le 1er mai pour commander l'armée de Bavière, réussit à sortir de Prague à la faveur d'un déguisement.

Il rejoint le maréchal de Maillebois à Dingelfing, le 21 novembre, et le remplace, dès ce moment, dans la conduite des opérations.

Le maréchal de Maillebois a fait passer le Danube à son armée pour obéir aux ordres de la cour, qui lui ont prescrit d'envahir la haute Autriche. Le maréchal de Broglie cède aux sollicitations dont il est l'objet de la part de l'Electeur, et se rapproche de Braunau, où se trouve une garnison de 6.000 bavarois que menace le prince Charles.

Prise de Deggendorf. — Le 3 décembre, pendant que l'armée de Bavière porte son camp à Fontenhausen, le comte de Saxe, avec un détachement dont le régiment de Vermandois fait partie, attaque la ville de *Deggendorf* et s'en empare après un violent combat.

Levée du siège de Braunau. — Le 12, toute l'armée arrive sous les murs de *Braunau*. Le prince Charles, dont les efforts contre la place n'ont pas abouti, lève le siège et se rend à Passau.

L'Electeur de Bavière et son général, M. de Seckendorf, auraient souhaité de poursuivre les Autrichiens. Mais l'armée française a éprouvé de telles fatigues, que le maréchal de Broglie la fait cantonner.

Le régiment de Vermandois se rend à *Amberg*.

Campagne de 1743

Pendant tout l'hiver, les postes français du Danube sont constamment attaqués par les Autrichiens. Les privations et la maladie font chaque jour de nouvelles victimes. Au 30 avril 1743, l'effectif du régiment de Vermandois n'est plus que de 335 hommes.

Sur ces entrefaites, M. de Seckendorf se fait battre à Sisabach, ce qui amène le prince Charles sur les bords de l'Isar. Le maréchal de Broglie prend alors le parti de se rapprocher de Ratisbonne.

Combat de Dingelfing. — Dingelfing, qui jusque là a été le quartier général de l'armée française, est évacuée le 15 mai. On n'y laisse qu'une garnison de 3.000 hommes sous les ordres de M. du Châtelet. Le 17, le prince Charles fait attaquer cette garnison. Les grenadiers dont elle se compose surtout, et parmi lesquels figurent ceux de Vermandois se défendent courageusement. Ils n'en sont pas moins obligés de se replier sur Deggendorf, et d'abandonner la ville qui est incendiée.

Défense de Deggendorf. — A la nouvelle de l'arrivée du prince Charles, la garnison de Deggendorf se retire à son tour. Il ne reste pour défendre la place que le régiment de Champagne et les grenadiers. Attaquée le 26, cette petite troupe fait des prodiges de valeur. Puis elle se fait jour les armes à la main et rejoint le maréchal de Broglie à Platting.

Le 6 juin, toute l'armée française est rassemblée autour de Ratisbonne.

Le régiment de Vermandois, placé à *Worth* depuis le mois de mai, arrive sur le Pfatter pendant la nuit, après avoir fait une marche de onze lieues dans des conditions tout particulièrement fatigantes.

Retraite de l'armée. — Le 9, le maréchal de Broglie continue sa retraite devant toutes les forces autrichiennes et, par Ingolstadt où il laisse une garnison dont font partie quelques compagnies de Vermandois, se rapproche du Rhin, avec l'intention de conduire son armée contre les Anglais qui menacent le haut Palatinat.

Le 8 juillet, son camp est établi à *Wimpfen*, sur le Neckar.

A la suite d'une lettre fort irritée que l'Electeur de Bavière a écrite à Louis XV, le maréchal de Broglie se rend à la Cour pour se justifier. Le commandement de son armée est donné au comte de Saxe.

Le duc de Noailles, qui manœuvrait sur le Mayn, ayant été obligé de se replier (bataille de Dettingen), le comte de Saxe repasse le Rhin, le 13 juillet, pour établir son camp sous les murs de *Spire*.

Le 25, il ramène ses troupes dans la Haute-Alsace pour la défendre contre le prince Charles.

Le régiment de Vermandois, réduit à quelques hommes, arrive à *Schlestadt,* le 1er août et contribue à former la garnison de cette place. Au 15 octobre, on l'envoie à *Sarrelouis* pour s'y reconstituer pendant l'hiver.

Défense d'Ingolstadt. — L'Electeur de Bavière, abandonné par les Français, a dû convenir d'une neutralité avec le prince Charles. Le 26 août, la garnison d'*Ingolstadt* est attaquée par le baron de Bernklau.

Le 30, les assiégés font une sortie. Mais la perspective de ne pas être secouru conduit le gouverneur, M. de Graville, à demander une capitulation conditionnelle, qui lui est accordée.

Les compagnies de Vermandois, ramenées dans le pays messin, arrivent à Sarrelouis vers la fin d'octobre.

Campagne de 1744

Au mois de février 1744, les alliés de Louis XV se sont retirés pour la plupart de la coalition formée contre l'Autriche. Plus de 100.000 anglais, autrichiens, hanovriens et hollandais tiennent le pays depuis la mer jusqu'à la Meuse. La France est à la veille d'une invasion.

Le régiment de Vermandois, désigné pour servir à l'*armée* dite *de Moselle,* quitte ses quartiers d'hiver, le 15 mars, pour se rendre à *Sedan* et à *Donchery*. On l'emploie plus spécialement à la garde des Evêchés, sous le commandement du maréchal de Belle-Isle.

Jusqu'au mois de juillet, pendant qu'une campagne très active est menée sur d'autres points, le régiment de Vermandois reste sur les bords de la Meuse.

A la suite de l'invasion de l'Alsace, par le prince Charles, le maréchal de Coïgny, qui commande l'armée du Rhin, craint d'être coupé de ses communications avec la Lorraine, et fait renforcer la garnison de Phalsbourg.

Le régiment de Vermandois arrive sous Phalsbourg, à Lixheim, dans la soirée du 30 juillet.

Le lendemain, à la pointe du jour, 15.000 Autrichiens, conduits par M. de Nadasty, s'emparent de Saverne.

La position du maréchal de Coigny devient de plus en plus critique, lorsqu'un heureux événement le tire d'embarras.

Le roi de Prusse, qui avait déposé les armes après avoir conquis et s'être fait attribuer la Silésie, reprend les hostilités et envahit la Bohême. Le prince Charles, obligé de faire face à ce nouveau danger, se retire brusquement derrière la Zorn et se prépare à repasser le Rhin.

Combats de Saverne et de Suffelnheim. — Le duc d'Harcourt, à la tête des troupes campées sous Phalsbourg, profite de la retraite du prince Charles pour reprendre Saverne sur M. de Nadasty. Il laisse dans la place une garnison de 800 hommes et retourne à Phalsbourg.

Le prince Charles, campé sur le sommet du Kockersberg, détache alors l'aile droite de son armée au secours de son lieutenant. La garnison de Saverne résiste et donne le temps au duc d'Harcourt de revenir sur ses pas. Mais le combat qui s'engage autour de la ville se termine néanmoins par la retraite des Francais, malgré tout le courage que déploie dans cette circonstance le régiment de Vermandois (13 août).

Après un engagement d'arrière-garde livré à *Suffelnheim* contre un détachement dont font partie les grenadiers de Vermandois, les Autrichiens repassent le Rhin pour se diriger vers la Bohême (23 août).

L'armée française exténuée, s'arrête à *Fort-Louis*.

Poursuite des Autrichiens. — Le siège de Fribourg ayant été décidé, le régiment de Vermandois s'achemine, le 28 août, vers cette place, pendant que ses grenadiers passent sous les ordres du chevalier de Belle-Isle et se mettent à la poursuite des Autrichiens avec la cavalerie et les grenadiers des autres corps.

Le chevalier de Belle-Isle ne s'arrête qu'à *Kanstadt*, sur le Neckar, après avoir fait de nombreux prisonniers. Il remonte ensuite le cours de cette rivière et s'empare de *Villingen* et du comté de *Nellemburg*. Puis il atteint le Rhin et entre sans combat dans les *villes forestières* de Waldshut, Lauffenbourg et Seckingen. *Rheinfeld*, qui a été mise en état de défense, est emportée de vive force. Enfin, le 23 septembre, les grenadiers de Vermandois retournent à leur corps.

Prise de Fribourg. — La tranchée devant Fribourg est ouverte dans la nuit du 30 septembre au 1ᵉʳ octobre. Louis XV, rétabli d'une dangereuse maladie qu'il a faite à Metz, arrive au camp le 10 octobre et prend la direction du siège. Le 17, les Autrichiens font une sortie qui est repoussée.

Le 2 novembre, vers 10 heures du soir, les grenadiers de Vermandois participent à l'assaut du corps de place. Insuffisamment soutenus, ils sont accablés par le nombre et leur tentative ne réussit pas.

Le 8, le gouverneur de la ville fait demander une suspension d'armes. Elle lui est accordée et le 24, la garnison de Fribourg se rend prisonnière.

Le régiment de Vermandois, qui a contribué au siège de Fribourg d'une manière très active, a perdu par le feu et les maladies, la moitié de son effectif. On lui fait prendre ses quartiers d'hiver à *Neustadt*, entre Spire et Landau.

Campagne de 1745

Le roi de Prusse, battu par le prince Charles, ayant dû évacuer la Bohême, les cantonnements français de la Westphalie se trouvent menacés.

Le régiment de Vermandois, destiné à servir sous

les ordres du maréchal de Maillebois dont l'armée se rassemble entre le Mayn et le Neckar, quitte Neustadt dans les premiers jours de janvier pour se rendre à *Heidelberg*.

Sur ces entrefaites, l'empereur Charles VII meurt à Munich. Louis XV ne pèse en rien sur le choix de son successeur et se préoccupe surtout de terminer la guerre.

Dès le 10 février, malgré les neiges qui encombrent les chemins, les alliés passent le Rhin, près de Cologne et de Bonn, et se portent sur la Lahn.

Le maréchal de Maillebois se rapproche du Mayn. Le régiment de Vermandois est établi à *Oppenheim*, où il reste pour couvrir Worms et garder la route du fleuve.

Le 13 mars, l'armée française franchit le Mayn pour obéir aux ordres de la cour et marche contre le duc d'Arenberg, dont l'armée est établie sur la rive droite de la Lahn, depuis Wetzlar jusqu'au Rhin.

Le régiment de Vermandois campe à *Burstadt*, avec le maréchal de camp de Contades, après avoir repoussé quelques détachements ennemis, qui repassent le Lahn à Limburg.

Jusqu'au 6 avril le maréchal de Maillebois ne fait que peu de mouvements. Mais à cette date, et sur la nouvelle que le duc d'Arenberg a dû se retirer faute de vivres, il étend ses cantonnements pour se rapprocher du Rhin.

Vermandois, alors à Camberg, se rend à *Nassau*, sur le Lahn.

Le 15, le maréchal de Maillebois est appelé au commandement de l'armée d'Italie. M. de la Fare, qui le remplace provisoirement en attendant l'arrivée du maréchal de Conti, rétrograde vers le Mayn, afin de pourvoir plus commodément à la subsistance de ses troupes.

Le régiment de Vermandois, placé en seconde ligne, se partage entre *Hasselbach* et *Haingen*.

La défaite de l'armée de Bavière à Pfaffenhofen a pour

conséquence de ramener les Autrichiens sur le bas Neckar, à la suite d'une armée française que commande M. de Ségur.

Le maréchal de Conti manœuvre pour garder la ligne du Mayn et le régiment de Vermandois est dans ce but placé d'abord à *Babenhaussen* puis à *Stockstadt*. Mais le 29 juin, sur la nouvelle que les Autrichiens et l'armée du duc d'Arenberg ont opéré leur jonction dans la plaine de Wachterbach, le maréchal lève son camp pour se rapprocher de Francfort. A partir de ce moment il recule sans cesse en raison de son infériorité numérique, qui ne lui permet pas d'accepter le combat.

Les forces françaises, groupées en un seul faisceau sous le commandement du maréchal de Conti, repassent le Rhin pour se disperser ensuite le long du fleuve, depuis Oggersheim jusqu'à Lauterbourg.

Le régiment de Vermandois, établi au camp de *Mutterstadt* après la prise d'Oggersheim par quelques coureurs autrichiens, contribue jusqu'à la fin d'octobre au service général de la garde du Rhin.

Au commencement de novembre, les alliés prennent leurs quartiers d'hiver. Le maréchal de Conti, de son côté, groupe la majeure partie de son armée entre la Queich et la Lauter et se rend ensuite à la Cour.

Les compagnies de Vermandois sont placées à *Landau*.

Campagne de 1746

En janvier 1746, les troupes de François de Lorraine (proclamé empereur d'Allemagne) se rendent en Italie et dans les Pays-Bas Autrichiens. Les cercles se réclament de leur neutralité et le Roi de France, qui n'a aucune raison pour s'attirer de nouveaux ennemis, se sert de son armée du Rhin pour renforcer celle de Flandre.

Prise de Mons. — Dans l'ordre de bataille constitué à la date du 1er mai, le régiment de Vermandois est en réserve, à *Maubeuge*, sous les ordres du comte d'Estrées. Il manœuvre pendant quelque temps pour masquer *Mons*, dont le prince de Conti doit faire le siège, puis il contribue à l'investissement de cette ville, du côté de la porte de Nimy.

La tranchée est ouverte dans la nuit du 24 au 25 juin et le 10 juillet la place capitule après un bombardement de douze jours.

Prise de Saint-Ghislain. — Comme mesure préparatoire au siège de Charleroi, M. de la Fare quitte Mons, le 11 juillet, avec un détachement de six bataillons, dont fait partie le régiment de Vermandois et se présente, le 13, devant *Saint-Ghislain*. La place est investie le même jour et capitule le 25.

Prise de Charleroi. — M. de la Fare ne laisse qu'une faible garnison à Saint-Ghislain et rejoint le prince de Conti sous les murs de Charleroi, dont la garnison se rend, le 2 août, après cinq jours seulement de tranchée ouverte.

A cette date, l'armée de Flandre, commandée par le maréchal de Saxe, est dans la plaine de Gembloux, en face de celle du prince Charles (anglais, hollandais, hessois et hanovriens), dont les camps sont établis entre la Gette et la Mehaigne. Le maréchal de Conti, avec les troupes de siège, vient se placer, le 4 août, au camp de *Corroy*, à côté du maréchal de Saxe, ce qui donne à la ligne française un développement de près de cinq lieues.

Jusqu'à la fin du mois, les deux armées qui sont en présence s'observent et manœuvrent. Par ses dispositions habiles, le maréchal de Saxe triomphe sans combat de son adversaire et l'oblige à repasser la Meuse, le 30 août.

Le régiment de Vermandois couvre ensuite, pendant quelque temps, les opérations du siège de Namur, puis se rend dans les Evêchés pour y tenir garnison.

La prise de Namur (1" octobre) termine la conquête des Pays-Bas autrichiens. Le maréchal de Saxe se retourne alors contre le prince Charles, retranché derrière le Jar, et l'attaque dans son camp, près de *Raucoux* (11 octobre).

Le régiment de Vermandois, rappelé des Evêchés pour participer à la bataille, n'arrive qu'après la victoire. On le dirige, le 15 octobre, sur *Charleville* où il prend ses quartiers d'hiver.

Campagne de 1747

En 1747, lorsque recommencent les hostilités, le régiment de Vermandois (deux bataillons) fait partie d'un corps de réserve établi autour de *Namur* sous les ordres du comte de Clermont. Après que le maréchal de Saxe s'est emparé, en moins de trente jours, de toute la Flandre hollandaise, ce corps se rend derrière la Dyle. Le régiment de Vermandois est placé à *Wavre*, le 2 juin.

Le maréchal de Saxe, pour tromper ses adversaires qui du reste ne s'accordent pas sur la conduite de leurs opérations, envoie le comte de Clermont vers Maestricht. Puis il le rappelle à lui lorsque l'attention des alliés a été suffisamment attirée du côté de cette place et, le 1er octobre, toute l'armée française campée sur les hauteurs d'Herderen que les Anglais ont dû évacuer, est en mesure de livrer une bataille décisive.

Bataille de Lawfeld. — Cette bataille commence le 2 octobre, à 10 heures du matin. L'infanterie française borde les plateaux d'Herderen et s'étend jusqu'au village de Riemst. L'armée des alliés tient depuis le Grand-Spauwen jusqu'à Vybre et a son centre au village de *Lawfeld* occupé par les Anglais.

Les brigades de Monaco, de Ségur (Vermandois) et de La Fère reçoivent la périlleuse mission de s'emparer du village de Lawfeld, dont les défenseurs, déjà postés derrière des retranchements, sont bien vite renforcés par de nouvelles troupes. Une fusillade terrible s'engage. Le régiment de Vermandois, qui tient la gauche de la ligne, est pris de flanc par l'artillerie et criblé de projectiles. Les retranchements sont enlevés, avec un courage qui tient de l'héroïsme, mais ils ne tardent pas à être perdus, puis repris et reperdus.

Le maréchal de Saxe fait soutenir les assaillants par les brigades de Bettens et de Monnin et les lance pour la troisième fois sur les ouvrages de Lawfeld. Ils sont écrasés par le nombre et obligés de reculer.

Le maréchal fait alors avancer une batterie de gros canons et sous la protection de cette artillerie, avec le concours de deux autres brigades, le comte de Clermont se reporte en avant pour la quatrième fois. C'est en vain que les alliés se font tuer sur place plutôt que de reculer ; le village est reconquis pour ne plus être abandonné.

Les défenseurs de Lawfeld, soutenus par leur cavalerie qui ne peut triompher de celle des Français, se retirent en désordre vers Maaseyck et Maëstricht. Ils entraînent dans leur déroute les Hollandais et les Impériaux et repassent la Meuse pendant la nuit.

L'attaque de Lawfeld « qui restera une des plus belles actions de l'infanterie », coûte au régiment de Vermandois 92 tués et 119 blessés parmi lesquels le lieutenant-colonel Broqurio , les capitaines de la Gessardière, d'Eme, du Perron , d'Hauterive , de Lalanne, de Titelouze, du Chatel, de Saint-Lanne et d'Aumale, le lieutenant de Combettes et le sous-lieutenant de Barbant.

Le 3 juillet, le régiment de Vermandois passe sous les ordres du comte d'Estrées. On l'emploie à garder les bords de la Meuse, entre le Moulin de Pierre et Marsenhoven, pendant que le reste de l'armée continue à tenir la campagne (*Siège de Berg-op-Zoom*).

Le 21 octobre, l'armée de Flandre est envoyée dans ses quartiers d'hiver. Le régiment de Vermandois se rend à *Anvers* et à *Sandhviet*, où il arrive à la fin du mois.

Campagne de 1748

Le 1ᵉʳ janvier 1748, un Congrès se réunit à Aix-la-Chapelle pour mettre un terme aux hostilités. Mais aucune suspension d'armes n'ayant été convenue, Louis XV se met en mesure de reprendre la campagne et fait, dans ce but, ravitailler Berg-op-Zoom par de nombreux convois de vivres et de munitions.

En escortant l'un d'eux, le régiment de Vermandois est attaqué par des forces supérieures.

« Il se comporte si bien, dit le général Susane, que le convoi arrive le lendemain presque intact » (1).

Siège de Maestricht. — Pour peser de quelque poids sur les déterminations du Congrès, Louis XV fait mettre le siège devant *Maestricht*, sous la protection d'un corps de dix-huit bataillons que commande M. de Contades.

Le régiment de Vermandois, fait partie de ce corps. Il campe le 2 avril sur la Dyle, le 7 sur la Dender et entre ensuite dans les lignes d'investissement, mais il ne contribue que d'une façon très effacée aux attaques dirigées contre la place. Un de ses officiers, le capitaine de Saint-Simon, est cependant blessé, dans la nuit du 24 au 25 avril, au cours d'une sortie.

Le 3 mai, un armistice est conclu en attendant que soit signée la paix définitive. Le 10, la garnison de Maestricht se retire, après avoir obtenu une capitulation honorable, et le 14, l'armée de siège commence à se séparer.

Le régiment de Vermandois, placé sous les ordres de M. de Sennecterre, dont la division couvre le pays depuis Diest jusqu'à Malines, séjourne à *Rillaer* jusqu'à la fin du mois d'août

On l'envoie ensuite à *Bruxelles* où il prend ses quartiers d'hiver.

---

(1) *Hist. de l'Infant.*, t. IV, p. 300.

Traité d'Aix-la-Chapelle. — Les puissances intéressées conviennent à *Aix-la-Chapelle* d'un traité qui termine la guerre (14 octobre 1748).

Parce qu'il a subi quelques défaites en Italie et sur mer, Louis XV ne réclame rien pour lui-même. Il traite « en roi et non en marchand », ce qui lui vaudra, quelques années plus tard, de s'humilier jusqu'à désavouer Dupleix et de perdre ainsi l'empire des Indes.

Période de paix.

— Le 15 novembre 1748, le régiment de Vermandois est réduit à un seul bataillon. Il occupe alors le 44ᵐᵉ rang et a pour colonel le marquis de Rougé, qui a remplacé, en 1743, le chevalier de Tessé promu brigadier.

Au mois de janvier 1749, le régiment quitte Bruxelles pour aller tenir garnison dans le royaume. Le 1ᵉʳ février, le colonel de Rougé est remplacé par le marquis de Timbrune. Le 17 mars, le régiment de Vermandois est, encore une fois, porté à deux bataillons par *l'incorporation du régiment de Vexin* (1).

En 1753, le régiment est au camp de Sarrelouis, qu'il paraît avoir quitté de bonne heure, mais sans qu'il soit possible de connaître exactement pour quelle destination nouvelle.

EXPÉDITION DE MINORQUE

Causes de la guerre. — Depuis la Révolution de 1688, qui a renversé du trône Jacques II, le rôle politique de l'Angleterre vis-à-vis de la France a toujours été de lui disputer l'empire des mers et de s'opposer au développement de son commerce. Toutes les guerres du XVIIIᵉ siècle se rattachent, par quelque côté, à cette rivalité implacable, qui empiètera sur le XIXᵉ siècle et provoquera la chute de Napoléon Iᵉʳ.

---

(1) Ce régiment avait été créé le 21 septembre 1684. Il avait combattu en 1689 à Staffarde, en 1719 à Malplaquet, en 1734 à Guastalla et en 1747 à Lawfeld.

En 1756, sans aucune déclaration de guerre, plus de 300 vaisseaux français sont capturés par les Anglais dans toutes les parties du monde.

L'expédition de Minorque est une réponse à cette félonie (1).

Dans les premiers jours d'avril 1756, une armée de 25 bataillons se réunit à Toulon, sous les ordres du duc de Richelieu. Le régiment de Vermandois, qui en fait partie et dont le dépôt est alors à *Montpellier*, forme la brigade de Linière, avec les deux bataillons du régiment de Rochefort.

La flotte de transport appareille le 10 avril et jette l'ancre, le 18, devant *Ciudadela,* sur la côte occidentale de l'île de Minorque, après avoir essuyé une tempête qui l'a mise en péril (2). Le débarquement est ordonné le même jour et s'opère sans aucune difficulté. Le duc de Richelieu trouve la ville abandonnée par la garnison qui en avait la garde.

Le 23, le corps expéditionnaire, précédé de ses grenadiers, arrive devant *Port-Mahon,* dont il s'empare également sans coup férir. Le gouverneur anglais, Blakney, a pris le parti de s'enfermer dans le fort Saint-Philippe et d'y attendre ses ennemis.

Prise du fort Saint-Philippe. — Le fort Saint-Philippe, dont il ne reste plus aucune trace de nos jours, s'élevait entre e chenal de Mahon et l'anse Saint-Etienne. Bâti sur des rochers à pic et gardé de trois côtés par la mer, il se composait d'une double enceinte et n'était accessible que d'un seul côté, vers le nord-ouest, où les Anglais avaient accumulé tous les moyens de défense.

Le siège de cette place, différé faute de canons, commence le 9 mai, à la suite d'un coup de main heureux, tenté par les grenadiers de Briqueville et de Vermandois, contre un faubourg que les Anglais avaient conservé parce qu'il barrait les débouchés de la ville. Les travaux sont poussés activement, mais sans cesse contrariés par la nature même du sol et le feu continuel des assiégés. Au cours de leur exécution

______

(1) L'Angleterre s'était emparée de Minorque, en 1708, sur l'Espagne alliée de la France. Le traité d'Utrecht lui en avait assuré la possession.

(2) Trois compagnies et demie de Vermandois, montées sur une barque que l'on considéra comme perdue, retournèrent à Toulon avec beaucoup de peine et ne rejoignirent le régiment que le 25 avril.

on reçoit la nouvelle d'une brillante victoire, gagnée par l'amiral la Galissonnière sur l'amiral Byng, qui conduisait à lord Blakney un renfort de 4.000 soldats. Elle dissipe momentanément toutes les craintes, que l'on pouvait avoir de l'apparition inopinée d'une flotte britannique (20 mai).

Jusqu'au 27 juin, la canonnade est excessivement violente. Le tir des bombes remplace celui des boulets, et fait de part et d'autre beaucoup de ravages. Le duc de Richelieu, pressé d'en finir, se préoccupe de donner l'assaut aux ouvrages de la première enceinte et forme dans ce but trois colonnes, qui doivent se porter en avant, le 27, à 10 heures du soir.

A l'heure dite, la 1re compagnie des grenadiers de Vermandois, placée en tête de la colonne de gauche, sort de la tranchée sous le commandement de M. de Monti et se précipite contre une des redoutes. Les mines sautent sous les pas des assaillants dont les premiers rangs sont balayés par le canon et la fusillade, mais les grenadiers n'en parviennent pas moins au pied des remparts con-

Prise de Port-Mahon

tre lesquels ils dressent des échelles. Elles sont trop courtes. La redoute est bâtie sur des rochers qu'elle domine de plusieurs mètres.

Alors les grenadiers grimpent sur les épaules les uns des autres, se cramponnent aux aspérités des rochers, plantent des baïonnettes dans les interstices des pierres, se coulent par les embrasures et finalement tombent sur les Anglais qui sont sabrés sur leurs pièces.

A la colonne du centre, la 2ᵉ compagnie des grenadiers de Vermandois, qui précède les deux bataillons du régiment, se signale par les mêmes prodiges de valeur. Les hommes dont elle se compose débouchent dans le chemin couvert d'un ouvrage et enclouent 12 canons dont ils brisent les affûts.

Vers 5 heures du matin, une suspension d'armes, qui se prolonge jusque dans l'après-midi, est convenue pour ramasser les morts et les blessés. La majeure partie de la première enceinte est alors occupée par les Français.

Les hostilités ne sont pas reprises. Le gouverneur Blakney, vieillard de 84 ans, fait arborer le drapeau blanc et obtient de se retirer avec les honneurs de la guerre. La capitulation est signée le lendemain et le 7 juillet, 4.099 personnes dont 132 officiers et 3167 soldats, sortent du fort Saint-Philippe pour être transportées à Gibraltar.

L'assaut du 27 juin coûte au régiment de Vermandois 30 soldats tués et 87 blessés. Le capitaine de Kéjean et le lieutenant de Charmont sont au nombre des morts ; le capitaine Eveillon et le lieutenant de Saint-Andéol comptent parmi les blessés. Vermandois est de tous les régiments celui qui a le plus souffert. Cette particularité témoigne de son rôle glorieux dans une campagne qui est la seule, pendant toute la guerre de Sept ans, à jeter quelque éclat sur les armes de Louis XV.

Occupation de Minorque. — Après la prise du fort Saint-Philippe, le duc de Richelieu rentre en France en emmenant avec lui la majeure partie de son armée.

Le régiment de Vermandois reste dans l'île dont il occupe successivement toutes les places.

Par ordonnance du 10 décembre 1762, on le destine « au service de la marine et des colonies et à la garde des ports du royaume. » Le régiment prend le numéro 45, par suite de la création des Grenadiers de France.

Le 3 juin 1763, à la suite d'un article du traité de Paris stipulant que l'île de Minorque « sera restituée trois mois après l'échange des ratifications, ou plutôt si faire se peut », sept navires anglais chargés de troupes font leur entrée dans la rade de Port-Mahon.

La remise de l'île a lieu le 4, et le lendemain, la garnison française appareille pour Toulon.

« Voilà comment, sans lutte et sous le coup d'un honteux traité, nous avons quitté l'île où nous étions descendus si allègrement par une belle journée d'avril 1756 ; où nos soldats s'étaient signalés par un des plus brillants faits d'armes de notre histoire militaire, et où nous ne laissions, de nous mêmes, que le souvenir de dévouements restés inutiles. » (1)

Période de Paix. — A sa rentrée de Minorque, le régiment de Vermandois est envoyé à *Bordeaux*. Son colonel, le marquis de Timbrune, est remplacé par le comte de Malartic (2).

Au mois de décembre, un détachement de Vermandois est placé en garnison à *Marmande*. En janvier 1764, ce détachement est supprimé et au mois d'avril, le régiment quitte Bordeaux pour s'établir à *Rochefort* avec un détachement à *Bergerac*.

En avril 1765, Vermandois se rend à *Brest*. Un ordre de départ, qui lui parvient dans cette ville au mois d'octobre 1767, le dirige sur la *Guadeloupe*.

Occupation des Antilles. — On ne sait que fort peu de chose de l'occupation des Antilles par le régiment de Vermandois. En 1767 on le place à la *Basse-Terre* (Guadeloupe). Il fournit plusieurs détachements dont le plus important est à la *Pointe-à-Pitre*.

Au mois de juin 1769, à la suite d'un soulèvement provoqué à Saint-Domingue par le rétablissement des milices, six compagnies passent à *Port-au-Prince*.

Le colonel de Malartic, resté à la Guadeloupe, est nommé gouverneur de cette île.

---

(1) Guitton, *La France à Minorque*. Paris, 1894, in-8, page 110.

(2) César-Jean-Baptiste, marquis de Timbrune, né en 1749, fut nommé brigadier le 20 février 1761 et maréchal de camp le 5 juin 1763.

Le 28 octobre 1769, le régiment de Vermandois rentre en France. Il débarque à Brest, où il ne reste que peu de jours, et se rend ensuite à *Morlaix* (24 décembre).

COLONEL DE MALARTIC

Garnisons dans le Royaume. — En 1770, le régiment de Vermandois est rendu au service de terre (1). On l'envoie à *Metz*, le 18 octobre.

En 1771, la suppression des Grenadiers de France le fait remonter au 44e rang.

On le trouve ensuite : Le 16 octobre 1772, à Gravelines ; le 6 mai 1773, à La Rochelle ; le 15 mars 1774, à l'île de Ré ; le 15 juin (1er bataillon) et le 15 juillet (2me bataillon) 1775, à La Rochelle.

Il descend d'abord au 51e rang, puis au 62e, par le dédoublement des régiments à quatre bataillons et continue tous les ans à changer de garnison.

On le rencontre : Le 15 mai 1776, à Perpignan ; le 14 octobre 1776, à Béziers ; le 28 septembre 1777, à Montpellier et le 17 avril 1778, à Marseille.

En 1778, toute l'infanterie est armée du fusil à silex modèle 1777, qui sera conservé, sans aucun changement, jusqu'en 1822.

Le 27 juin, le 1er bataillon de Vermandois est envoyé à *Toulon*. Le 22 septembre, tout le régiment passe en *Corse*, dont il occupe les garnisons. On l'emploie à différentes occupations et plus particulièrement à des travaux de route.

Le 3 mars 1780, le comte de Malartic, colonel de Vermandois,

---

(1) Il fut alors créé quatre régiments spéciaux pour la garde des colonies d'Amérique.

est nommé maréchal de camp et remplacé par le vicomte de Bernis (1).

A son retour en France, le 10 mai 1784, le régiment se rend

.. Colonel de Bernis

d'abord à *Montpellier* (29 mai), puis à *Béziers* (13 juillet). Il reste dans cette dernière ville jusqu'au 1ᵉʳ avril 1788 et contribue, à partir de cette date, à former la garnison de *Perpignan.*

Le 9 mars 1788, il a reçu pour colonel le vicomte de Thézan en remplacement du vicomte de Bernis, nommé maréchal de camp (2).

Une ordonnance de la même époque, appliquée quelques mois plus tard, organise l'infanterie par brigades de deux régiments, qui sont groupées elles-mêmes en divisions de force variable.

Le régiment de Vermandois forme la 34ᵐᵉ brigade, avec le régiment de Touraine.

Vermandois devant l'émeute. — La 34ᵐᵉ brigade est tout entière à Perpignan au moment de la Révolution (14 juillet 1789).

(1) Anne Joseph-Hippolyte de Maurés, comte de Malartic, naquit à Montauban, en 1730. Il fut promu brigadier en 1769, maréchal de camp en 1780, lieutenant-général en 1792 et mourut en 1800.

(2) Pons Simon de Pierre, vicomte et plus tard marquis de Bernis, naquit à Nîmes en 1747. Entré dans l'armée de très bonne heure, après avoir été page de Louis XV, il n'émigra pas et mourut à Lunel, en 1826.

Le 3 décembre, le régiment de Vermandois *monte au 61ᵐᵉ rang*, par suite de la suppression du régiment de Bourbon.

L'année suivante, le 10 mai, une violente émeute éclate dans la ville. Le régiment de Vermandois, commandé pour la réprimer, se distingue par son courage et son sang froid et mérite les félicitations de l'Assemblée Nationale.

Quelques jours plus tard, le vicomte de Mirabeau, colonel du régiment de Touraine, arrivé de Paris pour mettre un terme à une sédition que sa maladresse a provoquée, ne se croit plus en sûreté parmi ses propres soldats et confie la garde de sa personne et de ses drapeaux à 200 hommes de Vermandois.

« Mais ceux-ci, en apprenant la nature du service que l'on attend d'eux, cèdent à l'indignation que leur inspire un acte aussi humiliant pour Touraine et rentrent dans leur caserne » (1).

Le 5 décembre, Vermandois, seul à Perpignan, se retrouve en face de l'émeute. Il s'emploie à l'apaiser comme il l'a fait déjà.

Cette répression constitue le dernier acte de l'histoire du régiment.

Le 1ᵉʳ janvier 1791, à la suite d'une mesure générale prise pour démocratiser l'armée, Vermandois perd le nom qu'il a porté pendant 121 ans sans aucune défaillance et devient 61ᵐᵉ d'infanterie.

------

(1) Susane, *Hist. de l'Inf.*, t. IV, p. 301. La sédition, qui du reste n'eut rien de sanglant, se termina, le 12 juin, par la démission du colonel de Mirabeau.

CHAPITRE II

61me RÉGIMENT D'INFANTERIE DE LIGNE

Ex-Vermandois

Le 61me de ligne (ex-Vermandois) quitte Perpignan, le 1er juin 1791, pour se rendre à *Béziers*. Il y reste jusqu'au 10 février 1792 et retourne à *Perpignan*.

Soldat d'Infanterie sous Louis XVI

Vers cette époque où tout ce qui se rattachait à l'ancien régime était, par cela même, considéré comme suspect, de nombreux officiers de Vermandois passent à l'étranger. Le vicomte de Thézan (1) est remplacé, le 5 février, par le colonel de Bazelaire (2), qui lui-même, le 23 mars suivant, a pour successeur le colonel de Chartogne.

(1) Jean-François Béranger, vicomte de Thézan, émigré.
(2) Jean-Joseph-Christophe de Bazelaire, émigré.

Au mois de novembre 1791, le major Servan commandant du fort Saint-Jean, à Marseille, avait été nommé lieutenant-colonel du régiment : Un décret du 7 mars 1792 le place à la tête du 104ᵐᵉ d'infanterie (1).

Dans les premiers jours d'avril, le 1ᵉʳ bataillon, renforcé par les meilleurs soldats du 2ᵐᵒ, est envoyé au *camp de Cessieu*, dans les Alpes.

Le 2ᵐᵉ bataillon, fort affaibli par les prélèvements dont il a été l'objet, revient à *Béziers* au mois de janvier 1793. La guerre contre l'Espagne le ramène à *Perpignan*, le 28 avril suivant.

Campagne des Alpes

(1ᵉʳ Bataillon)

Causes de la Guerre. — La campagne des Alpes ne se justifie que par le désir qu'avait la Convention de s'employer à l'affranchissement des peuples. Le prétexte invoqué pour déclarer la guerre au roi de Sardaigne est l'ordre qu'il avait donné, en violation des traités, de relever les fortifications de Montmélian.

Au mois de septembre 1792, le 1ᵉʳ bataillon du 61ᵐᵉ fait partie de la division de Tournoux, sous les ordres du maréchal de camp Camillo Rossi. Il est établi à *Saint-Pons* et à *Thuiles* et dépend de l'armée des Alpes, que le général de Montesquiou, son commandant, a répartie sur toute la frontière.

Conquête de la Savoie. — Le 21, un ordre de la Convention prescrit de prendre l'offensive. Quatre cents chasseurs, deux

---

(1) Joseph Servan de Gerbey, né à Romans en 1741, maréchal de camp le 8 mai 1792 et ministre de la guerre le lendemain, fut destitué le 12 juin pour avoir proposé de former sous Paris un camp de 20.000 fédérés destiné à protéger la capitale. Ministre de la guerre pour la seconde fois, le 10 août 1792, il devint, le 6 octobre suivant, commandant en chef de l'armée des Pyrénées-Occidentales. Arrêté comme girondin, il fut délivré à la chute de Robespierre. Il mourut à Paris avec le grade d'inspecteur en chef aux revues, le 10 mai 1808.

cents dragons et douze compagnies de grenadiers, dont celles du 61me, se réunissent devant *Chapareillan* où les Sardes ont construit des retranchements qui sont gardés par une forte garnison. L'attaque devait se faire pendant la nuit du 21 au 22, mais elle est retardée par la pluie et l'obscurité et ne commence qu'à 7 heures du matin. Les Sardes ne résistent que faiblement et abandonnent leurs ouvrages.

Apremont, Notre - Dame de Myans, Bellegarde tombent successivement au pouvoir des Français. Leurs adversaires, pris de panique, se dispersent dans toutes les directions et le 24, le général de Montesquiou entre solennellement à *Chambéry*.

Le duché de Savoie est conquis par la République et forme le département du Mont-Blanc.

Sur les conseils de Clavières, la Convention, dans sa fougue, avait décidé de faire le siège de Genève, sans se préoccuper des difficultés de l'entreprise, ni réfléchir aux conséquences qu'elle pouvait avoir. Le bataillon du 61me, resté à *Chambéry*, devait faire partie de l'expédition ; mais elle n'a pas lieu, sur es instances du général de Montesquiou et les troupes de Savoie sont alors réduites.

Le 1er bataillon du 61me, désigné pour renforcer la division du Var, arrive à l'*Escarène* le 21 novembre.

Le général d'Anselme s'était emparé de Nice à la tête de cette division et avait placé des garnisons dans les localités voisines. Puis un retour offensif des Piémontais lui avait fait perdre Sospel, Berre et Luceram.

Lorsque le bataillon du 61me arrive à l'Escarène, Sospel a déjà été reconquis. Berre et Luceram, qui tiennent encore, sont évacués sans combat, pendant la nuit du 21 au 22 novembre et la division du Var recouvre ainsi toutes ses positions.

Le général d'Anselme ayant formé le projet de garder solidement Sospel y concentre tout d'abord une brigade de 3.000 hommes. Il en retire ensuite la majeure partie, pour obvier aux difficultés de ravitaillement qu'occasionne l'amoncellement des neiges et ne laisse sur ce point que deux bataillons, dont celui du 61me.

Combat de Sospel. — Le 3 décembre, ces deux bataillons sont rappelés, à leur tour, pour être placés à l'*Escarène*. Ils sont attaqués, en s'y rendant, par un détachement de sept ou huit cents Piémontais, qui est mis en fuite.

Le 16, la division du Var prend le nom d'*Armée d'Italie*. Vers la même époque, le général d'Anselme est remplacé par le général Biron.

Dans le courant de janvier 1793, les Piémontais profitent de l'évacuation de Sospel pour s'en emparer de nouveau. La garnison de l'Escarène est en outre menacée, ce qui décide le général Biron à reprendre l'offensive.

Le 14 février, le colonel Dagobert, du 51me, attaque les Piémontais et rentre dans Sospel. Enfin, dans la nuit du 27 au 28, l'armée d'Italie se met en mouvement dans trois directions pour repousser de nombreux détachements qui se sont répandus dans la vallée du Var et le long de la Vésubie, depuis Roquebillière jusqu'à Loda.

Combat du Pont de Loda. — Le bataillon du 61me faisant partie de l'attaque de droite, commandée par le général Brunet, gagne le col de la Porte et descend jusqu'à la chapelle Saint-Arnoux, près de Loda, pendant que deux compagnies du 91me gravissent les hauteurs de Saint-Colomban et poursuivent l'ennemi jusqu'à Gaudissard.

Le 1er mars, le général Brunet fait occuper le col de Raboun et détache quatre compagnies du 61me vers la gauche, pour tourner la position de Loda, que les Piémontais tiennent solidement. Ces quatre compagnies traversent la Vésubie et prennent pied dans le hameau de Figaret, après un combat assez vif.

Vers midi, le général Brunet reçoit la nouvelle de la prise de Lantosque par les deux compagnies du 91me et le poste du col de Raboun. Il poursuit aussitôt sa marche en avant, arrive au pont de Loda en même temps que les Piémontais et les refoule jusque sur les hauteurs de Simalonga, après s'être emparé de tous leurs bagages. Puis toute sa troupe se dirige sur Lantosque où elle s'établit.

Pendant la nuit, le major sarde Balegno parvient à rallier cinq à six mille hommes sur le plateau de Flaut et autour des villages de Belvédère, Roquebillière et la Bollène, dans le but de couvrir les débouchés des cols de Raus et de Saint-Véran.

Combat de Belvédère. — Le 2 au matin, le général Brunet marche contre lui. Le colonel Dagobert, qui forme l'avant-garde avec le 51me, longe la rive droite de la Vésubie, traverse la rivière à hauteur du Vallon de la Planchette et gravit les pentes de Flaut, dont il poursuit les défenseurs jusqu'au mont Pela, tandis que le 1er bataillon de l'Hérault pénètre dans la Bollène (1). Le bataillon du 61me, tenant la tête du corps principal, suit les traces de Dagobert, puis se dirige sur Belvédère en contournant le plateau de Flaut et remontant la Gordolasque. Il est arrêté par la violence des eaux et contraint de revenir sur la rive droite de la Vésubie. Tout le corps principal repasse alors la rivière en amont de son confluent avec le torrent puis, par un sentier étroit et difficile, débouche peu à peu sur le plateau de la Chapelle Saint-Julien. Sa situation est en ce moment très périlleuse; aucune communication ne lui est permise, ni avec le plateau de Flaut, solidement occupé, il est vrai, par un détachement du 1er bataillon de l'Hérault, ni avec le général Dagobert, qui a descendu dans la Gordalasque et menace Belvédère par l'est, sans parvenir à déloger l'ennemi des chapelles Sainte-Anne et Saint-Roch. Le général

____

(1) La route de Lantosque à Belvédère suivait alors la rive droite de la Vésubie ; il n'y avait aucun chemin sur la rive gauche. On se rendait de la Bollène à Belvédère en passant par le plateau de Flaut.

Brunet prend aussitôt la résolution d'enlever le village à la baïonnette et forme dans ce but trois petites colonnes d'assaut. Le 61ᵐᵉ, placé au centre, se précipite en avant à la voix du colonel de Chartogne et gravit, sous le feu du canon, les terrasses d'oliviers qui le séparent de l'ennemi.

Toutes les troupes du général Brunet pénètrent simultanément dans Belvédère où elles font de nombreux prisonniers. Mais elles sont épuisées de fatigue par trois journées de marche et de combat. Aussi ne s'engagent-elles que faiblement dans le ravin de Graus, du reste encombré par les neiges, ce qui permet aux Piémontais d'effectuer leur retraite par le col de Raus.

Le colonel de Chartogne est signalé au ministre de la guerre « pour sa belle conduite à l'attaque de Belvédère, à la tête du 1ᵉʳ bataillon de son régiment. »

Après le combat du 2 mars, les vallées du Var et de la Vésubie sont rapidement dégagées. L'armée d'Italie se porte contre la position de Saorge, tandis que le bataillon du 61ᵉ, destiné à servir en Corse, est provisoirement établi à l'Escaréne (1).

Campagne de Corse

La garnison de Corse ne se composait, au mois de mars 1793, que de cinq bataillons continentaux considérablement réduits par les privations et la maladie. Elle était notoirement insuffisante pour s'opposer aux agissements de Paoli, que la Convention, plus généreuse que prudente, avait nommé généralissime de l'île. On décide de la renforcer par des troupes de l'armée d'Italie, mais celle-ci est elle-même fort appauvrie et ne peut détacher que le 1ᵉʳ bataillon du 61ᵉ (2).

---

(1) Le rôle que le 61ᵉ pourrait encore être appelé à jouer dans la vallée de la Vésubie, suffira, nous l'espérons, pour justifier les développements quelque peu étendus, que nous avons cru devoir donner à la narration des combats du Pont de Loda et de Belvédère.

(2) Un bataillon de l'Aveyron fut envoyé plus tard à Calvi.

Le 6 avril, ce bataillon arrive à Saint-Florent et se rend le même jour à *Bastia*.

Les hésitations que l'on apporte à combattre Paoli sont funestes aux Français. Ils ne possèdent bientôt plus dans l'île que le Cap Corse et les places de Calvi, de Saint-Florent et de Bastia. Un représentant du peuple, Lacombe Saint-Michel, prend la direction de la défense.

Combat de Fornali. — Le 18 septembre, les Anglais sollicités par Paoli viennent à son secours. Une centaine d'entre eux débarquent près de la tour de Fornali et se joignent aux Corses qui menacent Saint-Florent (1). Un détachement du 61ᵉ les disperse.

Paoli essaie, sans y parvenir, de s'emparer de la route de Saint-Florent à Bastia. Puis il se rend à Corte, où il proclame l'indépendance de l'île (22 septembre).

Jusqu'à la fin du mois, les Corses et les Anglais se rassemblent sous les murs de Saint-Florent. Ils sont continuellement repoussés dans leurs tentatives.

« Le 61ᵉ, écrit Lacombe Saint-Michel, au Comité de Salut Public, a soutenu avec intrépidité le feu de l'ennemi supérieur en nombre. Dans toutes les sorties, il a chargé les ennemis avec tant de vigueur, qu'il les a mis chaque fois en déroute. » (2)

Le 1ᵉʳ octobre, les Corses, pour appuyer une attaque par mer des Anglais, couronnent les hauteurs voisines de Fornali. Deux compagnies du 61ᵉ se portent contre eux et s'emparent de leurs pièces.

Du côté de la marine de Farinole, un autre coup de main, tenté par les Anglais, est repoussé le même jour par un poste de quelques hommes des 26ᵉ et 61ᵉ.

Soumission du Cap Corse. — L'expédition anglaise n'a pas abouti à la prise de Saint-Florent, mais elle a eu pour résultat de soulever le Cap Corse. Un échec que subit la garnison de

______

(1) La France et l'Angleterre étaient en guerre depuis le 1ᵉʳ février 1793.
(2) *Archives historiques*, carton *Corse*, lettre de Lacombe datée du 3 octobre 1793.

Bastia contre un parti rebelle établi à Biguglia ajoute encore à la situation précaire des Français.

Le 15 novembre, Lacombe Saint-Michel fait converger trois colonnes sur la commune de Farinole ; il assiège un couvent retranché, contre les défenseurs duquel les soldats du 61e se battent « comme des lions » et finalement s'empare de ce couvent et du village.

Ce coup de vigueur est suivi d'une telle poursuite, que tout le Cap Corse est soumis en moins de dix jours, sans que Paoli, dont le camp est à Murato, ose intervenir pour s'y opposer.

Combats autour de Saint-Florent. — Cette situation se maintient jusqu'au mois de février 1794. Le 5, une escadre britannique communique avec les montagnards du Nebbio et débarque des canons et des soldats sur la plage de Saleccia. La tour de Fornali et le camp qui l'avoisine résistent coura-geusement, pendant neuf jours, aux attaques des anglo-corses, qui ont réussi à s'emparer de la tour Mortella. Mais le 17, à 9 heures du soir, le cri de « sauve qui peut », poussé par un traître, affole les Français et provoque leur retraite.

Les grenadiers du 61me ne partagent pas cette terreur panique. Groupés autour du général Gentili, avec les grenadiers du 52me et quelques marins, ils contiennent pendant plus d'une heure les efforts d'un ennemi vingt fois supérieur en nombre et ne se retirent que lorsque toute résistance est devenue impossible.

Un grenadier du 61me, aperçoit parmi les Anglais un soldat du 52me qui a déserté le matin et donné à l'ennemi le mot de ralliement. Il se précipite sur lui et lui fend la tête d'un coup de sabre en lui criant : « Lâche ! tu ne trahiras plus personne ».

Dans son laconisme, le rapport officiel s'exprime ainsi .

« Les grenadiers du 61e se sont parfaitement battus ; aussi, ont-ils presque tous succombé » (1).

Quelques jours auparavant, Lacombe Saint-Michel écrivait au Comité de Salut public :

« Le 61e, ci-devant Vermandois, montre un courage et un

____

(1) *Archives historiques*, Corse. Rapport daté du 19 février.

patriotisme au-dessus de tout éloge. Aujourd'hui, en venant de Saint-Florent, j'ai trouvé des soldats de ce corps sortant moribonds de l'hôpital de Bastia et pleurant de crainte de ne p s se trouver à la bataille » (1).

Retraite sur Bastia. — La démoralisation des défenseurs de Fornali ayant gagné ceux de Saint-Florent, Lacombe Saint-Michel ordonne la retraite sur Bastia.

Le 25 février, toutes les hauteurs voisines de cette ville sont garnies de Paolistes, qui travaillent à des batteries dont les Anglais doivent fournir les canons.

Lacombe Saint-Michel reprend l'offensive et se débarrasse, en moins de trois quarts d'heure, du cercle de ses ennemis. Les Paolistes retournent à Saint-Florent dans un désordre inexprimable. La garnison de Bastia, trop faible pour les poursuivre, se contente d'établir quelques retranchements sur le monte Maggiore.

Défense de Bastia

. — Pendant plus d'un mois, l'escadre britannique, contrariée par le mauvais temps, ne fait que des apparitions devant Bastia. Mais le 2 avril, vingt vaisseaux bloquent le port et le 7, des retranchements anglais sont établis à la chapelle Saint-Roch, au-dessus de Toga.

Le cercle des assiégeants se resserre peu à peu et le feu des batteries devient de plus en plus violent sans que la garnison et les habitants se départissent de leur fermeté.

Les assiégés supportent un bombardement qui dure 40 jours et auquel ils ne peuvent répondre faute de poudre. Toutes les attaques dirigées contre leurs retranchements sont repoussées, notamment les 13 et 18 avril. Le manque de vivre finit seul par amener la capitulation. Elle est signée le 22 mai. La garnison obtient les honneurs de la guerre et 443 hommes du 61ᵐᵉ, pour la plupart malades ou blessés, sont conduits

---

(1) *Archives historiques*, Corse. Lettre du 9 février 1794.

à Toulon par le chef de brigade Alcher, qui a remplacé au mois d'avril le colonel de Chartogne.

Défense de Calvi. — Après la prise de Bastia, les Anglo-paolistes dirigent leurs efforts contre Calvi, dont la garnison a recueilli quelques hommes du 61ᵐᵉ. La ville subit un bombardement de 34 jours, qui la réduit en cendres. Elle ne capitule, le 10 août, que lorsque le nombre de ses défenseurs ne suffit plus pour garder les brèches. Les quelques soldats qui restent sont rapatriés. Ils arrivent à Toulon le 2 septembre.

Campagne des Pyrénées-Orientales

(2ᵐᵉ Bataillon)

Causes de la guerre. — La mort de Louis XVI (21 janvier 1793) amène une rupture définitive entre la République et la plupart des monarchies.

Le 17 avril, une armée espagnole, conduite par le général Ricardos, pénètre dans le Roussillon par Saint-Laurent de Cerda dont la trahison lui a ouvert les portes, et menace Perpignan.

L'armée française des Pyrénées-Orientales, commandée par le général de Flers, se compose de 8.000 hommes seulement, dont 5.000 se trouvent dans les places. Les approvisionnements font partout défaut. Le général de Flers dispose son armée dans le Rear, avec une avant-garde entre le mas Conte et le mas Deu, et attend dans cette position l'arrivée de son adversaire.

Combat du mas Deu. — Le 20 mai, de très grand matin, le général Ricardos se porte en avant sur trois colonnes. Le 2ᵐᵉ bataillon du 61ᵐᵉ, chargé de contribuer à la défense du *mas Deu*, combat vaillamment jusque vers midi ; mais il est accablé par le nombre et contraint à se replier sur Perpignan.

Le général Dagobert cherche vainement à rétablir le combat en donnant l'exemple du courage. L'avant-garde est entièrement battue et dans sa fuite trop précipitée elle entraîne le reste de l'armée du général de Flers.

Le général Ricardos, qui a perdu beaucoup de monde, ne poursuit heureusement pas sa victoire. Il se retire vers le Boulou, pendant que l'armée française, un peu revenue de sa surprise, campe au mas de Ros.

Jusqu'au mois de juillet, le 2me bataillon du 61me reste au camp de Ros (dit aussi de l'*Union*), sous les ordres du général Puget-Barbentane (1re division).

Le 15, il contribue à repousser une attaque des Espagnols, qui se sont attardés à s'emparer de Thuir et de la rive droite de la Tet jusqu'à Ille.

Bataille de Perpignan. — Le général Ricardos, disposant de 28.000 combattants et de 100 pièces d'artillerie de tout calibre, forme le projet singulier de faire le siège du camp de l'Union.

Le 17 juillet, à 3 heures du matin, les Espagnols font feu de leur artillerie, mais leurs projectiles, tirés de trop loin ne portent pas. De Flers, sans s'émouvoir, recommande de ne pas répondre, et attend tranquillement au mas de Ros la fin de ce bombardement.

Vers neuf heures, un coup de canon tiré sans ordre est pris pour un signal. Aussitôt le combat devient général sur toute la ligne et se termine, moins de trois heures après, par la retraite des Espagnols. Le général Poinçot, qui se lance imprudemment à leur poursuite, est arrêté devant le village de Canohes et entouré par des forces supérieures. Le 2me bataillon du 61e contribue à le dégager.

La lutte, de ce côté, ne prend fin qu'à sept heures du soir, après une mêlée furieuse de cavaliers et de fantassins. L'armée espagnole achève paisiblement sa retraite et les Français retournent à leur camp.

La bataille de Perpignan n'a rien de décisif, mais elle donne du courage aux jeunes troupes du général de Flers, qui ont vu reculer pour la première fois leurs ennemis depuis le commencement des hostilités.

Après la bataille de Perpignan, l'armée des Pyrénées-Orientales continue à rester sur la défensive. Deux compagnies du 61me sont employées, l'une à *Montalba*, l'autre à *Mosset* pour garder les passages de la Tet.

Le général de Flers, destitué, est remplacé le 7 août, par le général Puget-Barbentane.

Combat de Mosset. — Le 16 août, 1,800 Espagnols partis de

Prades s'emparent du village de *Mosset*. Trois cents hommes de différents corps, qui en constituent la garnison, sont trahis par un officier nommé Chalvasson et faits prisonniers pour la plupart (1). Une quarantaine de soldats de la compagnie du 61ᵐᵉ réussissent cependant à se faire jour les armes à la main. Ils se joignent à la garnison de Montalba et se replient avec elle sur Corneilla.

Défense du camp de Corneilla.— Le 29 août, le camp de *Corneilla* est attaqué par des forces supérieures. Les deux compagnies du 61ᵐᵉ, qui en ont la garde, font bonne contenance et se retirent sur *Salces*. Elles sont citées avec éloge par le général Ramel.

Les Espagnols continuent à s'avancer, grâce à leur nombre, et le 8 septembre, 12.000 d'entre eux prennent position à Peyrestortes où ils travaillent à se retrancher.

Le 12, le général Puget-Barbentane se démet de son commandement en faveur du général Dagobert.

Combat du Vernet. — Le 17, à 4 heures du matin, six mille Espagnols du camp de Peyrestortes se portent sur le village du Vernet dont ils s'emparent. Ils mettent alors quelques pièces en batterie et lancent des boulets sur Perpignan, où ils occasionnent plus de bruit que de dommage. Le général d'Aoust et le représentant du peuple Cassanyes, qui se trouvent dans la ville, prennent cependant le parti de marcher à leur rencontre. Ils se rendent au camp de l'Union, y choisissent 2.000 hommes des meilleures troupes, parmi lesquelles le bataillon du 61ᵐᵉ, et les portent sur deux colonnes contre le village du *Vernet*, qui est repris malgré tous les efforts de la cavalerie espagnole.

A neuf heures du matin, l'ennemi, battu sur tous les points, regagne son camp de Peyrestortes.

Bataille de Peyrestortes. — Pour ne pas laisser se refroidir l'enthousiasme des soldats, le représentant du peuple Cassanyes forme le projet d'attaquer immédiatement le camp de *Peyrestortes*. De nouvelles troupes sont tirées du camp de l'Union, et la garnison de Salces, conduite par le médecin Goguet, est avisée de prêter son concours. Une seconde bataille commence dans l'après-midi et se poursuit jusqu'à dix heures du soir, avec un acharnement sans exemple. Enfin, les troupes françaises

____

(1) Le traître Chalvasson n'appartenait pas au 61ᵐᵉ.

s'élancent à la baïonnette et pénètrent dans le camp par trois directions opposées.

Les Espagnols, vaincus bien que deux fois supérieurs en nombre et solidement retranchés, prennent la fuite de tous les côtés en abandonnant 2.300 morts ou blessés, 1.200 prisonniers, 46 pièces d'artillerie, 7 drapeaux et tout le matériel de leur camp.

Les compagnies du 61⁰ˢ établies au camp de l'Union et la garnison de Salces prennent une part glorieuse à la journée de Peyrestortes. Elles comptent aussi beaucoup de morts. De ce nombre est le chef de bataillon Trogues, dont la poitrine a été traversée par un coup de feu au pied des retranchements ennemis.

Le 18, les troupes du camp de l'Union se retirent du champ de bataille. Il ne reste à Peyrestortes que le médecin Goguet, avec la garnison dont il a le commandement, c'est-à-dire, 120 hommes du 61⁰ˢ et quelques renforts venus de l'intérieur.

Bataille de Truillas. — Le général Ricardos ne disposait plus que de 16.000 hommes retranchés autour de Ponteilla. Le général d'Aoust, Goguet et Cassanyes, forment le projet de l'attaquer dans la nuit du 18 au 19 ; mais le 18, le général Dagobert, qui se trouvait dans la Cerdagne, arrive à Perpignan et donne de nouveaux ordres. Les journées du 19 et du 20 et la matinée du 21 se passent dans l'inaction. Enfin, dans la soirée du 21, l'attaque est décidée. Elle doit être faite le lendemain matin, à droite par Goguet, qui a pour mission de gagner le chemin de Céret ; à gauche par d'Aoust, destiné à couper la grande route du Boulou et au centre par Dagobert, dont le rôle consiste à se porter directement sur le camp.

Le bataillon du 61⁰ˢ fait partie de la colonne du centre. A la voix de Dagobert, il s'avance sur l'armée ennemie, s'empare d'une première redoute et pénètre dans le camp. Malheureusement, les deux colonnes extrêmes n'arrivent pas, ce qui permet au général Ricardos de concentrer tous ses efforts contre la colonne du centre.

Il se produit alors un revirement subit. Les troupes

qui ont combattu, le 17, avec un courage extraordinaire, jettent leurs armes pour la plupart et se rendent prisonnières. Dagobert n'a bientôt plus autour de lui qu'une poignée d'hommes, de tous les régiments, qui l'escortent jusques sur les hauteurs de Sainte-Colombe où il rencontre Cassanyes. Il cède d'abord à un découragement profond. Puis, il retrouve toute son énergie et repousse à coups de canon six bataillons espagnols qui le serrent de trop près. Mais le nombre finit par triompher de son courage et la bataille est perdue sans retour. Alors il fait sauter ses caissons, précipite ses bagages dans les ravins et s'enfonce dans les Aspres où les Espagnols déconcertés ne songent pas à le poursuivre.

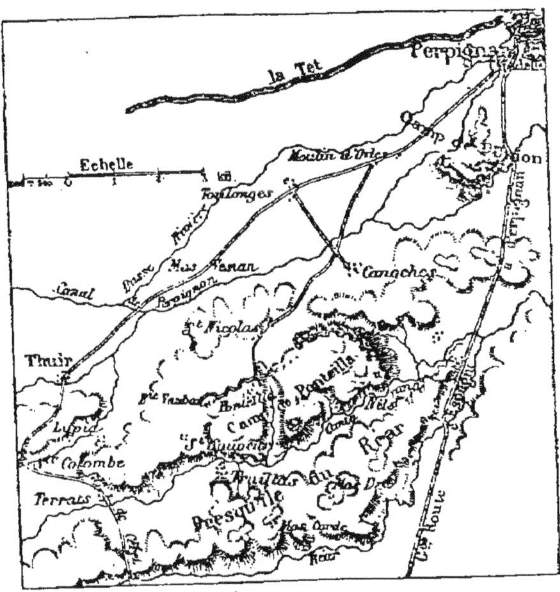

Bataille de Truillas

Retraite des Espagnols. — La bataille de Truillas coûte aux Français près de 3.000 tués, blessés ou prisonniers. Elle est, pour eux, la contre-partie de la bataille de Peyrestortes. Le général Ricardos, quoique victorieux, n'ose pas néanmoins, reprendre l'offensive. Quelques détachements ayant paru sur ses derrières, il craint même d'être coupé de ses communications et lève son camp de Ponteilla, le 30, pour se replier sur le Boulou.

Le général Dagobert ayant retourné en Cerdagne est remplacé par d'Aoust. Le 1er octobre, l'armée des Pyrénées-Orientales est conduite sur les hauteurs du mas de la Paille et du Pla del Rey, où se forme un camp dénommé *de la République.*

Les débris du 61me, rassemblés au Pla del Rey, sont employés jusqu'au 26 novembre à de continuelles escarmouches contre les Espagnols.

Combats autour du camp de la République.

— Le 26, le général Ricardos, qui a reçu un renfort de 6.000 Portugais, fait attaquer le camp de la République. Une de ses colonnes s'avance à couvert et pénètre dans un poste appelé la batterie basse ; mais 30 hommes du 61me, commandés par le lieutenant Rochon et le sergent Clairville, se précipitent sur les premiers assaillants et les refoulent à coups de baïonnette. Les Espagnols retournent dans leur camp.

Le 6 décembre, le général Ricardos arrive à s'établir sur les sommets des Albères. Le 14, il subit un échec en faisant attaquer Bagnols de Marende. Ces alternatives de succès et de revers finissent par décider d'Aoust à rétrograder sur le camp de l'Union.

Pour masquer son mouvement, il se porte, le 19, sur le camp portugais de Villalongue, avec 2.000 hommes parmi lesquels ceux du 61me. Malgré le feu de trois bataillons ennemis, il s'empare successivement de toutes les redoutes, en fait enlever les canons et le matériel et rentre au camp de la République.

Le 21, il est attaqué à son tour par le général Ricardos. Après une très vive fusillade, les postes français cèdent sous le nombre. Mais les troupes du Pla del Rey viennent à leur secours et les Espagnols sont repoussés.

D'Aoust en profite pour accélérer sa retraite. Le 24, le bataillon du 61me est rétabli au camp de l'Union.

Le général Ricardos, de son côté, occupe les camps du Pla del Rey et du Boulou ; puis, sous leur protection, se retire derrière le Tech où il fait reposer son armée.

Au commencement de 1794, un nouveau général en chef, Dugommier, se prépare à reprendre l'offensive. Son armée a été augmentée, mais elle se compose surtout de jeunes troupes (volontaires) qui n'ont aucune connaissance de leur métier, et chez lesquelles « l'espérance d'un fusil à baïonnette est un sujet d'émulation. »

Le 2ᵐᵉ bataillon du 61ᵐᵉ, renforcé par de récentes levées, est affecté à la division du centre commandée par le général Pérignon.

Reprise de l'offensive. — Le 26 mars l'armée française se porte en avant. Le bataillon du 61ᵐᵉ prend position entre les hauteurs du Réar et le plateau de Bruilla, un peu en arrière du moulin de la Seille, où il se fortifie. A partir du 29 mars et jusqu'au 6 avril, ont lieu des escarmouches de tous les instants. Les Espagnols, qu'elles finissent par lasser, se replient sur le Boulou.

Bataille de Montesquiou. — En attendant une flottille qui n'arrive pas, et dont il a besoin pour faire le siège de Collioure, Dugommier prend sur lui de déloger ses adversaires. Il trompe le comte de la Union, qui a remplacé le général Ricardos, et l'attire vers le revers méridional des Aspres, en envoyant à Oms la division de droite (Augereau) de l'armée des Pyrénées-Orientales. Puis le 29 avril, avant le jour, toute la division Pérignon se porte contre le camp du Boulou.

Le bataillon du 61ᵐᵉ faisant partie de l'attaque principale (brigade Chabert), se déploie devant Villa-longue.

Au point du jour, les baïonnettes françaises apparaissent de tous les côtés aux yeux des Espagnols surpris. Le combat s'anime, mais Pérignon redoute de faire tuer trop de monde dans une attaque générale. Une imprudence du représentant Milhaud (1) l'oblige à en donner le signal vers une heure. Alors les grenadiers en colonne, les troupes légères en désor-

---

(1) Plus tard général.

dre, mais dans un bel élan, se ruent sur les retranchements de *Montesquiou* où ils pénètrent.

Il n'est pas deux heures et la prise de Montesquiou pourrait être complétée par celle des Trompettes, ce qui assurerait la possession de tout le camp du Boulou. Pérignon préfère s'établir solidement sur les positions qu'il a conquises et se contente de laisser tirailler ceux de ses corps qui ont le moins souffert.

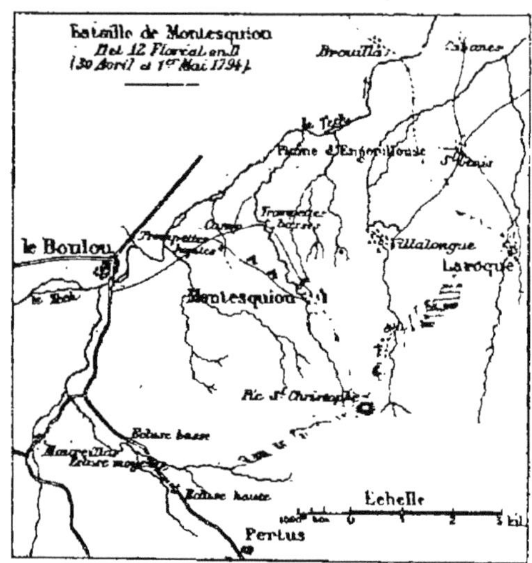

Le 1er mai, le général Dugommier, qui la veille a groupé ses forces, fait occuper le Pertus, sur la route d'Espagne, et recommence le combat.

La retraite des Espagnols, d'abord conduite méthodiquement, ne tarde pas à dégénérer en une déroute indescriptible. Ce désastre coûte au général de la Union, 1500 tués, autant de prisonniers, 800 chevaux, ses propres équipages et les bagages de 20,000 hommes. Les Français ne perdent qu'une centaine d'hommes mis hors de combat.

« Cette prise de Montesquiou, a dit le capitaine Fervel, eut une longue célébrité, et fit, jusqu'à la fin de leur carrière, l'orgueil de tous ceux qui eurent le bonheur d'y prendre part » (1).

Poursuite des Espagnols. — Le général Dugommier, dont les mouvements sont dictés par le Comité de Salut Public, ne poursuit les Espagnols que très faiblement. La division Pérignon s'arrête à Maureillas et détache la brigade Chabert (61ᵐᵉ) pour fermer le col de *Banyuls*. Conduite par des guides qui ne connaissent qu'imparfaitement le pays, cette brigade s'égare

(1) *Campagne de la Révolution dans les Pyrénées-Orientales*, t. 1, p. 232.

dans les rochers des Albères et n'arrive au col que le 5 au soir, après une marche de 42 heures. Les Espagnols ont eu le temps de passer et de se réfugier sous le canon de Figuières.

Prise de Bellegarde. — Après la retraite des Espagnols, le général Dugommier fait assiéger Bellegarde et les petites places de la côte.

Le bataillon du 61ᵐᵉ concourt à l'investissement de Bellegarde en s'établissant au col de Portell (1).

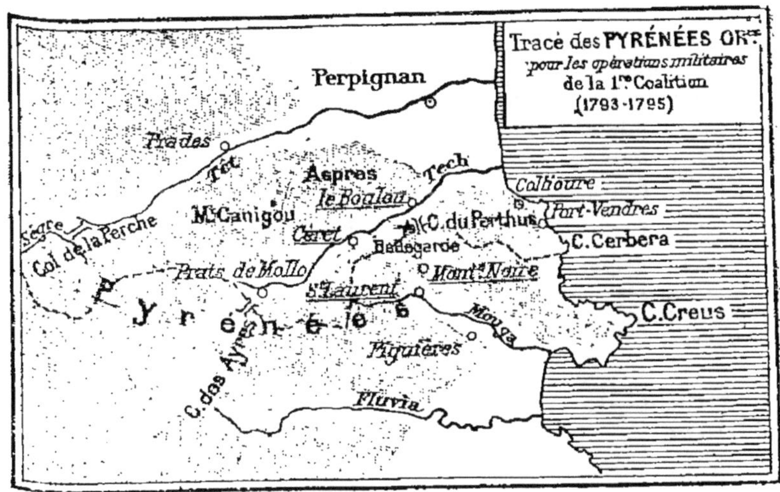

La ville, courageusement défendue, résiste longtemps. La Union, tente un suprême effort pour en secourir la garnison et fait dans ce but envahir la montagne Noire. Mais il est battu et sa rage impuissante lui inspire, contre ses propres troupes, des châtiments qui les terrifient.

Le gouverneur de Bellegarde, entièrement aux abois, capitule le 18 septembre. La guerre est portée désor-

---

(1) La carte que nous donnons à cette place est extraite de l'*Histoire Contemporaine* (1789-1890) de R. Sucrus et E. Guillot. L'éditeur, M. Ch. Delagrave, a bien voulu nous autoriser à la reproduire avec une obligeance dont nous tenons à le remercier. La même provenance doit être attribuée à quelques autres cartes que l'on trouvera plus loin, et qui se distinguent par la façon toute spéciale et très caractéristique dont les chaînes des montagnes sont représentées.

mais sur le territoire de l'Espagne et cette délivrance du sol français est célébrée, dans toute l'armée, par une *fête natio-nale des victoires.*

Guerre à mort. — La capitulation de Collioures avait été signée le 26 mai. Le général de la Union refuse d'en ratifier les conditions, ce qui met le comble à l'exaspération de l'armée des Pyrénées.

Le 10 août 1794, la Convention rend un décret de *guerre à mort* contre l'Espagne.

Attaque des lignes de Figuières. — Pour repousser, à son tour l'invasion, de la Union fait couvrir la place de Figuières par un corps de 46,000 hommes réparti dans 97 ouvrages qui se développent, depuis les sources du Manol jusqu'à la côte, sur un front de 25 kilomètres. La force de l'armée française n'est que de 36.000 combattants formés en dix brigades.

Le 17 novembre, Dugommier attaque son adversaire. La division Augereau remporte un brillant succès sur la gauche des Espagnols, et s'établit à Roca-Blanca. Mais, vers le soir, le général Dugommier a la poitrine broyée par un obus. Le général Pérignon, qui le remplace, tire du camp de la Estrada les brigades Chabert (61ᵐᵉ) et Guillot, qui n'ont pas encore combattu de la journée et les met sous les ordres du général Augereau.

Prise de la redoute de Nova Sierra del Roure. — Le 20, la bataille recommence. Les soldats de la division Augereau se portent intrépidement contre la redoute de *Nova Sierra del Roure,* dont les parapets taillés dans le roc sont gardés par 4.000 défenseurs et 25 pièces de gros calibre. Accueillis par une formidable décharge, les rangs de la division sont rompus. Alors, officiers et soldats se ruent pêle-mêle et à la baïonnette dans les fossés, s'accrochent aux escarpes, brisent les palissades et comme en 1756 à Port-Mahon, les premiers arrivés tendent la main aux autres « pour les présenter dans la salle du bal ».

En moins de quatre heures, près de 100 redoutes patiemment construites pendant six mois tombent au pouvoir des Français.

Les soldats de la brigade Chabert, poussent l'audace jusqu'à faire tirer sur Figuières avec des canons qu'ils sont allés chercher sous les murailles de la forteresse.

Le désastre subi par les Espagnols est inexprimable. La Union, accouru en toute hâte au secours de Nova Sierra del Roure, est tué près du pont des Moulins, tandis que les fuyards de son armée s'écrasent aux portes de Figuières. Il n'est fait aucun prisonnier ; mais près de dix mille ennemis périssent en combattant ou sont massacrés sans pitié.

Prise de Figuières. — Le 21, la brigade Chabert campe au pont du bas Ricardell. Le 23, Pérignon fait sommer le gouverneur de Figuières, Andreas de Torrès, de lui livrer la place et le prévient qu'en cas de refus toute sa garnison sera massacrée. Dans la matinée du 28, après quelques tergiversations lamentables, de Torrès se rend à discrétion avec 9.017 soldats et livre 171 bouches à feu, 200 milliers de poudre et des approvisionnements inouïs, parmi lesquels 10.000 quintaux de farine.

Les Espagnols qui plus tard, à Girone et à Sarragosse, donneront l'exemple d'un courage indomptable, cèdent lâchement devant une poignée de Français, qui n'ont pour artillerie que celle dont ils s'emparent, et se battent à la baïonnette, afin d'économiser leur poudre (1).

Prise de Roses. — Pendant que Pérignon s'attarde dans l'Ampurdan, dont les campagnes sont dévastées autant par des gens sans aveu que par les troupes elles-mêmes, la brigade Chabert est envoyée au secours de la division Sauret qui a mis le siège devant *Roses*.

Le 7 décembre, cette brigade, placée du côté des marais de Castillon, repousse une sortie des Espagnols.

Le siège régulièrement conduit, malgré le mauvais temps

---

(1) Au lendemain de la bataille de Figuières, les représentants qui se trouvaient à l'armée des Pyrénées-Orientales voulurent récompenser les soldats qui s'étaient plus particulièrement distingués. Les chefs de corps, à qui des propositions furent demandées, répondirent que « *la défaite des esclaves était la seule récompense ambitionnée par leurs soldats.* »

qui ne cesse de contrarier les travaux et une épidémie qui en est la conséquence, aboutit, le 3 février, à une capitulation.

Négociations pour la paix. — La prise de Roses termine, sur la frontière des Pyrénées-Orientales, l'immortelle campagne de 1794 dont un orateur anglais a pu dire qu'elle était sans exemple dans les annales du monde.

La paix est convenue en principe ; mais l'artificieux favori qui dirige le Cabinet du roi d'Espagne crée des incidents, dont le seul résultat est de prolonger la lutte pendant cinq mois et d'attirer à son pays de nouvelles défaites.

Combat de Bascara. — La rupture, au mois de mai, des négociations entamées à Figuières occasionne les combats de Sistella et de *Bascara*.

Le 2me bataillon du 61e, placé au camp d'Alfar (brigade Point), participe à celui de Bascara (6 mai).

Traité de Bâle. — Le traité de Bâle, signé le 22 juillet, met un terme aux hostilités.

Mais à cette date, le 61e régiment d'infanterie, issu de Vermandois, n'existe déjà plus.

Fin du Régiment. — Pour donner de la cohésion à la masse d'hommes qu'elle a mis sur pied, la Convention a décrété, le 21 février 1793, sur la proposition du Comité de Salut Public, de former des demi- brigades de bataille composées « d'un bataillon des ci-devant régiments de ligne et de deux bataillons de volontaires » (1).

Le 61me régiment d'infanterie (ex-Vermandois) perd son numéro à la suite de ce décret, pour contribuer à la formation des 121me et 122me demi-brigades de bataille.

Sur le papier, la *121me demi-brigade* est constituée, le 23 septembre 1793, par le 1er bataillon du 61me, le 1er bataillon de l'Union (volontaires des Bouches-du-Rhône) et le 7me bataillon du Var. En réalité, cette demi-brigade ne prend corps que postérieurement au

____

(1) Article premier du décret.

5 juin 1794, date du retour sur le continent des troupes de la garnison de Bastia.

La *122ᵐᵉ demi-brigade*, dans laquelle sont compris les 3ᵐᵉ et 4ᵐᵉ bataillons de la Haute-Marne, n'est organisée que le 19 juin 1795, lorsque le ralentissement des opérations de l'armée des Pyrénées-Orientales permet d'en retirer, sans danger, le 2ᵐᵉ bataillon du 61ᵐᵉ.

Les 121ᵐᵉ et 122ᵐᵉ demi-brigades de bataille passent à l'armée d'Italie. Leur histoire n'est plus celle du 61ᵐᵉ. Mais sur le chemin glorieux où elles s'engagent, qu'il nous soit du moins permis de les saluer !

CHAPITRE III

61ᵐᵉ DEMI-BRIGADE DE BATAILLE

(Iʳᵉ FORMATION)

Formation de la 61ᵐᵉ demi-brigade de bataille. — La 61ᵐᵉ demi-brigade de bataille est formée des éléments suivants, le 10 mai 1794 :

1ᵉʳ bataillon du 31ᵐᵉ de ligne (ancien régiment de l'Aunis) (1)
1ʳ bataillon de volontaires du Morbihan (2).
8ᵐᵉ bataillon de volontaires de la Manche (3).

Le 1ᵉʳ bataillon du 31ᵐᵉ a son dépôt à Caen et se trouve à Cherbourg avec le 1ᵉʳ bataillon du Morbihan. Le 8ᵐᵉ bataillon de la Manche est à Mayenne.

---

(1) La création du régiment de l'Aunis avait eu lieu en 1610 sous un autre nom. En 1791, ce régiment avait pour colonel le marquis Puget de Barbentane, dont il a été question plus haut à propos de la campagne des Pyrénées-Orientales.

(2) Le 1ᵉʳ bataillon du Morbihan, créé le 1ᵉʳ octobre 1791, avait été embarqué le 9 juillet 1792 pour Saint-Domingue. On l'avait ramené à Brest le 2 novembre 1793. Il avait été amalgamé le 25 mars 1794 avec le 16ᵐᵉ bataillon de Paris.

(3) Le 8ᵐᵉ bataillon de la Manche, créé le 14 juin 1793, avait reçu le 7 mars 1794, 700 réquisitionnaires de Seine-Inférieure et de Seine-et-Oise.

Peu de temps après son organisation, le 3me bataillon de la 61me contribue, par un détachement de 20 hommes commandé par un officier, à la formation de la 2me légion des Francs, dite *légion rouge*.

Le 9 juin 1794, le commandant Camus, du 8me bataillon de la Manche, est nommé chef de brigade et placé à la tête de la 61me (1).

Campagne à l'armée des côtes de Cherbourg. —

La 61me demi-brigade de bataille est employée à l'armée des Côtes de Cherbourg sous les ordres du général Vial. Elle participe à la guerre de Vendée.

Doublement des demi-brigades. — La constitution des demi-brigades de bataille n'avait pu avoir lieu partout. Plusieurs numéros étaient restés vacants. De plus, le feu, la maladie et la désertion avaient réduit considérablement les effectifs des demi-brigades existantes. Pour obvier à tous ces inconvénients, le Comité de Salut Public décide, le 1er novembre 1795, de réorganiser l'armée et de former cent demi-brigades de ligne destinées à servir sur le continent. Deux arrêtés du Directoire des 8 et 9 janvier 1796, règlent les détails de cette mesure, qui est appliquée dès le mois de février.

En conséquence, la 61me demi-brigade de bataille disparaît. Elle est incorporée dans la 76me qui conserve provisoirement son numéro.

Le 30 mars 1796, un nouvel arrêté du Directoire fait connaître que les numéros des demi-brigades conservées seront tirés au sort. Mais par suite d'une exception due au hasard, la 76me demi-brigade de bataille conserve son numéro et devient 76me demi-brigade de ligne.

---

(1) Louis Camus, né à Châlons, soldat au régiment de l'Aunis en 1778, sous-lieutenant en 1791, commandant le 7 novembre 1793 et chef surnuméraire de la 76me brigade en 1796, rentra dans ses foyers le 25 décembre de la même année. Il reprit du service en juillet 1797, devint général en 1804, et mourut à Vitepsk en 1813.

CHAPITRE IV

61me DEMI-BRIGADE DE LIGNE

(2me Formation)

Formation de la 61me demi-brigade de ligne. — Le 24 février 1796, à l'armée de Sambre-et-Meuse, la 138me demi-brigade de bataille est incorporée dans la 24me. Celle-ci conserve provisoirement son numéro et prend ensuite le numéro *61*, à la suite d'un tirage au sort opéré, le 5 mai, chez le général Ernouf, chef de l'Etat-Major de l'armée de Sambre-et-Meuse(1).

Eléments de la 61me demi-brigade. — Les 24me et 138me, qui forment ainsi la *61me demi-brigade de ligne*, ont été créées en vertu de l'amalgame prescrit par le décret du 21 février 1793. Elles ont reçu la composition que voici :

24me demi-brigade de bataille
- 2me bataillon du 12me de ligne (ancien Auxerrois) (2)
- 3me bataillon des volontaires de la Somme (3).
- 10me bataillon des Réserves (volontaires nationaux) (4).
- 2me et 4me bataillons de la réquisition du district d'Amiens (5).

138me demi-brigade de bataille
- 2me bataillon du 74me de ligne (ancien Beaujolais) (6).
- 5me bataillon des volontaires des Vosges (7).

---

(1) D'une façon générale, les embrigadements furent confiés aux généraux commandant les armées, seuls en état de savoir où se trouvaient les troupes, tellement le désordre était grand partout. Le Directoire se contenta de fixer le nombre des demi-brigades que fournirait chaque armée. Pour l'armée de Sambre-et-Meuse, le décret rendu prescrivait la création de 21 demi-brigades de ligne et 5 demi-brigades légères.

(2) Au mois de septembre 1729, ce bataillon avait reçu 100 recrues de Paris et 50 hommes du régiment suisse de Reynach.

(3) Formé à Amiens le 2 septembre 1791. Au mois de juin 1793, ce bataillon avait reçu 600 réquisitionnaires des districts de Chartres, Beauvais et Saint-Venant.

(4) Formé à Soissons, le 13 septembre 1792, avec quatre compagnies des volontaires de Saône-et-Loire et quatre compagnies des volontaires du Pas-de-Calais, de la Nièvre, de l'Yonne et du Calvados.

(5) Formés le 15 juin 1793.

(6) Au mois de mars 1792, ce bataillon avait reçu 450 recrues du Nord. Au mois d'août 1793, cinquante hommes du 72me de ligne (Vexin), et 50 du 5me bataillon de la Somme.

(7) Formé à Epinal le 20 novembre 1791. Au mois de juin 1793, ce bataillon avait reçu 500 réquisitionnaires de l'Eure-et-Loir et des Ardennes.

La 24ᵐᵉ demi-brigade de bataille, d'abord établie au camp de Groningue, a été transférée à Munster vers le 15 décembre 1793. La 138ᵐᵉ est au camp de Metternich. Toutes deux ont combattu brillamment à l'armée de Sambre-et-Meuse sous les ordres de Jourdan; la première dans la division de Marceau, la seconde avec Championnet.

Le chef de brigade Fosses, de la 24ᵐᵉ, prend le commandement de la 61ᵐᵉ, de seconde formation (1).

Campagne de 1796

A l'Armée de Sambre-et-Meuse

Le 31 décembre 1795, un armistice a été conclu entre la France et l'Autriche, mais les deux pays ont un égal désir d'y mettre un terme. Dès le 21 mai 1796, cet armistice est dénoncé par l'archiduc Charles et le 31, les hostilités recommencent.

A l'ouverture de la campagne, la 61ᵐᵉ demi-brigade fait partie de la 6ᵐᵉ division que commande le général Championnet.

L'armée de Sambre-et-Meuse est partagée en trois corps échelonnés sur les bords de la Nahe et de la Wupper et le long du Rhin, entre ces deux rivières. La division Championnet, placée au centre, est entre *Diebach* et *Coblentz*.

Offensive sur le Lahn. — Le 31 mai à minuit Jourdan prend l'offensive. La division Championnet s'empare de *Nieder-Diébach*, tandis que Kléber, avec l'aile gauche de l'armée de Sambre-et-Meuse, se porte sur Weilburg, où il arrive le 6 à la suite de quelques combats heureux.

Jusqu'au 15, les Autrichiens, commandés par le général Wartensleben, restent postés sur la rive gauche de la Lahn depuis Runkel jusqu'à Nassau. La division Championnet passe sous les ordres de Kléber, entre Dietz et Nassau sur la rive droite de ce même cours d'eau.

Retraite sur le Rhin. — Le 15, l'archiduc Charles arrive au secours de Wartensleben et entreprend de se porter par Wetzlar sur les communications de Kléber. Jourdan craint un échec pour l'aile gauche de son armée et la rappelle aussitôt sur le Rhin. La division Championnet retourne à *Coblentz*.

---

(1) Ce renseignement nous a été fourni avec beaucoup d'obligeance, par M. Martinien, de la section historique.

Reprise de l'offensive. — La retraite de l'armée de Sambre-et-Meuse est arrêtée le 22, par une dépêche du Directoire prescrivant de se reporter en avant et d'envahir la Franconie. Le moment est du reste propice pour reprendre l'offensive : Le général Moreau menaçant le haut Danube avec une armée dite de Rhin et Moselle, l'archiduc Charles a dû se retirer de lui-même pour faire face à ce nouveau danger.

Le 2 juillet, la division Championnet franchit donc le Rhin à Neuwied, et par Dierdorf et Freylingen, où elle rejoint l'aile gauche de l'armée, arrive le 7 devant *Runkel*.

Le combat de Wilnsdorf, livré le 4 par l'avant-garde de Kléber, a déjà eu pour effet de forcer le général Wartensleben à se replier derrière la Lahn.

Passage de la Lahn. — Le 9 juillet à la pointe du jour, la division Championnet traverse Limbourg et marche sur Camberg où elle culbute une arrière-garde. Le lendemain, tandis que Kléber gagne la bataille de Friedberg qui lui ouvre la route de Francfort, Championnet campe sous les murs de la petite forteresse de *Kœnigstein*.

Prise de Francfort. — Le 14, les Autrichiens profitent d'une suspension d'armes de deux jours pour se reporter sur Aschaffenbourg en abandonnant Francfort. La 61ᵐᵉ demi-brigade se rend à *Bergen*.

Marche sur Wurtzbourg. — Le 17, la marche en avant continue. Le général Wartensleben se retire dans la direction de Nuremberg.

Championnet remonte la rive droite du Mayn, passe le 26 à Wurtzbourg dont le général Klein s'est emparé depuis la veille et se dirige sur *Wipfeld* où il arrive le 27. A cette date, toute l'armée de Sambre-et-Meuse (5 divisions) est répartie le long du Mayn, depuis Kinsingen jusqu'à Schweinfurt.

Marche sur Bamberg. — Le 30, les nouvelles de l'armée de Moreau font connaître qu'elle est sur le point de déboucher dans la vallée du Danube. Jourdan continue son offensive (*combat d'Eltman*) et la division Championnet se rend à Zell, qu'elle trouve évacué.

Le général Wartensleben recule sans cesse, d'abord sur la Wiesenz et l'Aisch, puis sur la Pegnitz et, finalement, derrière la Naab.

L'armée de Sambre-et-Meuse s'empare successivement de tous les points abandonnés et ne livre aucune bataille décisive.

Combats de Forschwind et de Poppberg. — La 61ᵐᵉ demi-brigade, par le combat de *Forsch-wind*, contribue le 7 août à refouler les Autrichiens derrière l'Aisch. Elle prend ensuite une part prépondérante à un sérieux engagement livré le 17 près de *Poppberg*. Dans cette affaire, qui coûte aux Autrichiens 1200 hommes mis hors de combat, les pertes de la demi-brigade sont d'environ 50 tués et 150 blessés.

Le 20 août, la division Championnet est à Schwandorf et se répand sur la rive droite de la Naab.

Jourdan, dans son offensive rapide, a compté sur l'appui de Moreau. Mais le commandant de l'armée de Rhin-et-Moselle, en arrivant à Donauwerth, s'achemine sur Augsbourg, tandis que l'archiduc Charles, qui lui est opposé, se porte au contraire à marches forcées contre l'armée de Sambre-et-Meuse.

Comme conséquence, une des divisions de cette armée, celle de Bernádotte, est battue à Teining, et Jourdan, craignant d'être coupé de ses communications, fait reprendre la route du Rhin sous la protection de la division Championnet.

Retraite sur le Rhin. — La 61ᵐᵉ demi-brigade, constamment inquiétée par les Autrichiens, passe le 24 août à Haag, le 25 à Holstein, le 26 à Grafenberg et prend position le 27 à Pretsfeld, sur la Wiesenz, où toute l'armée de Sambre-et-Meuse se concentre entre Forchheim et Ebermanstadt.

Le même jour, une avant-garde que conduit le général Hotze, arrive à Hochstadt. La division Championnet franchit la Rednitz près de Bamberg, se porte contre cette avant-garde et la bat à Burgebrach.

L'armée de Sambre-et-Meuse continue sa retraite par Zell et Schweinfürt.

Bataille de Wurtzbourg. — Jourdan et ses généraux ne parviennent pas à s'entendre sur la conduite des opérations. Il en résulte une perte de temps, que l'archiduc Charles met à profit pour rejoindre son avant-garde. Le 3 septembre, en arrivant devant Wurtzbourg où elle compte passer le Mayn pour se diriger sur Francfort, l'armée de Sambre-et-Meuse trouve sa route barrée par toutes les forces autrichiennes. Elle essaie de se faire jour et livre, dans ce but, une bataille sanglante. La 61ᵐᵉ demi-brigade se distingue par son courage et couvre le terrain de ses morts. Mais le nombre l'emporte ; Jourdan est battu et rejeté sur Arnstein.

La retraite, à partir de ce moment, s'accroît de difficultés nouvelles. Elle s'effectue, le plus souvent, par des marches de nuit au milieu de populations hostiles. Les troupes ont surtout beaucoup à souffrir du manque de vivres.

L'archiduc Charles se dirige sur Francfort dans le but d'y devancer son adversaire. Jourdan, de son côté, précipite son retour vers le Rhin. La division Championnet passe par Hamelburg, Bruckenau, Schluchtern, Birstein, Butzbach et Wetzlar où elle atteint la Lahn. Le 9, toute l'armée de Sambre-et-Meuse s'établit entre Runkel et Giessen, où elle est renforcée d'une division tirée de l'armée du Nord.

Le combat de *Giessen*, livré le 16, rejette sur la rive gauche une colonne ennemie qui a réussi à franchir la Lahn. Mais le passage de ce cours d'eau est forcé le même jour vers Nassau et Jourdan, se voyant en danger, rétrograde sur Neuwied. Le général Marceau qui forme l'arrière-garde est blessé mortellement, le 19, en essayant de s'opposer à la poursuite des Autrichiens (*Combat d'Altenkirchen*).

L'offensive de l'archiduc Charles a eu surtout pour but d'empêcher la jonction des deux armées qui ont envahi l'Autriche. La retraite de l'armée de Sambre-et-Meuse derrière le Rhin lui permet de se retourner contre Moreau.

Avant la bataille de Wurtzbourg, Jourdan a écrit au Directoire pour être relevé de ses fonctions. Le 23 septembre, le général Beurnonville le remplace. Le nouveau commandant de l'armée de Sambre-et-Meuse reste sur la défensive et fait garder le Rhin depuis Cologne jusqu'à Mayence.

Après un court séjour à Poppelsdorf, près de Cologne, la 61ᵐᵉ demi-brigade remonte le fleuve pour s'établir à Sinzig, à proximité du pont de Neuwied, conservé par Bernadotte à la suite d'un violent combat.

Opérations dans le Hunsruck. — Le 2 octobre, le général Kléber, qui commande l'aile droite (divisions Championnet, Poncet, Hardy et Bernadotte), apprend que de forts détachements autrichiens sortent de Mannheim et de Mayence et menacent le Hunsruck. Il appelle sur la Nahe la majeure partie de ses troupes et ne laisse au pont de Neuwied que la 61me demi-brigade.

Le 6, cette demi-brigade est relevée par les soins de Beurnonville et dirigée vers la Nahe où l'ont déjà précédée les autres corps de la division Championnet. Elle campe le même jour à Rubenach, le 7 à Altenburg, le 8 à Simmern et le 9 à Rheinbellen.

Un échec subi par un régiment de la division Bernadotte permet aux Autrichiens de s'établir à Bingen. La division Championnet se rapproche alors de ce point et la 61mo demi-brigade se déploie depuis Weiler jusqu'à Munster.

Jusqu'au 14, les Autrichiens sont repoussés dans de continuelles démonstrations. Le général Kray, établi en face de Neuwied, cherche à passer le Rhin. Ses préparatifs donnent l'éveil au général Kléber, qui fait rebrousser chemin à la division Championnet pour la rapprocher de Coblentz.

La 61mo demi-brigade campe, le 15, à Daxweiler et, le 16, est répartie dans les quatre postes d'Oberwesel, Saint-Goar, Boppard et Rense.

Combats de Rense et de Boppard. — Le

20, dans la soirée, les Autrichiens prennent l'offensive sur tous les points. A *Rense*, les troupes qu'ils essaient de jeter sur la rive gauche du fleuve sont reçues à la baïonnette et massacrées entièrement. Mais le poste de *Boppard*, composé de 235 hommes, sous les ordres d'un chef de bataillon, est surpris et fait prisonnier par la faute d'une sentinelle.

A trois heures du matin, les Autrichiens retournent sur la rive droite du Rhin. Leurs pertes, dans les divers combats qu'ils ont dû livrer, s'élèvent à 3,500 hommes. Il leur est fait 600 prisonniers.

4

La 61ᵐᵉ demi-brigade est remplacée, le 23, par la 37ᵐᵉ de la division Bernadotte. Elle est ramenée entre la Moselle et la Nette, à Pœllich et dans les villages voisins où elle se remet de ses fatigues.

Le 3 novembre, le général Kray fait proposer un armistice qui est accepté et soumis à l'approbation du Directoire. D'un commun accord, et sans attendre une réponse, les deux armées se reposent dans leurs camps.

Vers la fin de décembre, la 61ᵐᵉ est désignée pour faire partie d'un renfort de 30.000 hommes, destiné à l'armée d'Italie.

Campagne de 1797

à l'Armée d'Italie

La 61ᵐᵉ demi-brigade arrive à *Padoue* (1) au commencement de mars 1797. On l'emploie, sous les ordres de Bernadotte, dans la 4ᵐᵉ division de *l'armée d'Italie*.

A la suite de la bataille de Rivoli et de la capitulation de Mantoue, les débris des forces autrichiennes se sont repliés derrière le Tagliamento. L'archiduc Charles, appelé des bords du Rhin, en a reçu le commandement. Bonaparte reprend l'offensive contre ses ennemis après avoir signé avec le Pape, le traité de Tolentino.

Soldats de l'armée d'Italie

La division Bernadotte quitte Padoue le 12 mars pour se rapprocher du Tagliamento. Elle campe le 13 à Trévise, le 14 à Conegliano et le 15 à Sacile.

Combat de Valvasone. — Le 16, vers midi, les premières troupes de la division Bernadotte, parties de Sacile à 3 heures du matin, arrivent à *Valvasone* où elles doivent franchir le Tagliamento. Elles se placent immédiatement à la droite de la division Guyeux, qui combat depuis près d'une heure pour forcer le passage du cours d'eau. Dans chaque division, les grenadiers se forment

(1) Par Chambéry, Turin, Milan et Vérone.

en bataille. Les demi-brigades les suivent à cent cinquante pas, par bataillons en colonne serrée.

Un peu après midi, le général Duphot se jette dans le Tagliamento à la tête de la 27ᵐᵉ légère et aborde sur la rive opposée. Son exemple est suivi par tous les grenadiers. Ceux de la 61ᵐᵉ refoulent les Autrichiens jusque dans Godroipo et leur font quelques prisonniers.

Combat de Gradisca. — Le 19, la division Bernadotte attaque *Gradisca* que défend une garnison croate. La place capitule après un sanglant combat livré sous ses murs. Près de 3.000 hommes sont faits prisonniers. Les grenadiers de la 61ᵐᵒ ont une vingtaine d'hommes mis hors de combat.

Marche sur Vienne.— L'archiduc Charles se retire derrière l'Isonzo et prend ensuite le parti de couvrir la capitale de l'Autriche. Bonaparte se met à sa poursuite, et la division Bernadotte, suivant le mouvement général, arrive le 20 à Gorizia, sur la rive droite de l'Isonzo, le 21 à Champasso, le 22 à Cernizo et le 23 à Vipaco.

Le commandant Conroux, dont la brillante conduite au combat de Gradisca a été signalée à Bonaparte, est placé à la tête de la demi-brigade, en remplacement du chef de brigade Barjonnet, (1).

Le 24, le 2ᵐᵉ bataillon est détaché à *Idria*.

Les deux autres bataillons quittent Vipaco le 31 mars et arrivent le 11 avril à Saint-Michels, où ils restent en position jusqu'au 20, pendant que Bona-

(1) Nous tenons à compléter, dès maintenant, ce qui a été dit page 93. Le chef de brigade Posser (et non Fosses, comme une transcription défectueuse de la lettre de M. Martinier nous l'a fait dire par erreur), ne commanda que sur le papier la 61ᵐᵉ de seconde formation. Il se trouvait absent lorsque la demi-brigade fut constituée, et le chef de brigade Barjonnet, de la 138ᵐᵉ, le remplaça, d'abord à titre provisoire, puis définitivement. Barjonnet (Claude-Louis), né en 1768, à Vittel (Vosges), garde national en 1789, capitaine en 1790, lieutenant-colonel en second du 5ᵐᵉ bataillon des Vosges en 1791, chef de brigade en 1794, commandant de la 61ᵐᵉ en février 1796, se retira du service le 10 mars 1797. Posser (François), né en 1743, à Albestroff (Meurthe), soldat en 1763, sous-lieutenant en 1701, chef de brigade en 1793, fut placé à la suite de la 61ᵐᵉ. Il commanda successivement les places d'Arlon, de Liège et de Venloo, puis rentra au dépôt du corps et prit sa retraite le 22 octobre 1799 (Renseignements obligeamment fournis par M. Marleix).

parte, vainqueur à Neumark, accorde à ses ennemis l'armistice de Léoben.

L'armée d'Italie est alors ramenée sur ses pas. La 61me demi-brigade séjourne pendant quelques jours à *Laybach* et se rend de là à *Trieste*, où elle retrouve son 2me bataillon. Le 24 mai on l'établit à *Udine*.

Le traité de *Campo-Formio* termine la guerre (17 octobre).

Affaires de Rome

Au commencement de 1798, le général Duphot est massacré à Rome. Pour tirer vengeance de ce crime, le général Berthier reçoit la mission de renverser le gouvernement pontifical et de le remplacer par une République.

L'expédition, à laquelle participe la 61me demi-brigade, n'est contrariée par aucun obstacle. Mais de sa propre initiative le général Berthier signe une convention avec le Pape et le Directoire mécontent lui retire son commandement pour le donner à Masséna. Cette nouvelle, connue à Rome le 23 février est défavorablement accueillie. Toute l'armée se prononce pour le général Berthier dont elle demande le maintien. L'autorité de Masséna est méconnue.

La population romaine en profite pour se soulever. Elle est écrasée, le 25, au pont de Transtevere, ainsi que les paysans qui viennent à son secours.

La résistance contre Masséna ne faisant que s'accentuer, le Directoire le remplace par le général Gouvion Saint-Cyr. Le calme est alors rétabli.

L'expédition d'Egypte ayant été décidée, la brigade Mireur, dont la 61me demi-brigade fait partie devient, sans aucun changement, une des divisions de l'*armée d'Orient*. Le général Desaix en prend le commandement, le 1er avril, et la conduit à Civita-Vecchia où elle doit s'embarquer.

Expédition d'Egypte

(1798-1801)

Causes de la guerre. — La renommée de Bonaparte l'avait placé au premier rang des généraux de la République. Il s'offrit à conquérir l'Egypte pour en faire le point de départ d'une expédition contre l'Inde anglaise. Le Directoire accueillit d'abord ses propositions avec une certaine réserve. Puis il fut séduit par la grandeur du projet et lui donna son approbation.

Le 19 mai 1798, quatre divisions s'embarquent à Toulon et font voile vers l'Orient.

La division Desaix, quitte Civita-Vecchia, le 26 mai et arrive le 6 juin en vue de l'île de Gozze, près de Malte, où elle s'arrête pour attendre le reste du convoi (1).

Prise de Malte. — Le 9, vers 4 heures du soir, tout le corps expéditionnaire jette l'ancre devant Malte. La capitale, la Valette, réputée imprenable, est enlevée en moins d'une heure.

Huit jours suffisent à Bonaparte pour régler toutes les dispositions que nécessite l'occupation de l'île. Le 19 juin, l'armée d'Orient reprend la mer et se dirige vers l'Egypte.

Débarquement devant Alexandrie. — Le débarquement sous Alexandrie commence le 1er juillet. Bonaparte s'empare de la ville à la suite d'un violent combat livré, sans le concours de la division Desaix, contre les mameluks (2).

Le 3, cette division est désignée pour former l'avant garde de l'armée dans la direction du Caire. Desaix met quatre jours pour franchir les 60 kilomètres qui le séparent de Damanhour. Ses troupes ont beaucoup à souffrir de la chaleur et du manque d'eau. Quelques hommes sont enlevés par les memeluks. Ils sont assassinés avec des raffinements de cruauté et leurs cadavres mutilés sont exposés sur le bord du chemin.

Combat de Ramanieh. — Le 9 juillet, Bonaparte rejoint son avant-garde à Damanhour. Le lenmain, toute l'armée se remet en route. La division Desaix est à l'arrière-garde.

A quelque distance de *Ramanieh*, un corps de 600 mameluks charge sur les dernières troupes. Les demibrigades de Desaix, qui marchent en colonne par peloton, se forment en ligne vers la droite et vers la gauche et reçoivent à bout portant les intrépides cavaliers qui les assaillent. Une quarantaine d'entre

---

(1) La division Desaix était formée des 61ᵐᵉ et 88ᵐᵉ de ligne de la 21ᵐᵉ légère du 7ᵐᵉ hussards, du 20ᵐᵉ dragons et d'une compagnie d'artillerie.

(2) On désignait ainsi une milice turque qui s'était rendue toute puissante sous la suzeraineté nominale du Sultan. Les beys Ibrahim et Mourad en avaient le commandement.

eux sont tués. Le reste se retire précipitamment. La division Desaix ne perd que quatre hommes, parmi lesquels le sous-lieutenant Parmentier, de la 61me demi-brigade.

Bataille de Chebreiss. — Après deux jours passés à Ramanieh pour y attendre des approvisionments qui remontent le Nil, Bonaparte se transporte à Miniet-Salamé. Le 13, avant le jour, les cinq divisions de l'armée lèvent leur camp pour marcher vers le Caire. La division Desaix longe le fleuve.

Vers huit heures du matin, à hauteur de *Chebreiss*, Bonaparte est arrêté par un corps de 3500 mameluks, 2,000 janissaires, 12,000 servants armés et de nombreux Arabes de Bahrieh, que commande Mourad-bey. Ses divisions formées en carré se portent en avant. Les Arabes et les mameluks font des prodiges de valeur mais s'épuisent en vains efforts dans des charges furieuses. Les faces des carrés restent inébranlables. La division Desaix s'empare de Chebreiss et Mourad-bey se retire d'un combat qui lui coûte un millier d'hommes.

L'armée d'Egypte continue à se rapprocher du Caire. Les départs se font toujours au milieu de la nuit, pour éviter la chaleur qui est suffocante.

Mourad-bey est parvenu, à réunir sur la rive gauche du Nil, à Embabeh, 6,000 mameluks et autant d'Arabes de grande tente, qui forment la gauche de sa ligne, dans la direction des Pyramides de Giseh. Vingt mille hommes à pied, tant janissaires qu'Arabes des milices du Caire, occupent un camp retranché en avant d'Embabeh. Trois cents vaisseaux légers couvrent le Nil. Enfin plus de 15,000 fellahs sont en réserve derrière les mameluks (1).

Bataille des Pyramides.— Bonaparte, arrivé le 19 à Oum-el-Dinar, se porte, le 21, contre Mourad-

---

(1) Le mot *fellah* est le terme générique sous lequel sont désignés les paysans égyptiens.

bey. Vers une heure de l'après-midi, la division Desaix, qui forme l'avant-garde, s'arrête en vue des ennemis, en avant des villages d'Ebrerah et de Boutis. La température est excessive. Les hommes sont accablés de lassitude. Toutes les divisions se reposent un instant.

CARTE D'ÉGYPTE (1)

Le spectacle qui se présente aux yeux de l'armée française est de ceux qui frappent l'imagination. Les *Pyramides* dont les sommets se dressent à l'horizon,

---

(1) Cette carte, et quelques autres que nous donnerons plus loin, sont extraites de la *Bibliothèque de Souvenirs et Récits Militaires*, que dirige M. P. Gaulot. Nous exprimons ici bien volontiers notre reconnaissance à l'éditeur, M. Henri Gautier, de cette publication patriotique.

le Caire avec ses 400 minarets, les champs de Memphis constituent le décor merveilleux dans lequel se meut, tournoyante et rapide, la brillante cavalerie des mameluks. Bonaparte adresse à ses soldats la brève et célèbre proclamation que l'on connaît. Puis il forme ses divisions en carré, comme à Chebreiss, et donne le signal de l'attaque.

La division Desaix doit percer le centre de la ligne ennemie et manœuvrer à distance des canons d'Embabeh pour rejeter ses adversaires dans le Nil. Elle se met à peine en mouvement, que déjà les mameluks l'environnent. Les cavaliers incomparables de Mourad-bey cherchent à renverser les murailles de feu que les demi-brigades leur opposent. Le champ de bataille se couvre de leurs morts. Vers six heures du soir, la lutte est terminée. Les ennemis sont en pleine déroute.

Après dix-neuf heures de marche ou de combat sous un ciel brûlant, les troupes de Desaix ont encore l'énergie de poursuivre les mameluks jusqu'à Giseh. Elles y trouvent d'abondantes ressources et de confortables installations, qui les remettent bientôt de leurs fatigues (1).

A la bataille des Pyramides, les Français ne comptent guère que 70 hommes mis hors de combat. Les pertes de Mourad-bey sont de 10,000 tués, noyés ou blessés. Cette bataille peut être considérée comme le triomphe de la tactique et de la discipline sur la folle bravoure des Orientaux.

Bataille navale d'Aboukir. — Le 25 juillet, une partie de l'armée d'Egypte est placée au Caire. La division Desaix reste en avant de Giseh, dans le camp retranché de Torrah.

L'expédition d'Egypte était restée secrète jusqu'au départ de l'armée d'Orient. Les journaux avaient même répandu le bruit

______

(1) Depuis Damanhour jusqu'à Giseh, les troupes de l'armée d'Egypte n'ont vécu que de légumes sans pain.

que les préparatifs faits à Toulon étaient dirigés contre l'Angleterre. La flotte britannique, commandée par l'amiral Nelson, avait croisé vers le détroit de Gibraltar dans l'espérance d'une bataille navale, tandis que la flotte française et les 300 bâtiments qu'elle convoyait s'acheminaient, non sans inquiétude, vers Alexandrie.

Après le débarquement du corps expéditionnaire, tous les navires se sont réfugiés dans la rade d'Aboukir. Chaque demi-brigade de la division de Desaix a laissé quelques troupes pour la garde des vaisseaux de haut-bord. Deux compagnies de la 61ᵐᵉ (150 hommes) se trouvent sur le *Timoléon*.

Le 1ᵉʳ août, vers 5 heures du soir, l'escadre britannique entame l'action. Un assez grand nombre de matelots sont à terre et n'ont pas le temps de se rembarquer. Les braves de la 61ᵐᵉ font le service des batteries et répondent à l'épouvantable canonnade des Anglais. Le 2, à la pointe du jour, après une nuit passée tout entière au combat, l'avantage est à peu près égal. On se bat à portée de pistolet et tout ce qui existe de moyens de destruction est employé de part et d'autre. Vers le soir, après vingt-quatre heures d'héroïques efforts, le *Timoléon*, serré de près par deux navires anglais, a perdu toute sa mâture. Alors, le capitaine Trulet, qui le commande, le jette à la côte. Les morts et les blessés sont mis à terre pendant la nuit et le 3, à la pointe du jour, le navire est incendié.

La bataille navale d'Aboukir coûte une quarantaine de tués à la 61ᵐᵉ demi-brigade. Le capitaine Cas, les lieutenants Tricotel et Emmanuel, le sous-lieutenant Gaulet, le sergent Evrard et les caporaux Baissade, Chaboud et Coudert, sont de ce nombre.

Poursuite des Mameluks. — Des deux beys qui se partagent le pouvoir, l'un, Ibrahim, a trouvé un appui auprès du pacha d'Acre ; l'autre, Mourad, s'est réfugié dans la Haute Egypte. Tandis que Bonaparte organise le pays et projette de poursuivre le premier, Desaix est envoyé contre le second.

La 61me demi-brigade laissant un de ses bataillons pour la garde des communications avec le Caire, quitte Giseh, le 25 août, avec tous les autres corps de la division dont elle fait partie. Desaix remonte le Nil sur des bateaux plats, ou djermes, et arrive, le 13 septembre, à Montfalout, à l'entrée du canal Joseph.

Le lendemain, les 61me et 88me demi-brigades se portent contre un détachement de mameluks qui leur est signalé du côté de Siout. Elles n'arrivent pas à l'atteindre et le poursuivent, sans plus de succès, jusqu'à Beni-Adin.

Retour dans le Fayoûm. — Pendant que Desaix s'avance dans la Haute Egypte, tout le pays se soulève derrière lui sur les instigations de Mourad-bey. Il revient alors dans le Fayoûm, après une difficile navigation sur le canal Joseph, et débarque, le 4 octobre, à Menakieh (1). Puis il reprend sa route vers le Caire, à proximité des mameluks dont il ne se débarrasse qu'à coups de canon.

Bataille de Sediman. — A la tête de 5.000 cavaliers, 8.000 fantassins arabes, 10.000 fellahs et 4 pièces d'artillerie, Mourad-bey a pris position sur les hauteurs qui avoisinent Sediman. Desaix ne laisse sur sa flottille que quatre compagnies destinées à la garder et marche, le 7 au matin, contre son adversaire, avec 2.000 fantassins et 500 cavaliers. Sa troupe forme un carré dont les angles sont flanqués par des pelotons de 200 hommes chacun. L'un de ces pelotons, placé sur la gauche, est aux ordres du capitaine Geoffroy, de la 61me.

« Vers 8 heures du matin, l'ennemi s'approche, entoure la division et la charge avec la plus grande impétuosité sur toutes ses faces. Mais de tous les côtés, il est vivement repoussé par le feu de l'artillerie et de la mousqueterie...

____

(1) Le pays était alors inondé par la crue annuelle du Nil.

Furieux de la résistance qu'ils éprouvent, les plus braves parmi les mameluks, se jettent en désespérés dans les rangs, où ils expirent après avoir vainement employé à leur défense

Desaix

les armes dont ils sont couverts... Mourad-bey divise sa cavalerie, qui n'avait encore agi que par masse, et fait entourer la division. Il couronne quelques monticules de sable, sur l'un desquels il démasque une batterie placée avec avantage, et qui fait un feu meurtrier.

« Le général Desaix, devant un ennemi six fois plus fort que lui, et dans une position où une retraite difficile sur ses barques le forçait à abandonner ses blessés, juge qu'il faut ou vaincre ou se battre jusqu'au dernier homme » (1).

Un boulet, qui arrive dans un peloton de gauche, blesse mortellement cinq soldats. D'autres atteignent le grand carré. Alors un cri s'élève : « Général, marchons aux pièces ! » — « Mais nos blessés ! » dit Desaix, qui comprend le péril auquel cette marche les expose. — « Le salut de l'armée avant tout », lui répond le général Friant. Et la division, au pas de charge, se porte contre la batterie, qui est enlevée à la baïonnette. Malheureusement les craintes de Desaix se justifient. Quelques mameluks s'acharnent sur les blessés et les décapitent. Ils disparaissent ensuite dans le désert, tandis que Mourad-bey, vaincu, se réfugie de son côté, derrière le lac de Ghazah, dans le Fayoûm.

La bataille de Sediman est une des plus meurtrières de l'expédition d'Egypte. Les Mameluks laissent sur le terrain une très grande quantité de morts et de blessés, mais la victoire est chèrement acquise par les Français dont les pertes sont de 340 hommes. Le chef de brigade Conroux, le capitaine Geoffroy et le lieutenant Galette, de la 61me, comptent parmi les blessés. « Généraux, officiers et soldats, tous se sont couverts de gloire. » (2)

Le 8 octobre, la division se rembarque et se rend à El Lahoum.

---

(1) *Mémoires du maréchal Berthier*, Paris 1827, in-8, p. 109.
(2) *Ibid.*, p. 111.

Ses blessés sont évacués sur le Caire où les ont déjà précédés 400 hommes atteints d'ophthalmie contractée sur les bords du Nil.

Première insurrection du Caire. — Le 21, une insurrection que rien ne faisait prévoir, ensanglante les rues du Caire. La 61ᵐᵉ, comme toutes les demi-brigades de la division de Desaix, avait un petit dépôt dans cette ville. Il contribue à rétablir l'ordre après un combat de trois jours.

Combat de Medinet-el-Fayoûm. — Desaix organise le Fayoûm et mérite des habitants le surnom de Sultan Juste. Puis il repart, le 6 novembre, avec sa division, pour lever des impositions sur quelques villages rebelles. Mourad-bey en profite pour faire attaquer Medinet-el-Fayoûm où il n'est resté, pour la garde des malades, qu'une garnison de 350 hommes dont 120 de la 61ᵐᵉ. Le 8, à 11 heures du matin, près de 10,000 mameluks, arabes ou fellahs se portent contre cette garnison. Les postes sont refoulés et se replient sur l'hôpital. Mais un retour offensif, exécuté à la baïonnette, rétablit le combat en faveur des Français. Les assaillants pris de terreur, et poursuivis de rue en rue, s'embarrassent dans leur fuite. On en tue près de trois cents.

Desaix revient immédiatement sur ses pas à la nouvelle du combat de Medinet-el-Fayoûm. Son heureuse issue le rassure et lui permet de retourner dans les provinces de Beni-Souei et de Minieh, où les partisans de Mourad sont nombreux.

Les intrigues des Anglais conduisent le Sultan à faire secourir les mameluks. Une armée turque se réunit en Syrie. Bonaparte se porte contre elle, avec la majeure partie de l'armée, tandis que Desaix reste en Egypte pour pacifier le pays jusqu'aux cataractes du Nil.

Pacification de la Haute Egypte. — La division de Desaix, renforcée de 1.200 cavaliers et de 300 fantassins que lui a conduits le général Davout, quitte Beni-Souef le 16 décembre. Elle remonte la rive gauche du Nil et parcourt en quatorze jours les cent lieues qui la séparent de Girgeh. Dans la Haute Egypte, à Esneh, vivait dans une demi-indépendance un chef de mameluk, Hassan-bey, qui avait un jour, d'un coup de sabre, abattu le bras de Mourad-bey. Les deux adversaires se réconcilient et à la prière même de Mourad, les partisans d'Hassan se joignent à la multitude d'Arabes, et de Nubiens qui ont pris les armes contre les Français.

Desaix reste à Girgeh jusqu'au 20 janvier. A cette date, et après plusieurs combats livrés par sa cavalerie, il se remet en route, entre le Nil et le canal Joseph.

Bataille de Samanhoud. — Le 22, à la pointe du jour, la division est attaquée, en avant de Samanhoud, par 14.000 combattants que commande Mourad-bey.

Les 61ᵐᵉ et 88ᵐᵉ demi-brigades, formées en carré sous les ordres de Friant, repoussent par un feu nourri toutes les charges des mameluks. Le village de Samanhoud est enlevé, mais de nouvelles colonnes ennemies recommencent le combat. Il dure peu. Mourad, désespérant du succès, regagne précipitamment le désert. ✗

Les Arabes et les mameluks laissent sur le terrain près de 500 morts. Les pertes des Français ne sont que de quelques hommes, dont le sergent Vrignau de la 61ᵐᵉ demi-brigade.

Desaix fait poursuivre ses ennemis pendant quatre heures. Sa division, exténuée, ne s'arrête qu'à Farchoute ou elle rencontre de nombreux blessés.

Campement sur les ruines de Thèbes. — Le 24, Desaix quitte Farchoute et continue à remonter le Nil. Il admire en passant les ruines de Denderah et campe, le 27, au milieu de celles de Thèbes. Les mameluks font le vide devant lui, non sans l'inquiéter cependant par de continuelles escarmouches.

A Esneh, où il arrive le 29, Desaix laisse le général Friant et les 61ᵐᵉ et 88ᵐᵉ demi-brigades. Le reste de la division se porte jusqu'a l'île de Philoë, qu'elle dépasse pour reconnaître le pays des Barabras.

Combat de Keneh — Après la bataille de Samanhoud, cinq à six mille combattants, sous les ordres d'Osman-Pacha, avaient passé sur la rive droite du Nil et étaient restés dans les environs de Karnak et de Louqsor. Le 6 février, Friant est informé que ces combattants cherchent à se rallier près de Keneh. Il envoie aussitôt contre eux la 61ᵐᵉ demi-brigade, les grenadiers de la 88ᵐᵉ et une pièce de canon. Le chef de brigade Conroux, à la tête de cette petite troupe, entre à Keneh sans aucune difficulté. Desaix rebrousse chemin en ne laissant qu'un détachement derrière lui, et arrive, le 9, à Esneh.

Le 12, les Arabes d'Yambo, manquant de vivres, prennent la résolution de s'emparer de *Keneh*. A 11 heures du soir, tous les postes de la 61me sont attaqués simultanément par une multitude d'Arabes et de fellahs. Leurs coups de feu donnent l'éveil, et la demi-brigade, rapidement rassemblée, marche à l'ennemi qu'elle culbute.

Le chef de brigade Conroux se multiplie pour encourager ses soldats et reçoit un coup de pique qui l'étend sans connaissance. Ses grenadiers le délivrent des Arabes qui l'entourent.

La défense de la 61me provoque la retraite des ennemis ; mais l'obscurité est tellement profonde, qu'il serait dangereux de s'aventurer dans la plaine. Le commandant Dorsenne, remplaçant le chef de brigade, dispose sa troupe pour la poursuite et attend le lever de la lune.

A peine ses mesures sont-elles prises, que les ennemis reviennent en foule en poussant de grands cris. Ils sont reçus par une fusillade très nourrie et chargés à la baïonnette avec une telle impétuosité, que leur déroute est bientôt complète.

Deux ou trois cents d'entre eux se jettent dans un bouquet de palmiers où ils sont exterminés jusqu'au dernier.

Le combat de Keneh, si glorieux pour la 61me, ne lui coûte que quatre blessés. En outre du chef de brigade Conroux, le commandant Dorsenne est de ce nombre. Le caporal Lainault, blessé également, est signalé à Bonaparte pour sa brillante conduite.

Combat d'Aboumana. — Vaincus par la 61me, les Arabes d'Yambo se retirent dans le désert d'Aboumana. Hassan les exalte et appelle à lui tous les vrais croyants.

La 88ᵐᵉ, conduite par Friant, a renforcé la garnison de Keneh. Le 17 février, les deux demi-brigades se portent contre leurs adversaires.

En arrivant à *Aboumana*, le chef de brigade Conroux forme ses grenadiers en colonne et les dirige sur les masses ennemies qui occupent les abords du village. A leur approche, les mameluks et les fellahs prennent la fuite, mais les Arabes résistent courageusement. Le général Friant les fait alors charger par la 61ᵐᵉ et leur coupe la retraite. Plus de 400 sont tués.

Le chef de brigade Conroux, encore souffrant de la blessure qu'il a reçue au combat de Keneh, et le capitaine Petit, sont cités avec éloges dans le rapport du général Friant.

Combat de Souamah. — La 61ᵐᵉ demi-brigade participe à la poursuite des Arabes jusqu'à Farchoute et retourne ensuite à Keneh.

De nombreux avis qui lui parviennent de toutes parts font connaître à Desaix, resté à Esneh, que les beys Hassan et Mourad sont campés dans le voisinage de Siout. Il forme aussitôt le projet de les attaquer, et se fait rejoindre, dans ce but, par la majeure partie de la 61ᵐᵉ.

Le 2 mars, Desaix passe le Nil et se rend à Farchoute, d'où il repart le lendemain pour Girgeh. Le 4, à quelque distance de *Souamah*, Mourad prend l'offensive. Sa troupe vigoureusement chargée à la baïonnette est dispersée en quelques instants. Un millier d'Arabes et de fellahs trouvent la mort sur le champ de bataille ou se noient en essayant de traverser le Nil. Les Français ne perdent pas un seul homme.

Héroïque défense de la djerme l'Italie. — Pour assurer ses ravitaillements, Desaix faisait usage d'une petite flottille, qui naviguait sur le Nil, à proximité de sa division. Pendant le combat de Souamah, la brigade Friant avait à bord de la djerme l'*Italie* un assez grand nombre de malades et de blessés, ainsi qu'un approvisionnement de cartouches. Cette djerme, que Desaix tenait de Bonaparte, était armée de deux pièces d'artillerie. Une compagnie de la 61ᵐᵉ en avait la garde.

Le 6 mars, à hauteur de Benout où la retiennent des vents contraires, la flottille est attaquée par les débris de l'armée de Mourad et les partisans d'un chérif nommé Hassan. La lutte est extrêmement vive. Les défenseurs de la djerme l'*Italie*, ayant à leur tête un homme courageux, Morandi, font des prodiges de valeur pour éloigner leurs ennemis. « Mais ceux-ci, dit Desaix, viennent à bout de s'emparer de nos petites barques, les remplissent de monde et courent à l'abordage. Alors le commandant de la djerme redouble ses décharges à mitraille. Puis, ayant déjà beaucoup de blessés à son bord et voyant de nombreux paysans qui vont l'attaquer de la rive gauche, il croit trouver son salut dans la fuite. Il met à la voile ; il avait peu de monde pour servir ses manœuvres ; le vent était très fort ; sa djerme s'échoue. Alors les ennemis abordent de tous côtés. L'intrépide Morandi a refusé de se rendre : il n'a plus d'espoir, il met le feu aux poudres de son bâtiment et se jette à la nage. A ce moment, il est assailli par une grêle de balles et de pierres et expire dans les tourments. Tous les malheureux français qui échappent aux flammes de l'*Italie* sont massacrés par les fanatiques et cruels Arabes d'Yambo. » (1).

Ce combat sur le Nil coûte une centaine de morts à la 61ᵐᵉ demi-brigade. Les caporaux Leclerc et Savignan sont de ce nombre.

Combats de Coptos et de Benout. — Le 8 mars, dès que la nouvelle du désastre subi par la flottille arrive à Esneh, le général Belliard se met à la poursuite des Arabes. La colonne qu'il conduit, forte de 800 hommes, se compose de la 21ᵐᵉ légère, d'un détachement des 61ᵐᵉ et 88ᵐᵉ de ligne, de 20 dragons et d'une pièce de 3.

Près de *Coptos*, cette colonne se heurte à une avant-garde de fanatiques dont la plupart ont assisté au combat livré sur le Nil. Quelques-uns ont revêtu les habits de leurs victimes. Le général Belliard les disperse et continue sa route. Il parvient de même à rejeter dans *Benout* toute l'armée d'Hassan-bey, qui a pris position en avant de la ville. Mais la mosquée, une caserne de mameluks, de nombreuses maisons particulières et une barque sur le Nil sont remplies de combattants, dont le

---

(1) *Pièces diverses et corresp.*, p. 137.

courage s'exalte. Les maisons sont incendiées avec les défenseurs qu'elles contiennent. Les rues se remplissent de cadavres. La nuit seule met un terme à cette lutte sans merci.

Le 9, à la pointe du jour, le combat recommence. Une petite mosquée remplie de barils de poudre fait explosion et par la brèche ouverte la 21me légère essaie de donner l'assaut. Elle est repoussée. L'incendie se propage. Les Arabes d'Yambo, complètement nus, le sabre entre les dents et le fusil à la main, cherchent avec leurs pieds à arrêter le progrès des flammes. Aucun spectacle plus terrifiant ne saurait se concevoir. Les chants et les prières, les cris d'agonie se mêlent au crépitement de la fusillade. Encore une fois la nuit survient, sans que la ville soit prise.

Le 10 au matin, cependant, les assaillants finissent par triompher des dernières résistances qu'on leur oppose. Mais les quelques maisons épargnées par le feu, sont remplies de blessés qui se défendent encore. On ne s'en garantit qu'en les massacrant.

Le combat de Benout coûte aux Arabes 1.500 tués. Les pertes des Français sont de 180 hommes, dont une quinzaine appartiennent au détachement de la 61me. La flottille de la division est recouvrée à l'exception de la djerme l'*Italie*, que l'incendie a complètement détruite. Le 11, la brigade Belliard retourne à Keneh.

Combat de Bir-el-Bar. — Les Arabes battus sur un point reparaissent sur un autre La pacification ne fait aucun progrès. Desaix qui est arrivé à Keneh le 30 mars, avec les troupes de la brigade Friant, adopte « les dispositions de colonnes successives, de manière à forcer les ennemis à rester dans les déserts, ou au moins à faire de très grandes marches, pour arriver dans la région cultivée » (1). La 61me demi-brigade tout entière est dans ce but établie à Bir-el-Bar, où se trouve une bonne citerne. Mais les Arabes profitent de ce qu'il n'est resté que 300 hommes à Keneh pour menacer ce poste. La 61me revient sur ses pas et soutient la cavalerie du général Davout dans un violent combat près de *Bir-el-Bar*.

Combat de Beni-Adin. — Le 4 avril, le 3me bataillon de la 61me est placé avec le 7me hussards sous les ordres de Davout. La colonne ainsi formée a pour mission « de détruire jusqu'au

---

(1) *Pièces diverses et correspond.*, p. 141.

dernier des Arabes d'Yambo » qui tiennent le pays aux environs d'Aboumana.

A partir de ce moment, les combats se multiplient. Les Arabes d'Aboumana échappent à Davout, mais se font battre par Morand. Davout, de son côté, rejoint Morand à *Girgeh* et lui prête son appui pour la reprise de la ville. Puis il se rend à Siout. Il y arrive a peine, qu'il est avisé d'un rassemblement de fanatiques. Il se porte aussitôt à sa rencontre et le met en fuite, le 18, à *Beni-Adin*. Le bataillon de la 61ᵐᵉ pénètre dans la ville, qui est incendiée.

Combat d'Abou-Girgeh.— Davout continue sa route jusqu'à Beni-Souef et brûle encore le village d'*Abou-Girgeh*, qui a refusé de lui fournir des vivres (30 avril). Bonaparte, récemment retourné de Syrie, le rappelle au Caire.

Jusqu'au mois de juillet, le 3ᵐᵉ bataillon de la 61ᵐᵉ est au *Caire*. Le 2ᵐᵉ bataillon tient garnison à Keneh pendant quelque temps et se rend ensuite à *Alexandrie*. Il ne reste dans la Haute-Egypte, à *Siout*, que le 1ᵉʳ bataillon, sous les ordres de Friant.

Le 11 juillet, le pacha de Roumélie, Mustapha, arrive dans la rade d'Aboukir avec une armée de 15,000 hommes, transportée par 100 vaisseaux.

Bonaparte se porte contre lui et réunit, le 21, à Ramanieh, tout ce que l'armée d'Egypte a de troupes disponibles (deux divisions).

Le 1ᵉʳ bataillon de la 61ᵐᵉ continue à garder la Haute-Egypte. Les deux autres bataillons font partie de la division Lanusse (brigade Destaing).

Première Bataille d'Aboukir.— Le 24, dans l'après-midi, le quartier général de Bonaparte est transporté près du camp des Romains, à l'est d'Alexandrie.

Mustapha s'est emparé du fort d'Aboukir et a pris position dans la presqu'île. Un millier de ses soldats occupent un mamelon appelé la montagne du Cheick. Ils sont soutenus, à 200 mètres de distance, par une réserve de 1,200 hommes. Le reste de l'armée turque « occupe une position formidable » depuis la mer jusqu'au lac Madieh, que garnissent de nombreuses canonnières. Le village d'Aboukir a été crénelé et barricadé.

Vue du Fort et de la presqu'île d'Aboukir (D'après une gravure de Denon).

Le 25, à la pointe du jour, l'armée française se met en mouvement. La brigade Destaing (61me) et 400 hommes de cavalerie, commandés par Murat, forment l'avant-garde.

La bataille commence vers sept heures du matin. « Avec la rapidité de la pensée », ainsi que le dit Bonaparte dans son rapport, les défenseurs de la montagne du Cheick sont attaqués à la baïonnette par la brigade Destaing et sabrés par la cavalerie de Murat. « Pas un n'échappe. Si c'eût été une armée européenne, dit Bonaparte, nous eussions fait 3,000 prisonniers; ici ce furent 3,000 morts ». (1)

Les deux bataillons de la 61me se portent ensuite contre le village et le tournent. Toute l'armée française entre en ligne et la lutte est extrêmement vive. Enfin, le village est emporté, ainsi qu'une redoute placée au centre de la seconde ligne. Mustapha est fait prisonnier et ses soldats sont mitraillés à bout portant en cherchant, mais en vain, à se rembarquer sur leurs chaloupes.

Le désastre de l'armée turque est absolu. Les Français, de leur côté, perdent neuf cents hommes. La 61me demi-brigade compte pour sa part, une trentaine de tués et un nombre à près double de blessés, parmi lesquels le capitaine Bodelin, le sous-lieutenant Duveaux et les sergents Fouquet et Morin.

Reprise du fort d'Aboukir. — Le fort d'Aboukir a reçu une garnison de 1.200 hommes et recueilli près de 3.000 fuyards. Bonaparte en fait commencer le siège, le 26 juillet. Les Turcs, privés de vivres, se défendent énergiquement. L'armée française repousse pendant six jours toutes leurs sorties. Enfin, le 2 août, lorsque le fort n'est plus qu'un monceau de ruines, la garnison jette ses armes et se rend. On trouve dans la place 1.800 cadavres et 300 blessés. Il est fait 2.000 prisonniers dont 400 meurent le même jour pour avoir mangé trop avidement.

______

(1) *Pièces diverses et Corresp.*, p. 119.

Le commandant Bœildieu, de la 61ᵐᵉ, se distingue par sa bravoure.

Après la bataille d'Aboukir, Bonaparte reçoit la nouvelle des revers subis en Italie par les troupes françaises. Il quitte furtivement l'Egypte, dans la nuit du 22 au 23 août, et se rend à Paris. Le général Kléber le remplace.

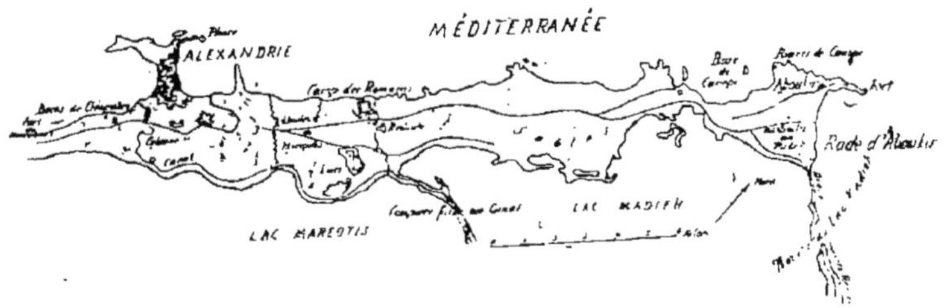

CROQUIS DE LA PRESQU'ILE D'ABOUKIR

Au mois de septembre, les trois bataillons de la 61ᵐᵉ se réunissent au *Caire*. Cette demi-brigade a tellement souffert, que sa réorganisation est de toute nécessité.

Défense du boghaz de Damiette. — Des négociations pour la paix sont entamées avec le Grand Vizir et le commodore Sydney-Smith, représentant de l'Angleterre. Pendant qu'elles se poursuivent, 7.000 Janissaires débarquent, le 1ᵉʳ novembre, dans le boghaz de Damiette. Le général Verdier, gouverneur d'Alexandrie, les attaque avec un millier d'hommes et les force à se rembarquer.

Un bataillon de la 61ᵐᵉ est mis, le 4 novembre, à la disposition du général Verdier. Le 27, ce bataillon retourne au Caire. A la même date, le 3ᵐᵉ bataillon se rend à *Beni-Souef*, où il passe sous les ordres du général Belliard.

Convention d'El-Arish. — Les efforts de Kléber aboutissent à une suspension d'armes, qui se complète elle-même, un mois après, par la convention d'El-Arish, aux termes de laquelle l'évacuation de l'Egypte est admise.

En attendant leur départ pour la France, les deux

premiers bataillons de la 61me sont envoyés d'abord à Belbeis, puis à Salahieh (17 janvier).

Jusqu'au mois de mars, la paix n'est troublée que par les excès de quelques fanatiques. Aux termes de la convention, la plupart des garnisons françaises du Delta sont remplacées par des troupes turques. Les deux premiers bataillons de la 61me retournent au Caire.

Reprise des hostilités. – Le 14 mars, alors que Kléber est à la veille de livrer le Caire à une armée turque que commande le Grand Vizir, on apprend, non sans stupeur, que le Cabinet britannique à désavoué la convention d'El-Arish.

A l'outrage qui lui est fait, Kléber répond par des apprêts de bataille. Il rappelle le général Belliard, et dans la nuit du 19 au 20 mars toute l'armée française (14.000 hommes) se forme en quatre carrés, dans la plaine de la Coubbé, sous les murs du Caire (1).

Les 61me et 75me demi-brigades constituent l'un de ces carrés, sous les ordres des généraux Friant et Donzelot.

Bataille d'Héliopolis. — L'armée turque, forte d'environ 60,000 hommes, occupe le village d'El Matarieh par une avant-garde de 6,000 janissaires, dont les postes s'étendent depuis le Nil jusqu'à la mosquée de Sidi Yalem. Le camp du Grand Vizir est établi entre les villages d'El Kânqah et d'Abou-Zaabel. Kléber parcourt les rangs de sa petite troupe. « Mes amis, dit-il à ses soldats, vous ne possédez plus en Egypte que la terre qui est sous vos pieds; si vous reculez, vous êtes perdus ! » Et ces paroles du général en chef trouvent d'autant plus d'écho, que chacun est déjà complètement pénétré de la nécessité de vaincre.

Vers trois heures du matin, l'armée française se

---

(1) Les troupes de la Haute-Egypte ont marché nuit et jour pour arriver plus vite.

met en mouvement. La brigade Donzelot, placée à l'aile droite, arrive au point du jour près de la mosquée de Sidi Yalem. Un poste de 600 cavaliers est mis en fuite à coups de canon. La brigade continue sa route et se place entre les ruines d'Héliopolis et le village d'El Matarieh, que les deux carrés de la division Reynier attaquent de front.

Pendant que ce mouvement s'exécute, toute l'armée turque se porte en avant et vient prendre position entre les villages d'El Merg et de Seriâqous.

Les tirailleurs ennemis sont d'abord repoussés et le camp du Grand Vizir reçoit quelques boulets. Puis l'action s'échauffe et la canonnade devient terrible. Tandis que les troupes de la division Reynier s'emparent d'El Matarieh dans une épouvantable lutte corps à corps, celles du général Friant sont assaillies, près d'El Merg, par une quantité innombrable de cavaliers. Les soldats de la 61me ont assez de sang froid pour ne tirer qu'à bout portant. L'artillerie fait d'autre part de tels ravages dans les rangs ennemis, que le champ de bataille est bientôt couvert de morts.

Le Grand Vizir offre la paix en y mettant pour condition l'évacuation du Caire. Kléber la refuse et se porte sur El-Kanqâh. Vers le soir, l'armée ottomane est en pleine déroute après avoir perdu près de 9.000 hommes, son artillerie et tous ses bagages. Les Français ne comptent que 150 hommes mis hors de combat. De ce nombre est le chef de brigade Conroux (1). Le commandant Dorsenne le remplace avec le titre de chef de brigade provisoire.

Seconde insurrection du Caire. — Pour marcher contre le Grand Vizir, Kléber n'a laissé au Caire que la 32me et quelques détachements des différents corps. Pendant la bataille d'Hélio-

---

(1) François Conroux, né à Besançon le 8 octobre 1772, entre au service comme canonnier en 1788, sous-lieutenant en 1792, capitaine en 1791 et chef de bataillon en 1790, était le frère du général Conroux avec lequel on l'a souvent confondu.

polis une insurrection, formentée par Ibrahim-bey et le pacha turc Nassif, éclate dans la ville. Au bruit du canon qui lui parvient jusqu'à El Kanqâh, Kléber juge du danger que court la garnison. Il la fait aussitôt secourir par 4 bataillons, dont un de la 61me, qui partent à minuit, sous les ordres du général Lagrange.

Le lendemain, la poursuite du Grand Vizir continue. Mais à Belbeïs l'armée ottomane n'a plus aucune consistance. Les deux autres bataillons de la 61me retournent au Caire avec le général Friant et trois bataillons des 25me et 75me.

Reprise du Caire. — La révolte est encouragée, le 20, par l'arrivée de 12.000 cavaliers de l'armée du Grand Vizir. Elle prend en quelques instants, des proportions effrayantes. Pendant deux jours, le quartier franc est entièrement dévasté et les commerçants qui l'habitent sont mis à mort. La garnison ne cède le terrain que pied à pied et se retire dans la citadelle.

Le 22 au soir, le général Lagrange est attaqué, sous les murs du Caire, par 4.000 cavaliers de Nassif-pacha. Il forme sa troupe en carré et se fait jour jusqu'à la citadelle, où il apporte à la fois la nouvelle de la victoire d'Héliopolis et l'espérance de nouveaux secours.

Jusqu'au 26, la lutte se poursuit avec acharnement. Le général Friant rejette dans la ville tous les séditieux qui essaient d'en sortir, mais il ne peut pénétrer dans les rues où l'on rencontre, presqu'à chaque pas, des barricades de douze pieds de maçonnerie à deux rangs de créneaux. Il parvient cependant à arrêter les progrès des Turcs en faisant mettre le feu aux maisons qui avoisinent le quartier général.

La 61me témoigne d'une grande bravoure dans les combats de tous les instants qu'elle livre pendant cinq jours. Le général Friant la signale d'une façon toute particulière a l'attention du général en chef.

Le 26, les dernières troupes de l'armée d'Egypte arriven devant Le Caire. En attendant les munitions qui lui sont envoyées d'Alexandrie, Kléber jette la discorde dans le camp de ses ennemis et reste sur ses positions.

Jusqu'au 15 avril, la place est resserrée de tous les côtés. Friant investit Boulâq et somme ce faubourg d'ouvrir ses portes. Une fusillade nourrie est la seule réponse des insurgés. Alors le général, outré, ne les ménage plus; le faubourg est emporté par la 61me et tout est brûlé ou mis en pièces.

Bataille d'Héliopolis

L'assaut de la ville est retardé jusqu'au 18 par une pluie continuelle. Enfin, dans la soirée du 18 au 19, à un signal donné, l'attaque commence de toutes parts. La brigade Donzelot, dont la 61ᵐᵉ fait partie, se porte avec fureur contre les Ottomans qui sont culbutés jusque sur la place Esbekieh. Leurs efforts désespérés ne peuvent triompher de la vigoureuse impulsion des troupes françaises. D'un autre côté, les Cheiks, qui n'ont jamais cessé d'être en relation avec Kléber, insistent sur les dangers d'une plus longue résistance.

Mourad-bey avait fait sa soumission et était devenu, comme il le disait lui-même, un Sultan des Français. Ses envoyés se joignent aux Cheiks, mais Nassif-pacha et Ibrahim-bey ne veulent livrer la ville qu'à des conditions inacceptables. La fusillade continue pendant toute la nuit avec une intensité sans égale. Au point du jour seulement, l'armée turque capitule et se retire à Salahieh, d'où elle retourne en Syrie.

La reprise du Caire, qui redonne l'Egypte à Kléber, coûte à la 61ᵐᵉ une cinquantaine de tués, parmi lesquels le sergent-major Devoigne et les sergents Demardy, Artiges, Cornet et Amanaux. Le sous-lieutenant Duveaux est au nombre des blessés, dont le chiffre est de 150 environ.

Le pays redevient tranquille, mais Kléber ne se fait aucune illusion sur le peu de durée de sa conquête. Mourad-bey, qui a reçu le commandement de la haute Egypte reste fidèle à son serment de servir la cause des Français.

Le 13 juin, Kléber est assassiné par un fanatique et le commandement de l'armée passe entre les mains du général Menou.

Au commencement de septembre, la division Friant remplace sur la côte celle du général Lanusse. La 61ᵐᵉ est envoyée à Alexandrie.

Dès le mois de janvier 1801, une armée anglaise erre sur les mers en attendant une occasion de secourir les Turcs. Au mois de mars, 6.000 Albanais et Janissaires quittent Constantinople, sous la conduite du Capitan-pacha, et font voile vers l'Egypte. Les Anglais, commandés par le général Abercrombie, en profitent pour commencer leur débarquement, dans la rade d'Aboukir.

Seconde bataille d'Aboukir. — Le 6 mars, quelques-unes de leurs chaloupes se dirigent vers la bouche du lac Madieh pour interrompre les communications entre Damiette et Alexandrie. Elles sont

montées par une centaine d'hommes, qui sont culbutés et jetés à la mer par 40 grenadiers de la 61ᵐᵉ.

Le général Friant, dès l'arrivée de la flotte anglaise, a réparti
sa division dans les différents postes du littoral. Rosette et le
fort Julien sont occupés par 150 hommes de la 61ᵐᵉ. Le reste
de la demi-brigade est dans le voisinage d'*Aboukir*.

Friant ne dispose que de 1.800 fantassins et 200 cavaliers. Il
ne peut espérer un succès qu'en repoussant les troupes
anglaises au fur et à mesure de leur arrivée. Le général
Abercrombie, qui ne l'ignore pas, cherche, dès le début, à
s'assurer l'avantage du nombre. Le 7, avant le jour, 6.000 de
ses meilleurs soldats, dont 400 d'une légion corse, prennent
place dans 320 chaloupes et se dirigent vers la côte, entre l'ouverture du lac Madieh et le fort d'Aboukir. Les matelots
rament debout et avec vigueur, tandis que les fantassins restent couchés au fond des bateaux. Les premières troupes débar-
quées se portent rapidement sur un monticule de sable, dit
des Puits d'Aboukir, où elles se forment en bataille. Mais elles
sont à peine organisées, que la 61ᵐᵉ les attaque avec impétuosité.

Les grenadiers de cette demi-brigade se précipitent
dans douze chaloupes et prennent à revers leurs adversaires. L'arrivée de nouvelles chaloupes les déloge.
Vers la gauche, la 75ᵐᵉ, avertie trop tard, trouve les
Anglais trop nombreux et ne peut se déployer sous
leur feu. Elle recule jusqu'à 600 mètres du rivage,
sous la protection de la cavalerie qui charge par deux
fois. La 61ᵐᵉ reste seule et se bat désespérément.

Après deux heures d'une épouvantable mêlée,
Friant la rappelle. Mais elle combat encore pendant
une heure et ce n'est que pied à pied, en emmenant
toute son artillerie, qu'elle opère sa retraite.

La seconde bataille d'Aboukir coûte à la 61ᵐᵉ demi-
brigade 254 hommes mis hors de combat. Le lieutenant Couturier, l'adjudant Courtois, le sergent-major
Fauchère et les sergents Billard, Taillard et Viard
sont au nombre des morts. Les capitaines Bouillet et

Duhoux, les lieutenants Dupuy, Dupré et Mansuy sont blessés.

Les sergents Audidier, Boulanger et Pérabot, le caporal-sapeur Leclerc, les caporaux Boutin, Lavergne, Thiriet, Manceau et Ceinturé, les grenadiers Gambier, Béat et Gattelet, les fusiliers Thouvenelle, Lizard et Menoury, font des prodiges de valeur.

Bataille de Nicopolis. — Les Anglais, dès leur débarquement, se retranchent dans la presqu'île. Le 11 mars, à 8 heures du matin, ils lèvent leur camp pour se porter vers Alexandrie.

La division Friant, occupe, en avant de la ville, les hauteurs voisines du camp des Romains. La 61me, dont l'effectif n'est plus que de 600 hommes, est placée avec les 25me et 75me, sous les ordres du général Délégorgue. Avec l'appui de la division Lanusse, arrivée depuis deux jours, Friant ne dispose que de 3.950 fantassins et 500 cavaliers. L'armée anglaise compte près de 20.000 hommes, dont 2.000 soldats de marine et 200 cavaliers.

Les Anglais marchent lentement. Leur infanterie a de la peine à se dégager des sables mouvants. A la vue des Français, le général Abercrombie s'arrête et fait ouvrir le feu par ses canons. La division Friant riposte et impressionne les Anglais, qui dressent leur camp, à 3 heures du soir, à moins de deux lieues de leur point de départ.

Le lendemain, au jour naissant, l'attaque recommence sur trois colonnes. La 61me prend l'offensive et se porte jusqu'à la pointe du lac Madieh contre la colonne de gauche de l'armée anglaise Elle se bat avec beaucoup de courage ; mais son infériorité numérique, jointe à un échec que subit au centre la division Lanusse, provoquent sa retraite sur les hauteurs de Nicopolis.

Les Anglais essaient vainement de poursuivre leur succès. Ils sont arrêtés par la bonne contenance de l'armée française et se retranchent en arrière du camp des Romains, depuis la mer jusqu'au lac Madieh. Leurs pertes, dans cette journée sont de 1.500 hommes mis hors de combat. Celles des Français ne dépassent pas 500 hommes, mais la 61me est durement éprouvée. Elle compte une quarantaine de morts, parmi lesquels le sergent Teissier, et près de 80 blessés, dont le chef de brigade Dorsenne, les commandants Bodelin et Boieldieu, les capitaines Soulas et Goux, les lieutenants Belavoine, Morlot, Bejet et Loreau, et les sous-lieutenants Valentin et Charpentier (1).

Bataille de Canope. — Après la seconde bataille d'Aboukir, dont la 61me a supporté tout le poids, Menou comprend, mais trop tard, la faute qu'il a commise en ne confiant qu'aux seules troupes d'Alexandrie le soin de s'opposer au débarquement des Anglais. Il quitte le Caire précipitamment, en n'y laissant qu'une forte garnison, livre le 18 un sanglant combat sur les bords du lac Mareotis, et arrive le lendemain au secours des généraux Friant et Lanusse.

Le 21, deux heures avant le jour, toute l'armée française, forte de 8.330 hommes d'infanterie, 1.380 cavaliers et 46 pièces de canon, se porte contre les retranchements anglais.

La 61me, placée au centre sous les ordres du général Rampon, se déploie dans une demi obscurité pour s'emparer d'une grande redoute, qui s'élève au milieu de la ligne ennemie. Elle est accueillie par un feu meurtrier ; en quelques instants, presque tous ses officiers sont mis hors de combat. Pour soutenir une charge de cavalerie, ordonnée par Menou sans aucune nécessité bien réelle, les troupes du général Rampon font des prodiges de valeur. La 61me arrive jusque dans la redoute et lutte pendant deux heures, avec acharnement, contre un ennemi dix fois supérieur en nombre.

A 11 heures du matin, l'armée française se retire sans être inquiétée. La bataille de *Canope*, excessivement meurtrière, coûte aux Anglais 2.800 hommes mis hors de combat. Les Français ont, pour leur part, 2.500 hommes tués, blessés ou prisonniers. Les généraux Lanusse et Abercrombie sont au

---

(1) Plusieurs officiers de la 61me furent tués en Egypte et surtout à la bataille de Nicopolis. Il ne nous a pas été possible d'en connaître les noms. En l'an IX, les demi-brigades de seconde formation envoyèrent au ministère de la guerre un historique succinct de leurs campagnes. Les troupes d'Egypte n'en fournirent pas, ce qui explique la pénurie des détails que l'on a sur elles, pour tous les faits de guerre antérieurs à 1800.

nombre des morts. La 61me compte 62 tués, parmi lesquels les sergents Masson, Touraille, Dollin, Carron, Pernot, Verchère, Delong et Marotel. Le capitaine Duhoux est au nombre des blessés. Le tambour Marcort fait preuve d'une éclatante bravoure en battant la charge sous une grêle de projectiles. Le capitaine Montmirot, les fourriers Bourgeois et Dumangeon, les grenadiers Beaurepaire, Lenoble, Monnoie et Legout, le fusilier Lefebvre se distinguent par leur courage.

Défense du fort Julien.— Le général Hutchinson, qui a remplacé le général Abercrombie, envoie contre la garnison de Rosette un détachement de 3,000 soldats, auquel s'ajoute l'armée du Capitan-pacha, arrivée le 30 mars. Cette garnison, trop faible pour résister, passe le Nil et se retire, le 7 avril, à Fouah.

Dès le lendemain, 9,000 Anglais ou Turcs mettent le siège devant le *fort Julien*, dont la défense a été confiée à 25 hommes de la 61me. Alors s'accomplit un fait d'armes qui dépasse tout ce que l'imagination peut concevoir de plus hardi. Vingt-cinq soldats résistent pendant dix jours aux efforts de toute une armée ! Ils ne se rendent que faute de vivres, et lorsque le canon a déjà démoli les remparts confiés à leur garde. A la grande stupéfaction des ennemis, il ne sort du fort Julien, le 18 avril, que quelques hommes, pour la plupart blessés.

Défense d'Alexandrie. — Après la bataille de Canope, l'armée française reste sur les hauteurs de Nicopolis dont elle perfectionne les défenses. Les Anglais se répandent dans le Delta et s'acheminent vers le Caire.

En 1798, l'armée d'Orient, harcelée par les mameluks et les fellahs, ne vivant que de légumes et de pastèques, était entrée au Caire le onzième jour de son débarquement. En 1801, l'armée anglaise parfaitement nourrie et aidée de l'influence du Capitan-pacha sur les habitants, met 103 jours pour parcourir le même trajet.

Jusqu'au mois d'août, la 61me garde les fortifications de Nicopolis, au centre de la ligne, entre la 18me de la division Rampon, et la 25me de la division Friant dont elle fait partie. Le

17, le général Hutchinson s'empare du fort de Marabout, et concentre ensuite ses efforts contre la partie occidentale du camp retranché, du côté des Bains de Cléopâtre.

Le 29, après huit jours de combat, le général Menou fait des propositions de paix, qui sont acceptées. L'armée française obtient d'évacuer l'Egypte et le 2 septembre, les forts d'Alexandrie sont remis aux Anglo-Turcs.

COLONEL DORSENNE

L'embarquement des troupes commence le 14, dans la rade d'Aboukir, sur des bâtiments anglais.

La 61ᵐᵉ, réduite à 200 hommes valides, arrive au Frioul, le 23 octobre, avec ses armes et ses bagages. Elle y séjourne jusqu'à la fin de novembre et se rend ensuite d'abord à *Besançon*, puis à *Malines*.

Ainsi finit une expédition surprenante par sa grandeur même. Il a fallu à l'Angleterre une longue et tortueuse diplomatie pour reconstituer à son profit l'œuvre gigantesque accomplie en quelques mois par les « héros en guenilles » dont Bonaparte disait, avec raison, que les yeux du monde étaient fixés sur eux.

Campagne d'Italie

(2ᵐᵉ *Bataillon complémentaire*)

En 1796, le dépôt de la 61ᵐᵉ est à *Metz*. En 1797, un second dépôt est établi à *Udine*. Après le départ de l'armée d'Orient, les deux dépôts se fondent en un seul, qui est placé d'abord à *La Cadière* puis à *Nice*. Au commencement de janvier 1800, on le transporte à *Chalon-sur-Saône*.

Vers la même époque, les dépôts des demi-brigades d'Egypte, organisent des deuxièmes bataillons complémentaires, qui servent à former quatre demi-brigades, dites d'*Orient*, destinées à l'armée d'Italie.

La *4ᵐᵉ demi-brigade* est composée des bataillons complémentaires des 25ᵐᵉ, 32ᵐᵉ et 61ᵐᵉ demi-brigades de ligne. Le chef de brigade Veauquet en reçoit le commandement.

Au mois de février, les quatre demi-brigades d'Orient constituent la division Chabran. Elles quittent Chalon-sur-Saône à la fin d'avril, franchissent les Alpes, le 16 Mai, au Petit-Saint-Bernard et se dirigent sur le fort de Bard, où elles opèrent leur jonction avec le reste de l'armée.

Siège du fort de Bard. — La division Chabran, devenue 5ᵐᵉ division de l'armée de réserve d'Italie, est employée au siège du *fort de Bard*, après le prodigieux passage de Bonaparte. Le 1ᵉʳ juin, la garnison de cette place capitule et le 4, la 4ᵐᵉ demi-brigade d'Orient se rend à *Casale*, où elle couvre les derrières de l'armée pendant que se livrent les batailles de Montebello et de Marengo.

Au moment de la fusion de l'armée de réserve avec l'ancienne armée d'Italie, la 4ᵐᵉ demi-brigade d'Orient est affectée à la garde des places.

Combat de Valeggio. — Au mois de novembre, à la reprise des hostilités, la demi-brigade occupe les environs de Lonato, où elle a beaucoup à souffrir de la pluie et du manque de vivres. Elle franchit le Mincio le 25 décembre et participe au combat de *Valeggio*.

L'armistice de Trévise (16 janvier 1801) termine la guerre contre l'Autriche.

Occupation du royaume de Naples. — La 4ᵐᵉ demi-brigade d'Orient reste à Trévise jusqu'au 20 février. Elle est alors désignée pour faire partie, sous les ordres du général Soult, du corps d'observation du midi de la Péninsule, composé surtout des bataillons complémentaires de l'armée d'Egypte.

Ce corps arrive à destination à la fin d'avril, après avoir traversé toute l'Italie. Le bataillon complémentaire de la 61ᵐᵉ est placé à *Tarente*, où il tient garnison jusqu'à la paix d'Amiens (25 mars 1802).

Le dépôt de la 61ᵐᵉ a été transféré de Chalon-sur-Saône à Malines. Le 2ᵐᵉ bataillon complémentaire, ramené en France au mois de mai 1802, est dirigé sur cette dernière ville. Il est licencié vers la fin du mois d'août et les soldats qui le composent sont versés dans les trois autres bataillons.

CHAPITRE V

61ᵐᵉ RÉGIMENT D'INFANTERIE DE LIGNE

Le 22 septembre 1803, les diverses armes sont réorganisées par un décret du Premier Consul Bonaparte.

« Les corps d'infanterie sont désignés désormais sous le nom de *Régiment* ; les chefs de brigade prennent le titre de *Colonel* » (1).

La 61ᵐᵉ demi-brigade devient le 61ᵐᵉ régiment d'infanterie de ligne. Le chef de brigade Dorsenne, confirmé dans son grade le 5 juillet 1802, en conserve le commandement.

Hostilités contre l'Angleterre

Causes de la Guerre. — La paix conquise à Marengo est de courte durée. Le traité d'Amiens est à peine conclu, qu'il est violé de part et d'autre. L'Angleterre, en particulier, se refuse à la restitution de l'île de Malte dont elle s'est emparée pendant la campagne d'Egypte. Elle désire la guerre et la rend inévitable en faisant mettre l'embargo sur 1200 navires français ou bataves (mai 1803).

Préparatifs contre l'Angleterre. — Le Premier Consul reprend le séduisant projet, conçu par Hoche sous le Directoire, d'une descente en Angleterre. Dès la seconde moitié de

---

(1) Article 1ᵉʳ du décret.

1803, d'immenses préparatifs sont faits dans ce but sur les côtes de l'Océan, de la Manche et de la mer du Nord.

Deux bataillons du 61ᵐᵉ, formés à 800 hommes chacun (commandants Bodelin et Peugnet), se rendent à *Ostende*, près de Bruges, où ils passent sous les ordres du général Davout (division Oudinot).

La flottille batave, qui doit effectuer le transport des troupes du camp d'Ostende, se compose de 306 bâtiments. Chaque compagnie fournit au bâtiment qui lui est affecté une garde de 25 hommes relevée tous les mois.

Un sénatus-consulte du 18 mai 1804 institue l'empire héréditaire au profit de Bonaparte, qui monte sur le trône sous le nom de Napoléon 1ᵉʳ. Le 16 août suivant, a lieu au camp de Boulogne, où le nouvel Empereur a établi son quartier général, une distribution solennelle de 2000 croix de l'Ordre récemment créé de la Légion d'honneur. Le 2 décembre, aux fêtes du couronnement, à Paris, les régiments reçoivent de nouveaux drapeaux (aigles).

Davout

Combat naval de Nieuport. — Dans leurs déplacements le long de la côte, les bâtiments français sont souvent attaqués par les croisières anglaises. Le 23 octobre 1804, la *Ville de Montpellier*, gardée par un détachement des 51ᵐᵉ et 61ᵐᵉ de ligne, est entourée, en se rendant d'Ostende à Dunkerque, par sept vaisseaux dont le plus faible est de sa force. Le combat, livré à hauteur de *Nieuport*, est excessivement violent. Il se termine par la fuite des Anglais et la prise d'un brick de 12 pièces.

La *Ville de Montpellier* fortement endommagée entre à Nieuport avec sa capture. Les Anglais ont fait usage, pendant la lutte, de projectiles creux remplis de verre pilé. Les pertes des Français ne sont cependant que de 10 hommes tant matelots que soldats. Le général Davout signale à cette occasion la brillante conduite du sergent Vaussy et des fusiliers Leuly, Dattiac, Ravot, Besson, Jonas et Chabert, du 61ᵐᵉ.

Coalition formée par l'Angleterre. — L'Angleterre, maîtresse des mers, agit en Europe. Elle cherche à détourner sur d'autres le coup qui la menace et réunit dans une coalition la Suède, la Russie et l'Autriche.

L'Espagne et la Bavière appuient de leur côté Napoléon.

Le 7 avril 1805, Davout lève son camp d'Ostende et se rend à *Ambleteuse*. L'armée française se concentre. Un ordre de l'Empereur, daté du 4 juin, lui donne le nom *d'armée des Côtes de l'Océan*. Davout, nommé maréchal, a le commandement du corps de droite (3 divisions). Les 51me et 61me, sous les ordres du général Debilly, constituent la 2me brigade de la 1re division (général Bisson).

Le colonel Dorsenne, passé aux grenadiers de la Garde, est remplacé, le 20 août, par le colonel Nicolas (1).

Napoléon se retourne contre l'Autriche. — L'inaction forcée des flottes de Brest et de Rochefort, le blocus sur les côtes d'Espagne de celle de la Méditerranée (21 août) interdisent de passer la Manche.

Ne pouvant porter la guerre en Angleterre, Napoléon se retourne contre l'Autriche, dont les armements sont les plus avancés.

Campagne d'Autriche

(1805)

Le 26 août, l'empereur ordonne secrètement la levée de ses camps de la Manche. Les sept corps dont il dispose s'acheminent vers le Rhin sous le nom de la *Grande Armée*. Les troupes de Davout forment le 3me corps.

Le 3me bataillon du 61me se rend à Mayence, où il entre dans la composition du 2me corps de réserve, commandé par le maréchal Lefebvre.

En 27 jours, les troupes de Davout arrivent à Mannheim par Lille, Mons, Charleroi, Namur, Luxembourg, Thionville, Sarrebruck, Kayserlautern et Frankenthal. Leur marche

---

(1) Jean-Marie-François Dorsenne, dit Lepaige, né à Ardres en 1773, capitine au 10me bataillon des réserves en 1792, chef de bataillon en 1797, chef de brigade en 1800, général de brigade en 1805 et général de division en 1809, commanda en chef, en 1811, l'armée du nord de l'Espagne. Il se retira du service en 1812 et mourut à Paris peu de temps après. Son nom est inscrit au côté ouest de l'arc-de-triomphe de l'Etoile.

s'exécute par échelons de division se succédant à une journée de distance.

Des armées que l'Autriche a mises sur pied, celle du Danube, forte de 80.000 hommes sous les ordres du général Mack, s'avance vers l'Iller. Napoléon entrevoit la possibilité de la couper de ses communications et règle en conséquence la marche de sa propre armée. Le corps de Davout passe le Neckar, le 28, et s'arrête en avant de Neckar Elz. Le lendemain et les jours suivants, par Creilsheim, Dinkelsbühl et Oettingen, la 1ʳᵉ division se dirige vers le Danube, qu'elle doit franchir près de Neubourg.

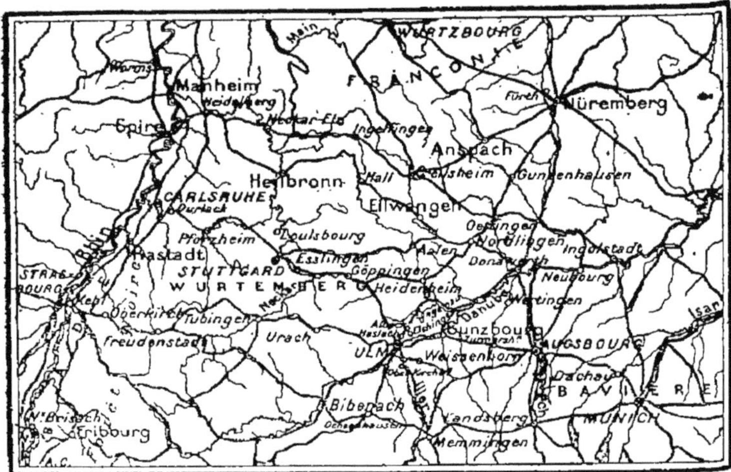

Les soldats disent de l'Empereur : « Il a trouvé une nouvelle manière de faire la guerre ; il ne la fait plus avec nos bras, mais avec nos jambes. » On marche, en effet, tout le jour et une partie de la nuit. On ne s'arrête, que lorsque la fatigue devient extrême et pour quelques heures seulement.

Combat de Dachau. — Le 7 octobre, le général Bisson prend position sur la rive droite du Danube, à une lieue et demie de Neubourg. Le lendemain, il se met à la poursuite d'un corps autrichien (Kienmayer), se repliant vers le Tyrol, et campe à Aichach, sur la route de Munich.

Le 12, le sous-lieutenant Daubian, du 61ᵐᵉ, atteint près de *Dachau* et culbute en leur faisant des prisonniers les dernières troupes d'une arrière-garde ennemie.

Enfin, le 13, le général Bisson se porte sur Greifenberg, tandis que Napoléon manœuvre contre Mack et lui fait mettre bas les armes, avec 26.000 hommes, 60 canons et 40 drapeaux, à la suite des batailles d'Albeck et d'Elchingen.

Marche sur Vienne. — Débarrassé de l'armée de Mack par la capitulation d'Ulm et la poursuite qui a suivi des échappés de ce désastre, Napoléon se porte contre les Russes dont les colonnes arrivent sur l'Inn.

Combat de Muhldorf. — Le 25 octobre, la 1re division du 3me corps bivouaque en arrière d'Haag et le lendemain entre dans *Muhldorf*. Le général Kutuzof, qui commande l'armée russe, se retire vers la Traun pour aller au devant d'une seconde armée que conduit le tzar.

Le passage de l'Inn, surtout contrarié par des difficultés matérielles, s'effectue le 28, après un court combat dans lequel se distingue le sous-lieutenant Grosjean, du 61me. La 1re division atteint la Salza et campe dans les bois, sur la route de Burghausen à Braunau.

Combat de Ried. — Le 29, le camp de la 1re division est établi en deça de Ried. Le lendemain la marche reprend dans la direction de Lambach. Le 17me de ligne et la compagnie de sapeurs, dont quelques hommes du 61me font partie, attaquent en avant de Ried une arrière-garde austro-russe et lui font 200 prisonniers. L'ennemi est poursuivi jusqu'à Lambach. La 1re division campe sur le Schweigbach, à gauche de la grande route.

Combat de Lambach. — Le général Kutuzof continue sa retraite. Mais il laisse pour retarder le passage de la Traun 4.000 fantassins russes sous les ordres du général Bagration.

Le 31 octobre, l'artillerie de la 1re division couvre de projectiles le village d'Aïchet occupé par les Russes. On se bat pendant toute la journée d'une rive à l'autre. Le château de Stadt, bâti au confluent de la Traun et de l'Aller, est seulement enlevé, ainsi que le village d'Aïchet. Pendant la nuit, le pont de Lambach est rétabli. Au point du jour, la 1re division franchit le cours d'eau et campe sur un plateau qui borde la rive gauche de l'Alben.

Le passage de la Traun coûte au 61me quelques hommes mis hors de combat. Le général Bisson, grièvement blessé, est remplacé par le général Caffarelli.

Combat de Mariazell. — Après avoir pourvu à la sûreté de ses flancs, Napoléon se dirige vers l'Ips. Le 3 novembre, le 61ᵐᵉ occupe Steyer à la suite d'un engagement, tandis que le reste du 3ᵐᵉ corps passe l'Enns, dont il a réparé les ponts et s'établit à une lieue de cette rivière, dans un bois.

L'Empereur pense que pour couvrir Vienne, les Austro-Russes livreront une grande bataille sur la magnifique position de Saint-Pœlten. Le corps de Davout, placé à l'aile droite de la Grande Armée, se rend à Mariazell, afin de se porter de là, par la vallée de la Trasen, sur la ligne de retraite des coalisés.

Le 7, son avant-garde se heurte dans les montagnes, près de *Mariazell*, à une armée autrichienne que le général Meervelt conduit à Saint-Pœlten. Le combat, auquel participent bientôt toutes les troupes du 3ᵐᵉ corps, est excessivement violent. Mais il a aussi, pour les Français, tous les résultats d'une grande victoire. Le général Meervelt, complètement battu, est rejeté au-delà des montagnes, vers le sud, après avoir perdu 600 hommes. Il lui est fait 4.000 prisonniers. Deux drapeaux, 18 pièces de canon et 80 chariots de bagages sont ramassés sur le champ de bataille ou retirés des ravins dans lesquels on les a précipités.

Le 8, la 1ʳᵉ division campe près de Turnitz. Le lendemain, tout le 3ᵐᵉ corps franchit le col d'Ammersberg encombré par les neiges et se porte sur Lilienfeld. Le général Kutuzof se dérobe en se jetant rapidement sur la rive gauche du Danube par le pont en bois de Mautern, qu'il brûle derrière lui.

Entrée à Vienne. — La capitale de l'Autriche n'est pas défendue. Le 13, la division Caffarelli passe sous les ordres du maréchal Lannes (5ᵐᵉ corps) et traverse Vienne pour aller prendre position, à trois lieues au-delà, sur la route de Brünn. Le 61ᵐᵉ est à Hirschteten.

Opérations en Moravie. — Napoléon complète les mesures qu'il a déjà ordonnées pour la sécurité de ses communications. Puis il pénètre en Moravie à la poursuite des Austro-Russes.

La division Caffarelli passe le 16 à *Hollabrünn*, où le général Bagration sauve par sa ténacité l'armée de Kutuzof, franchit la Thaya à Znaïm et se concentre, le 19, aux environs de Pohrlitz, tandis que les Austro-Russes reçoivent à Wischau les renforts qui leur sont destinés.

L'Empereur accorde à ses troupes quelques jours d'un repos

devenu indispensable. Le 61ᵐᵉ se refait à Pohrlitz de ses fatigues excessives.

Le 27 dans la soirée, la division Caffarelli traverse Brünn, où se trouvent le maréchal Lannes et le quartier général de Napoléon, et prend position à une lieue de la ville, sur la route d'Olmutz.

Les Austro-Russes sont bivouaqués à Olmutz et plus au sud,

dans le camp d'Olschau. Une échauffourée insignifiante, qui a lieu le 27 à Wischau, se termine à l'avantage des coalisés. Elle les enhardit et, le 29, ils se portent en avant pour attaquer l'armée française dont la ligne s'étend depuis Brünn jusqu'à Austerlitz.

Le plan des ennemis est d'agir avec leur gauche, de tourner la droite de Napoléon et de le couper des routes de Vienne. Pour les encourager dans la dangereuse marche de flanc qu'ils entreprennent, l'Empereur reporte son armée sur la rive droite du Goldbach.

La journée du 1ᵉʳ décembre se passe à des reconnaissances. Dans la soirée Napoléon exalte le courage de ses soldats. Une proclamation qu'il leur adresse les renseigne sur ce que fera l'ennemi. Il visite les bivouacs, qui le saluent de leurs acclamations et lui promettent la victoire.

Bataille d'Austerlitz. — Le 2 décembre, l'Empereur est en mesure d'opposer 81.000 hommes aux 82.500 que conduisent le tzar et l'empereur d'Autriche. Le corps du maréchal Lannes, composé des divisions Suchet et Caffarelli, s'appuie au monticule du Santon (1) et constitue la gauche de l'armée française.

______

(1) Ce monticule était surmonté d'une chapelle ayant l'aspect d'un santon. De là le nom que lui avaient donné les anciens soldats de l'Armée d'Egypte.

Il a pour mission de contenir à tout prix la droite des Austro-Russes, forte de 15 bataillons et 114 escadrons (25.000 hommes) que conduisent le général Bagration et le prince de Lichtenstein.

La 2ᵐ brigade de la division Caffarelli est en seconde ligne, à droite de la route d'Olmutz, à deux cents pas de la 1ʳ. Elle est formée par bataillons en colonne serrée.

Vers 8 heures du matin, au bruit du canon qui tonne sur sa droite, le maréchal Lannes se porte en avant. La division Caffarelli, précédée d'une brigade de cavalerie légère commandée par Kellermann, est attaquée par les uhlans du grand duc Constantin. La cavalerie française se replie par les intervalles des bataillons et les uhlans, lancés au galop, sont accueillis par un feu violent de mousqueterie. Quelques pelotons viennent donner contre la seconde ligne. Ils sont écrasés par les 51ᵐ et 61ᵐ, qui les fusillent à bout portant.

Les uhlans ayant été secourus, la cavalerie française intervient. On n'aperçoit bientôt qu'une mêlée où tout le monde lutte corps à corps. Enfin les Russes cèdent le terrain, ce qui permet au maréchal Lannes de faire attaquer le village de Blaziowitz.

Les divisions Suchet et Caffarelli continuent leur route d'un pas assuré sous le feu meurtrier de 22 pièces d'artillerie. Les musiciens, placés au centre des bataillons, jouent des airs entraînants, pendant que les tambours battent la charge. Vers midi, Blaziowitz est enlevé vigoureusement par la division Caffarelli, ce pendant que la division Suchet s'empare de Kruch et d'Hollubitz.

La cavalerie de Lichtenstein, rejetée sur les pentes du plateau de Pratzen, tente un dernier effort. Elle charge tout entière sur la division Caffarelli, qui la reçoit de front, « avec son aplomb ordinaire » et la disperse en quelques instants. Une seconde tentative n'est pas plus heureuse. Les cuirassiers d'Hautpoul et de Nansouty se déploient sous la protection de l'infanterie et complètent la déroute des escadrons autrichiens.

La division Caffarelli poursuit sa marche jusqu'à un quart de lieue au-delà de la maison de poste de Posoritz. Le général Bagration, repoussé dans les bas fonds de Kowalowitz, fait un crochet et rallie les débris de son armée à Rausnitz, sur la route d'Olmutz.

Ainsi, vers la gauche, ainsi que l'a dit Thiers, Lannes vient de livrer à lui seul une véritable bataille. Il a fait 4.000 prisonniers et la terre est jonchée autour de lui de 2.000 morts ou blessés tant Russes qu'Autrichiens.

Au centre et à l'aile droite, le désastre des coalisés n'est pas moins grand. Les grenadiers de tous les corps, formés depuis Boulogne en 10 bataillons sous les ordres d'Oudinot, appuient le corps de Bernadotte et le prolongent vers Kobelnitz, où la colonne russe du général Prysbizewsky met bas les armes.

La bataille d'*Austerlitz* coûte aux Austro-Russes 15.000 tués ou blessés, 20.000 prisonniers, 270 canons, 400 caissons et la majeure partie de leurs bagages. Les pertes des Français sont de 7.000 hommes.

Le 61me, qui a pris une part très active au rôle glorieux de la division Caffarelli, ne compte guère cependant qu'une vingtaine de morts. Le sergent-major Lamotte, le sergent-fourrier Gay et le caporal Renoux sont de ce nombre.

« Tous les officiers du régiment, écrit le colonel Nicolas, ont fait leur devoir et ont donné les plus grandes preuves de courage et de talent militaire ».

Le commandant Bodelin, les capitaines Barras, Hervieu, Clément, Bodin et Joubert, les lieutenants Lange, Mansuy et Besombes, les sous-lieutenants Daubian et Lemaire, le chirurgien-major Geib, l'aide-chirurgien Galette, les sergents Antheaume et Engremy, le caporal Deschamps, le grenadier

Moreau, les fusiliers Chevalier, Fontaine et Roy, sont cités pour leur brillante conduite.

Poursuite des Austro-Russes. — La division Caffarelli bivouaque sur le champ de bataille. Les rigueurs de la saison et l'obscurité de la nuit facilitent, vers Goeding, la retraite des Austro-Russes.

Le 3 au matin, le maréchal Lannes et la cavalerie de Murat s'engagent sur la route d'Olmutz et campent autour de Wischau. Le 61me est à Rostewitz.

Un armistice convenu le 4 décembre interrompt les hostilités. Le 61me, alors à Prosnitz, rétrograde sur Wischau. Il se rend ensuite, par Brünn, autour de Znaïm.

Traité de Presbourg. — Le traité de *Presbourg* termine la guerre avec l'Autriche (26 décembre). La division Caffarelli quitte les environs de Znaïm le 4 janvier 1806 et se porte sur la Traun par Hollabrünn, Krems, Moelk, Amstetten, Enns où elle rejoint le maréchal Davout, Wels et Schwanstadt.

Cantonnements en Allemagne. — Le 61me campe sur la rive droite de l'Agger, depuis Schwanstadt jusqu'à Voeklabruck. Le 19, après un repos de huit jours, on l'établit à *Grieskirchen* et dans les villages environnants.

Le 23 février, le général Morand remplace le général Caffarelli. Le lendemain, le 3me corps se remet en marche pour aller cantonner dans la principauté d'Oettingen. Le 61me, passe à Lambach, Freysing, Pfaffenhofen, Wohburg, et arrive à destination le 25 mars. On l'établit d'abord à Wallerstein et Apperfheim, puis à Loepsingen et Appelhofen, enfin à *Kirscheim* et *Allerheim* où il séjourne jusqu'à la fin de septembre.

Le 3me bataillon, resté à Mayence sous les ordres du major Chemineau, n'a participé à la campagne que par l'envoi de quelques renforts.

Campagne de Prusse

(1806)

Le 3 novembre 1805, par une convention devenue publique un peu contre la volonté des contractants, le roi de Prusse, Frédéric-Guillaume III, a promis à la coalition un secours de 180.000 hommes. Tout un plan de campagne

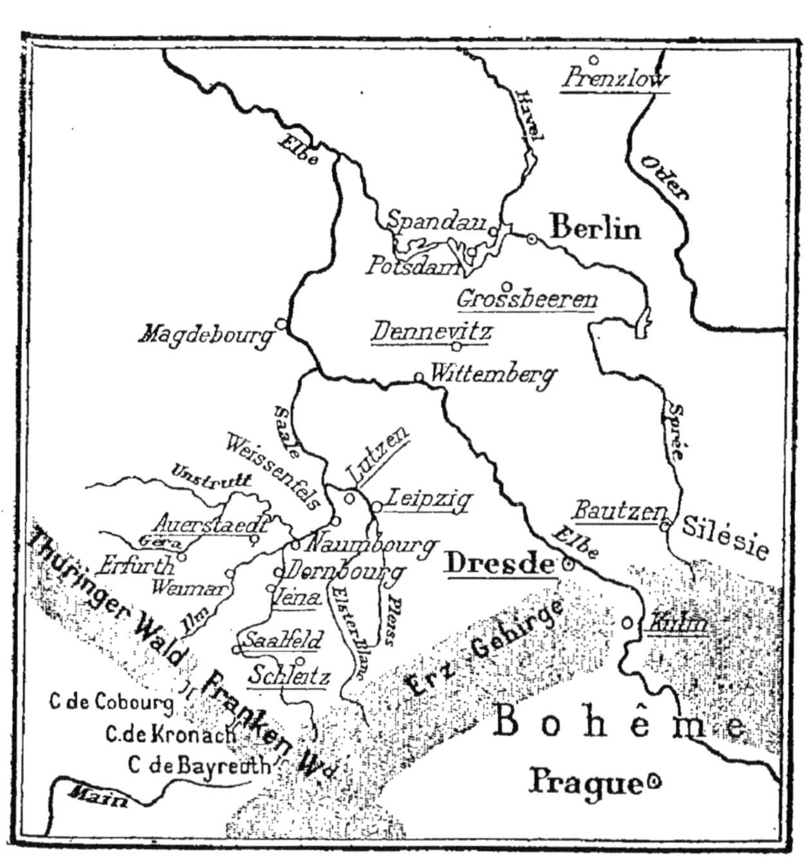

Carte de Saxe pour suivre la Campagne de 1806.

Cette carte est extraite de l'*Histoire contemporaine* (1789-1890) de R. Suérus et E. Guillot (Ch. Delagrave, éditeur).

élaboré par le duc de Brunwick a été adopté vers la même époque. La Prusse doit déclarer la guerre à Napoléon si celui-ci n'accepte pas les conditions d'un ultimatum qui comporte en première ligne l'évacuation de l'Allemagne.

L'ambassadeur du Roi de Prusse est admis, le 28 novembre, auprès de l'Empereur. L'imminence d'une bataille le décide à différer la communication dont il est chargé. Il se contente d'offrir la médiation de son Souverain. Puis, au lendemain d'Austerlitz, il adresse au vainqueur des félicitations « dont la fortune a changé l'adresse ».

Au mois de juin 1806, les différents corps de la Grande Armée sont sur le point d'être rappelés. Mais l'exécution du traité de Presbourg soulève des difficultés et la politique équivoque de la Prusse préoccupe d'autre part Napoléon. La Grande Armée prolonge son séjour en Allemagne où elle se complète par des renforts. La 61ᵐᵉ reçoit, le 5 août, un détachement de 600 conscrits tirés du 3ᵐᵉ bataillon.

Causes de la Guerre.— Dès le commencement de septembre, la rupture ne fait aucun doute. L'établissement de la confédération du Rhin et l'occupation d'une partie de l'Allemagne en fournissent les prétextes. En réalité, les Prussiens ne désirent la guerre que pour la gloire qu'ils en attendent.

Le Roi de Prusse fait envahir la Saxe pour forcer le cabinet de Dresde à une ligue contre l'Empereur. Toutes les forces de la monarchie prussienne s'avancent vers le Mayn. Napoléon se met en mesure de prendre l'offensive et ordonne, dans ce but, la concentration de la Grande Armée.

Le 24 septembre, le 61ᵐᵉ quitte ses cantonnements de Kirscheim et d'Allerheim pour se rendre à Oettingen, où toute la division dont il fait partie, et que commande le général Morand, se trouve réunie le 26. Un ordre du major général ayant prescrit au 3ᵐᵉ corps de se diriger sur Bamberg, la brigade Debilly (51ᵐᵉ et 61ᵐᵉ) arrive dans cette ville le 2 octobre, par Gunzenhausen, Schwabach, Nuremberg, Erlangen et Forchheim.

Les hostilités commencent le 8, à la suite d'une note impérative de Frédéric-Guillaume III demandant la retraite immédiate des Français. Les forces prussiennes sont alors groupées en deux masses : l'armée de Thuringe, que commande le duc de Brunswick sous les yeux du Roi, et l'armée de Saxe aux ordres du prince de Hohenlohe. La première est concentrée autour d'Erfuth ; la seconde se réunit dans la haute vallée de la Saale. Napoléon projette de se porter sur les derrières de ses ennemis et de les couper de leurs communications avec Berlin.

Le corps de Davout, placé au centre, quitte les environs de Lichtenfels, où il est arrivé le 7, passe le Mayn à Hochstaedt et se porte sur Kronach. Le lendemain il continue sa route, sous la protection des troupes de Murat (*combat de Schleitz*), et campe à Lobenstein. La 1re division s'avance jusqu'à Rupersdorf. Le 10, tout le corps d'armée se concentre autour de Schleitz.

Le brillant combat livré par Lannes à *Saalfeld* jette le trouble dans l'armée prussienne, qui voyant sa gauche débordée se hâte de rétrograder sur Weimar.

Le 11, la 1re division, formant l'avant-garde du 3me corps, atteint Auma où elle prend position. Le 12, elle bivouaque à 9 heures du soir, sur les hauteurs, en arrière de Naumburg, après un combat de cavalerie livré par le général Vialannes. Elle s'établit le lendemain le long de la route de Merseburg, entre Naumburg et le pont de Freyburg. Le pont de Koesen est solidement gardé par un bataillon du 25me de ligne.

Par ses manœuvres habiles, l'Empereur a placé le 3me corps de telle sorte, que l'armée de Frédéric-Guillaume III est à la veille « de subir le même sort que le général Mack tant censuré, tant injurié par les Prussiens. »

En apprenant que Davout a pris position à Naumburg, le duc de Brunswick ordonne à son armée une retraite rapide vers Apolda et Freyburg pour ressaisir ses communications et s'assurer le passage de la Saale. Le prince de Hohenlohe, posté à Capellendorf entre Iéna et Weimar, a pour mission de couvrir ce mouvement.

Le 13 au soir, un ordre de l'Empereur prescrit à Davout de se porter le lendemain sur Apolda.

« C'est ainsi que le 3me corps, composé de trois divisions d'infanterie et de trois régiments de chasseurs à cheval, ne formant que 26,000 combattants, aura à lutter contre une armée forte de 54,000 hommes d'infanterie bien exercée et de

plus de 12,000 hommes de cavalerie en grande réputation dans
l'Europe militaire ». (1)

Bataille d'Auerstaedt. — Les Prussiens ont passé
la nuit dans le voisinage d'Auerstaedt. Le 14 au
matin, le maréchal Davout les attaque résolument
malgré son infériorité numérique. (2)

La 1re division, par sa position même, n'entre en
ligne qu'en dernier lieu. Le combat se poursuit déjà
avec fureur du côté de Hassenhausen entre les 2me
et 3me divisions (Friant et Gudin) du 3me corps et les
divisions Schmettau, Wartensleben et Orange de
l'armée prussienne, lorsque Morand débouche sur le
champ de bataille.

La brigade Debilly oblique à gauche vers Rehhausen et se déploie sous une pluie de mitraille, en face
de la division Wartensleben. Son mouvement est à
peine commencé, qu'elle est assaillie par la cavalerie
de cette division, renforcée d'autres corps commandés par le prince Guillaume de Prusse. Les bataillons
français, formés en carrés, ne tirent qu'à trente pas
et se font un rempart des cadavres de leurs adversaires. Dans l'intervalle des charges, Davout et le général Morand se portent tantôt dans un carré, tantôt
dans un autre et sont partout témoins de l'intrépidité
des troupes. Aucun carré n'est entamé. Le prince
Guillaume est blessé. Enfin, la cavalerie prussienne
se retire et les bataillons se reportent en avant.

« La droite de la division Morand commence à gagner du

---

(1) *Journal des opérations du 3me corps pendant les années 1806
et 1807.* (Rapport rédigé par le général Legrand, chef d'état-major de
Davout). *Arch. hist. du min. de la guerre.* Ce rapport a été publié
récemment (Paris, 1896, in-8), d'après une copie que nous en avions
prise,

(2) D'après les instructions de Napoléon, le maréchal Davout réclama
l'appui de Bernadotte. Ce maréchal lui « répondit qu'il partait pour
Camburg. »

terrain. Le 61ᵐᵉ régiment, commandé par le général Debilly et le colonel Nicolas, avance à la tête du ravin qui conduit à Rehhausen. Ce ravin est défendu par une nombreuse infanterie prussienne soutenue par un grand nombre de bouches à feu. Le choc est terrible. On se bat à portée de pistolet. La mitraille ouvre les rangs qui aussitôt se resserrent. Chaque mouvement du 61ᵐᵉ est dessiné sur le terrain par les braves qu'il y laisse. Enfin, l'audace et l'intrépidité l'emportent. L'ennemi renversé et en désordre abandonne ses canons ». (1)

Le village de Rehhausen est enlevé à la baïonnette, et dès ce moment la victoire est acquise aux Français. Les nouveaux efforts que tenté le Roi de Prusse et l'entrée en ligne de ses dernières réserves, n'ont plus pour but que de protéger la retraite de son armée dans la direction de Weimar. La journée se termine dans le voisinage d'Eckartsberg, où les troupes de Davout arrivent exténuées vers 4 heures et demie.

Les pertes de l'ennemi sont de 500 officiers et de 10.000 hommes mis hors de combat. Le duc de Brunswick et le général Schmettau comptent parmi les morts. Le frère du Roi et la plupart des généraux sont blessés. De nombreux drapeaux, 115 pièces de canon et 8.000 prisonniers restent aussi au pouvoir des Français (2).

Le 3ᵐᵉ corps, de son côté, a beaucoup souffert de la bataille. Près de 7.000 hommes sont tués ou blessés. La 1ʳᵉ division a perdu, pour sa part, plus du tiers de son effectif. Le général Debilly est tué.

Au 61ᵐᵉ, les capitaines Buignet et Dumenge, les lieutenants Lefebvre, Garceran, Besombes et Jehan, les sous-lieutenants Galette et Lemaire, le sergent-major Pedot, les sergents Bottus, Eluet, Laudet, Baraux, Peret et 141 caporaux ou soldats sont tués ou meurent de leurs blessures. Le colonel Nicolas, le commandant Peugnet, les capitaines Pouget, Dupré, Regnier, Joubert, Montet et Duhoux, les lieutenants, Combarieu, Deloménie, Labroue, Bellangé et Abeille, les sous-lieutenants Antheaume, Andrieu, Jugenelle, Dessirier, Vallet

---

(1) *Journal des opérations*, p. 41.
(2) L'artillerie du 3ᵐᵉ corps n'était que de 44 pièces.

et Soyez, ainsi que 300 sous-officiers, caporaux ou soldats sont blessés. Le commandant Bodelin est cité pour sa brillante conduite.

Un modeste fusilier de la 7me compagnie du 2me bataillon, nommé Péré dit « l'Empereur », se distingue par son courage et aussi par un trait d'esprit. « Au moment où le feu est le plus vif, le danger le plus grand , Péré s'écrie: « Mes amis , suivez l'Empereur », marche en avant et est suivi de tous ses camarades. » (1)

Grenadier (1806)

Napoléon, vainqueur à *Iéna* de l'armée du prince de Hohenlohe, apprend avec joie l'éclatante victoire remportée par Davout.

« Je regrette les braves que vous avez perdus, lui écrit-il , mais ils sont morts au champ d'honneur. Témoignez ma satisfaction à tout votre corps d'armée et à vos généraux. Ils ont acquis pour jamais des droits à mon estime et à ma reconnaissance ».

Marche sur Berlin. — Dans la soirée du 14, les troupes du

(1) *Journal des opérations*, p. 51. Péré fut nommé caporal de grenadiers et décoré de la Légion d'honneur.

3me corps bivouaquent sur le champ de bataille entre Eckartsberg et Auerstaedt. Le lendemain, la 1re division s'engage sur la route de Leipzig et marche sur Berlin. Les troupes françaises lancées dans toutes les directions, ramassent des prisonniers par milliers. La Prusse n'a plus d'armée et l'affront de Rosbach, subi en 1757 par les armes de Louis XV, est lavé sur le terrain même où il a été infligé. Le monument qui en perpétuait le souvenir est renversé par le 3me corps.

La 1re division passe le 18 à Leipzig et le 20 à Wittenberg, où elle franchit l'Elbe, après avoir mis en fuite un détachement qui essaie d'en défendre le pont.

Comme témoignage de sa satisfaction, l'Empereur donne aux troupes de Davout « la plus belle récompense pour des Français » et décide qu'elles précèderont à Berlin les autres corps de la Grande Armée. Le 25 octobre, dix-sept jours après le commencement de la campagne, la 1re division entre, par la chaussée de Dresde, dans la capitale de la Prusse et défile crânement devant une foule immense accourue pour voir de près les héros d'Austerlitz et d'Auerstaedt. Le 3me corps traverse la ville, où Napoléon n'arrive que deux jours après, et s'arrête à Friedrichfeld sur la route de Francfort.

Le 28, l'Empereur se rend au camp de Davout. En passant devant le front des 12me, 61me et 85me de ligne, qui ont le plus souffert à Auerstaedt, parce qu'ils ont soutenu les plus grands efforts, Napoléon se montre attendri de savoir morts ou grièvement blessés beaucoup de vieux soldats dont il connaissait le dévouement et la bravoure et dont les noms lui étaient familiers. Il distribue 500 croix de la Légion d'honneur et fait de nombreuses promotions.

Le colonel Nicolas resté à l'hôpital de Naumburg, est nommé général de brigade et remplacé par le colonel Faure (1).

Opérations en Pologne. — Napoléon est avisé qu'une armée russe, conduite par Benningsen, vient de franchir le Niémen et marche sur Varsovie. Il ordonne à ses différents corps de se porter contre elle et le 29, après quatre jours de repos, la 1re division quitte Friedrichfeld pour se rendre à Posen, où elle arrive le 10 novembre par Francfortsur l'Oder et Meseritz.

---

(1) Nicolas (Jean), né à Marbotte (Meuse) en 1765, capitaine dans la Légion de la Meuse en 1792, chef de bataillon en 1803, colonel en 1804, général de brigade en 1806, commanda le département des Pyrénées-Orientales en 1807 et la place de Barcelone en 1813. Devenu disponible en 1815, il fut retraité en 1825. Napoléon le créa baron de l'Empire.

Le général Morand cantonne sur la rive droite de la Wartha, autour de Kobylepole, où il séjourne jusqu'au 15. Les Français sont partout reçus comme des libérateurs par les populations opprimées de Pologne. Les garnisons prussiennes des petites villes sont faites prisonnières par les habitants. Des régiments polonais s'organisent pour le service de la France.

Le 16, le 3ᵐᵉ corps se remet en mouvement dans la direction de Varsovie. La 1ʳᵉ division fait son entrée dans cette ville, le 29, saluée par les mêmes acclamations qui l'ont accueillie à Posen.

Maître de Varsovie, Napoléon se contente, à cause des rigueurs de la saison, de faire observer l'armée russe, dont la gauche s'appuie au Bug, près de Czarnowo, et la droite à l'Ukra. Le 3ᵐᵉ corps reste jusqu'au 20 décembre, dans la capitale de la Pologne, mais non pas toutefois sans avoir avec les Russes de fréquents engagements. Le 8 décembre, pendant le combat d'Okunin, la 1ʳᵉ division donne des craintes à l'ennemi en faisant, vis-à-vis de Dembe un simulacre de passage sur la rive droite de la Narew.

Combat de Czarnowo. — Le 20 décembre, afin de permettre à l'armée française de se reposer en toute sécurité autour de Varsovie, l'Empereur ordonne l'offensive. Le 22, le corps de Davout se réunit sur les bords de la Narew près d'Okunin et le 23, à 7 heures du soir, la division Morand franchit ce cours d'eau, pour se porter sur Czarnowo par les bois épais qui précèdent ce village.

Les 51ᵐᵉ et 61ᵐᵉ de ligne, conduits par le général d'Honnières, nommé en remplacement du général Debilly, passent l'Ukra sous la protection des voltigeurs (1). Le village et les environs de *Czarnowo*, défendus par 15.000 Russes, sont enlevés à la baïonnette.

« Dans ce combat de nuit les manœuvres sont faites comme en plein jour, avec autant d'ordre et de précision que d'audace » (2).

Les Russes comptent 1.800 hommes mis hors de combat et les Français un peu moins de 700. Le 61ᵐᵉ, qui a formé le dernier échelon de l'ordre de bataille et n'a pris à la lutte qu'une part très effacée, n'a que des blessés.

---

(1) Les compagnies de voltigeurs (une par bataillon) ont été créées par décret impérial du 25 octobre 1805.

(2) *Journal des opérations*, p. 126

Combat de Golymin. — Le 24, la 1re division se rend à Nasielsk, dont la 2me division s'est emparée le même jour à la suite d'un combat assez violent. Le lendemain, les trois divisions du 3me corps reprennent leur route dans la direction de Strzegoczyn, d'où l'ennemi, après quelques coups de feu, est délogé par la 1re division.

Le maréchal Davout ayant appris que deux colonnes russes

GÉNÉRAL MORAND

(Buxhowden et Kaminski) rétrogradaient l'une sur Pultusk, l'autre sur Golymin, ordonne au général Morand d'appuyer vers ce dernier point le 7me corps de la Grande Armée (Murat).

La cavalerie du général Marulaz, qui précède la 1re division, s'empare tout d'abord de 26 canons et de 200 voitures que les Russes ont abandonnés. Puis elle marche sur Garnowo, où elle opère sa jonction avec la cavalerie du 7me corps.

Toute la division, formée en colonne par bataillons, se porte alors contre les bois de *Golymin*, que défend une infanterie dix fois plus nombreuse. « L'ennemi fait une vive résistance. Il finit par jeter ses sacs pour charger à la baïonnette, mais le feu et l'audace des bataillons le forcent d'abandonner le bois et le champ de bataille, sur lequel il laisse un grand nombre de morts et 4.000 sacs » (1). Comme à Czarnowo, le 61me ne compte que des blessés.

Cantonnements en Pologne. — Le combat de Golymin, et celui de *Pultusk* livré non loin de là par le 5me corps (Lannes) décident les Russes à la retraite. Ils profitent de l'obscurité

---

(1) *Journal des opérations,* p. 138.

de la nuit pour évacuer leurs positions et se replier sur Ostrolenka. D'un autre côté le maréchal Ney (6ᵐᵉ corps) écrase à *Soldau* un corps prussien (Lestocq) qui a réussi à se reformer et le rejette sur la Vistule. Momentanément débarrassé de ses ennemis, Napoléon a conquis ce qu'il souhaitait : des quartiers d'hiver. Un décret du 7 janvier 1807 en détermine les emplacements. Le corps de Davout occupe les environs de Pultusk et une partie de la région comprise entre la Narew et le Bug.

Les cantonnements du 61ᵐᵉ sont pris autour de *Kosniewo*, sur la rive gauche de la Narew.

Campagne de Pologne

(1807)

Les Russes, malgré leurs pertes, ne se sont pas éloignés autant que le croit Napoléon. Dès le 12 janvier, le général Benningsen quitte Grodno à la tête d'une armée de secours et

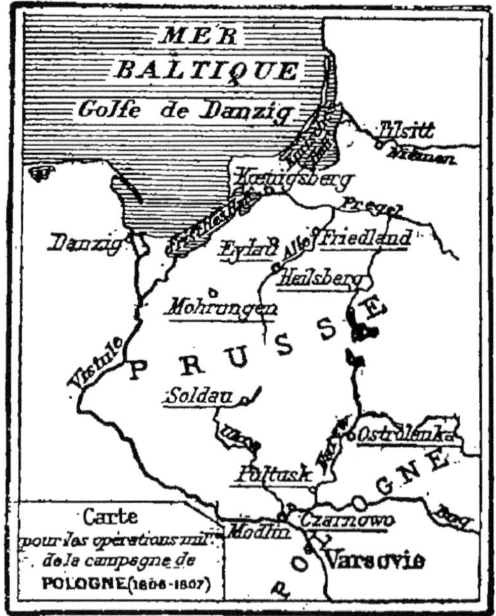

forme le projet de se porter par la basse Vistule, sur les communications de la Grande Armée. Il passe la Bober près de Goniondz, recueille sur sa route les troupes des généraux Buxhowden et Kaminski, opère sa jonction avec le corps prussien du général de Lestocq et arrive, le 25, devant Mohrungen, où son avant-garde se fait battre par les divisions Dupont et Drouet d'Erlon.

A la nouvelle de ce combat, l'Empereur reprend l'offensive. Le 28, le 3ᵐᵉ corps se concentre à

Pultusk. Le plan de Napoléon consiste à déborder les Russes par leur gauche et à les rejeter vers la mer. Mais la capture d'un courrier destiné à Bernadotte donne l'éveil au général Benningsen, qui se replie en toute hâte sur Allenstein. L'armée française le serre de si près, que sa retraite est inquiétée à chaque instant (combats de Bergfried, Deppen, Guttstadt, Hoff, etc.).

Le 3me corps, placé à l'aile droite, passe à Myszyniec, Ortelsburg, Passenheim, Wartenburg et Guttstadt. La 1re division arrive le 6 février devant *Heilsberg*, dont elle s'empare et qu'elle traverse pour aller s'établir à Grossendorf sur la rive gauche de l'Alle.

Le général Benningsen, s'est replié jusque dans les plaines de la Prusse entre l'Alle et la Passarge, pour y trouver à la fois un champ de bataille à sa convenance et couvrir la place de Koenigsberg.

Le 7 février, Napoléon se rend maître d'Eylau. Le maréchal Davout, en marche sur cette ville, est dirigé vers Bartenstein. Le rôle du 3me corps est de se porter, le lendemain, sur la gauche des ennemis. Le général Benningsen comprenant en effet que l'intérêt et l'honneur de son armée, autant que la force des circonstances, lui commandent de se battre, a pris position au-delà d'Eylau, depuis Altrof jusqu'à Serpallen.

Les forces en présence ne sont pas égales. L'Empereur ne peut opposer que 54.000 hommes aux 70.000 combattants de l'armée russe et aux 10.000 prussiens du corps de Lestocq.

Bataille d'Eylau. — La bataille d'Eylau débute, le 8 au point du jour, par une effroyable canonnade. Les deux armées luttent sur un terrain coupé d'étangs glacés que la neige recouvre. Vers sept heures, les premières troupes du 3e corps arrivent à Molwitten où elles se placent à la droite de la division Saint-Hilaire, du 4e corps. Le combat se poursuit sur ce point avec un acharnement sans exemple. La brigade d'Honnières, placée en réserve, est en arrière du village de Serpallen contre lequel se concentrent tous les efforts.

« Vers midi, dit le général Morand, les bataillons (de la 1re brigade) étant réduits au tiers, je fis avancer, à la gauche de ce village, le 61ᵐᵒ régiment... Vers une heure après-midi, la ligne d'infanterie de l'ennemi, contre laquelle nous combattions depuis cinq heures, descendit des hauteurs, s'avançant sur nous à la baïonnette. Nous courûmes à sa rencontre ; cette ligne fut renversée, mise en fuite et poursuivie jusqu'à ses canons dont nous nous emparâmes. Dix-huit bouches à feu étaient à notre pouvoir ; nous étions maîtres des hauteurs dominant la route de Kœnigsberg, un grand nombre de prisonniers ne pouvaient nous échapper, lorsque tout à coup une colonne de dragons russes, que les accidents de terrain nous avaient cachée, tombe sur le flanc d'un bataillon du 10ᵐᵉ d'infanterie légère qui, formé en colonne, avait appuyé la gauche de notre ligne, tandis que le 61ᵐᵒ, formé sur deux lignes, couvrait la droite (1). Le bataillon du 10ᵐᵉ se renverse sur notre ligne ; les bataillons se groupent ; les efforts des officiers ne peuvent parvenir à former un carré. L'ennemi presse sur tous les points un groupe qu'il ne peut pénétrer, mais qu'il refoule une centaine de toises. Quelques escadrons de dragons arrivent, qui occupent l'ennemi et donnent ainsi le temps à l'infanterie de se reformer. La division Saint-Hilaire, qui avait beaucoup souffert, ne put nous soutenir...

« Cependant, l'ennemi ayant été vivement attaqué sur la route de Kœnigsberg, nous reprîmes les hauteurs, où nous nous sommes maintenus jusqu'à la nuit, que nous y avons passée et d'où ses colonnes ont été vivement canonnées.

« La division a fait des efforts prodigieux. Jamais troupe n'a déployé plus de courage, de fermeté, de valeur et d'audace. L'énorme perte qu'elle a faite en est la malheureuse preuve. Elle s'est trouvée pendant six heures sous un feu terrible d'artillerie et de mousqueterie ; l'espace qu'elle a parcouru pour arriver à l'ennemi est marquée par des légions de cadavres... » (2).

Vers dix heures du soir, la lutte se termine dans le voisinage d'Auklappen. Tandis que Napoléon fait allumer ses feux de bivouac, les Russes et les Prussiens battent en retraite sur Kœnigsberg. La victoire

---

(1) « Un vent des plus violents nous lançait à la figure une neige fort épaisse qui empêchait de voir à plus de quinze pas » (*Mémoires du général de Marbot*, t. 2, p. 338). Les Russes recevaient la neige par derrière et en étaient, par cela même, beaucoup moins incommodés.

(2) Rapport du général Morand daté du bivouac d'Eylau le 9 février 1807.

appartient donc aux Français, mais depuis l'antiquité, aucune bataille n'a été plus meurtrière.

Les coalisés perdent 25.000 hommes et les Français environ 20.000, soit en tout 45.000 hommes, dont plus de la moitié sont tués sur place ou meurent de leurs blessures. La 1re division du 3me corps compte à elle seule 2.926 hommes mis hors de combat. Les pertes du 61me dépassent le tiers de son effectif (1). Le colonel Faure, les capitaines Belavoine, Baillargeau, Morel Loreau, Regnier et Cardon, les lieutenants Passemard, Gaillard, Laboureau et Jouzeau, le sous-lieutenant Toupart, les sergents-majors Barbet et Cardey, les sergents Dumont, Guenat, Petit et Poiret, les caporaux Bonnevaux, Cantin, Collet, Deschamps, Grard, Guilbert, Kircq, Leté et Peroneaud sont au nombre des morts ou meurent de leurs blessures. Les capitaines Jaboulet et Pouget, l'adjudant-major Peltret, le lieutenant Delomenie, les sous-lieutenants Delcroix, Béraud et Baudry sont blessés. Le capitaine Labroue, le sergent-major Lambert, le sergent-tambour Denel, les sergents Bretinière et Levesque, les caporaux Fauchoy et Perrin, les grenadiers Fauquerel et Maurin se distinguent parmi les plus braves.

Le sergent-major Cardey, qui porte l'aigle de son bataillon, est frappé de trois coups de sabre et de six coups de lance. Déjà les Russes se précipitent pour lui ravir son précieux fardeau, lorsque le commandant Peugnet accourt et le dégage.

Le 3me corps passe la nuit sur le champ de bataille, entre Lampasch et Auklappen. La division Morand, qui a le plus souffert, reste à Auklappen jusqu'au 11 février et cantonne ensuite à Kapsitten, entre Eylau et Domnau.

Combat d'Ostrolenka. — Sur les bords de la Narew, à *Ostrolenka*, les généraux Oudinot et Suchet battent complètement, le 16 février, un corps suédois aux ordres du général Essen. Les deux compagnies d'élite du 3me bataillon du 61me, employées à la brigade Ruffin de la division Oudinot, participent à ce combat où elles n'ont que des blessés.

Combat de Guttstadt. — Le 16 également, toute l'armée française se rapproche de la Vistule. La 1re division du 3me corps passe par Bartenstein, Heilsberg, Guttstadt, Allenstein

---

(1) Le 1er février, l'effectif du 61e était de 52 officiers et 1398 hommes ; le lendemain de la bataille, 21 officiers et 561 hommes manquaient à l'appel.

et cantonne, le 24, autour de Hohenstein. Mais à mesure que les Français se retirent, leurs adversaires deviennent plus hardis. Le 1er mars, les Russes se présentent en force devant les avant-postes du maréchal Ney et s'emparent de *Guttstadt*. La division Morand marche contre eux et contribue à la reprise de la ville. Elle se replie ensuite sur Allenstein, dont le 61me occupe les faubourgs.

Le major Bouge, du 96me, remplace le colonel Faure à la tête du régiment (1).

Combat de Villemberg. — Le maréchal Murat, avec 6.000 cavaliers et les grenadiers du général Oudinot, manœuvre contre le général Essen et s'empare de *Villemberg* après un court engagement. Il se porte ensuite sur Wartenburg, puis revient à Allenstein, d'où les grenadiers sont détachés, le 14, au siège de *Dantzig*, que conduit le maréchal Lefebvre (2).

Cantonnements sur les bords de l'Alle. — Le 31 mars, le 65me de ligne, provenant du 8me corps, arrive à la division Morand et forme, avec le 61me, la brigade du général Lhuillier (3).

Le 15 avril, cette brigade est baraquée à la tête des bois de Deuthen, en arrière d'Allenstein. Elle conserve cette position jusqu'au 5 juin et participe au combat d'*Allenstein*, livré le 15 mai contre les Cosaques. Le 61me se renforce par des détachements tirés de son dépôt (4).

Combat de Kœnen. — Les Russes et les Français ne sont séparés sur certains points que par la ligne de l'Alle. Au commencement de juin, le tzar Alexandre, arrivé depuis peu avec une armée de secours, ordonne de reprendre l'offensive. Le 5, à 7 heures du matin, 800 Cosaques forcent le passage du cours d'eau, à Kœnen et engagent le combat contre une compagnie de voltigeurs du 61me établie dans le voisinage de cette localité. Une fusillade bien nourrie les contient pendant quelques instants, mais les voltigeurs sont écrasés par le

---

(1) Les archives administratives du ministère de la guerre ne contiennent pas les états de service du colonel Faure.

(2) La ville ne capitula que le 26 mai, après 51 jours de tranchée ouverte.

(3) Nommé en remplacement du général d'Honnières tué à Eylau. Le 8e corps avait combattu en Italie contre le prince Charles, puis en Allemagne contre les Suédois.

(4) Son effectif, au 31 mai, est de 1151 hommes. Napoléon avait tiré des dépôts 12 régiments de conscrits dont l'instruction se faisait en marchant.

nombre et contraints à se replier sur Kaltfliess, après avoir perdu 16 hommes. Le capitaine Hamel est au nombre des blessés.

Le même jour, le maréchal Ney est attaqué, vers Guttstadt, par 40.000 hommes ; il fait bonne contenance et se retire sur Deppen. Le 3ᵐᵉ corps, qui a pris les armes pour le soutenir, se porte sur Neu-Schœnenberg.

Reprise de l'offensive. — Cette résistance, d'autres combats heureux livrés par les maréchaux Soult et Murat et aussi une ruse de Davout provoquent la retraite des Russes (1). L'Empereur, qui s'attendait à une grande bataille du côté de Saalfeld, poursuit alors ses ennemis avec l'intention de s'emparer de Kœnigsberg et de les refouler derrière la Pregel.

Le 3ᵐᵉ corps, en marche sur Osterode, est dirigé sur Heilsberg. La 1ʳᵉ division franchit la Passarge à Hasenberg et campe le 9, à Knopen. Puis elle prend position à Alt-Kirch, pendant que Napoléon gagne la bataille d'*Heilsberg*.

Le 11, vers 8 heures du matin, tout le 3ᵐᵉ corps débouche sur les hauteurs de Grossendorf. Les Russes sont coupés de leur retraite sur Eylau et rejetés sur l'Alle.

Bataille de Friedland. — Le 12, la 1ʳᵉ division se rend à Warschkeiten, près d'Eylau. Elle y séjourne le lendemain jusqu'à 4 heures du soir et repart contre le général de Lestocq, dans la direction de Kœnigsberg où le maréchal Davout a reçu l'ordre de se porter à marche forcée. La 1ʳᵉ division et avec elle tout le 3ᵐᵉ corps doivent à cette circonstance de ne pas se trouver le 14, à la bataille de *Friedland*. Le 61ᵐᵉ y est cependant représenté par les grenadiers et les voltigeurs de son 3ᵐᵉ bataillon. On sait quel fut le rôle de la division Oudinot à laquelle ils appartenaient et quel carnage elle fit de l'aile droite ennemie.

La victoire de Friedland a pour conséquence la retraite du tzar sur le Niémen. Le 3ᵐᵉ corps est arrêté à Abschwangen dans sa marche vers le champ de bataille et dirigé d'abord sur Tapiau, où il franchit la Pregel, puis sur Labiau et Tilsitt. Il fait de nombreux prisonniers aux Prussiens sortis de Kœnigsberg.

---

(1) Dans une dépêche qu'il fit capturer par les Cosaques, Davout prévenait le maréchal Ney que toute la Grande Armée allait se porter sur les derrières de l'armée russe.

Traité de Tilsitt. — Le maréchal Davout arrive le 19 dans le voisinage de Tilsitt et cantonne sur les bords du Niémen.

« Là devait se terminer la marche audacieuse de l'armée française, qui, partie de Boulogne en septembre 1805, avait parcouru la plus grande étendue du continent et vaincu en vingt mois toutes les armées européennes » (1).

Le 25 juin, les deux empereurs se réconcilient dans une entrevue célèbre sur un radeau construit au milieu du Niémen. Par le traité de Tilsitt, signé le 8 juillet, le tzar s'engage à fermer ses ports aux Anglais (blocus continental) et renonce à une partie de la Pologne, qui devient le grand duché de Varsovie. Une lourde contribution de guerre est imposée aux Prussiens avec défense d'entretenir une armée de plus de 40.000 hommes. Le royaume de Westphalie, surtout constitué avec les possessions prussiennes de la vallée du Rhin, est donné au prince Jérôme, frère de Napoléon.

Période de Paix

Occupation de la Pologne. — Aux termes d'une convention signée avec la Prusse, l'armée française doit se replier, d'abord jusqu'à la Vistule, puis jusqu'à l'Oder et finalement jusqu'à l'Elbe, au fur et à mesure du paiement de la contribution de guerre. Le 3ᵐᵉ corps se rend dans le duché de Varsovie, dont le maréchal Davout a reçu le commandement.

Le 61ᵐᵉ occupe *Varsovie* et le faubourg de *Praga*. Les compagnies d'élite de son 3ᵐᵉ bataillon retournent à *Dantzig* avec la division dont elles font partie.

Réorganisation du régiment. — En 1808, le 61ᵐᵉ est réorganisé à quatre bataillons de guerre, sans augmentation du nombre de ses compagnies. Le 4ᵐᵉ bataillon ne se compose, momentanément, que des deux compagnies détachées à Dantzig. Les compagnies de fusiliers restées au dépôt du corps, à *Mayence*, sont réunies à Metz, aux compagnies correspondantes des 88ᵐᵉ, 96ᵐᵉ et 100ᵐᵉ de ligne. Elles servent à former, au mois de mars, le 4ᵐᵉ régiment provisoire d'infanterie destiné à l'armée d'Espagne. Au mois de juillet suivant, ce régiment est amalgamé avec le 3ᵐᵉ provisoire pour constituer le *115ᵐᵉ d'infanterie*.

Occupation de la Silésie. — L'empereur d'Autriche,

---

(1) Thiers, *Hist. du Consulat et de l'Empire.*

François II, soutenu par l'Angleterre et sollicité par son entourage, fait de grands armements dirigés contre la France. La guerre parait inévitable dès le mois de juillet 1808.

Napoléon, gravement engagé contre l'Espagne, cherche à isoler l'Autriche en ouvrant avec la Prusse des négociations pour le retrait des troupes françaises, que le non paiement de la contribution de guerre a considérablement retardé.

Le 27 août, la 1re division du 3me corps rétrograde sur l'Oder et se répand autour de *Breslau*, dans des baraquements dont l'insalubrité occasionne des maladies. Le 6 octobre, le quartier général de la 1re division est transféré à Neisse. Le 61me occupe aux environs de cette ville les villages d'Oppeln, de Krappitz et de Falkenberg.

Armée du Rhin. — Une convention secrète, signée à Erfurt, le 12 octobre, assure à Napoléon l'alliance de la Russie. La Grande Armée est dissoute ; mais pour parer à toute éventualité, le 3me corps, sous le nom d'*Armée du Rhin* est maintenu en Allemagne. Le 61me est placé à *Magdebourg* où il arrive vers la fin de décembre.

Les armements toujours croissants de l'Autriche et les nouvelles multipliées qu'il en reçoit, surprennent Napoléon à Valladolid au commencement de janvier 1809. Il rentre à Paris précipitamment avec sa garde et quelques autres troupes.

L'Autriche, qui ne peut se méprendre sur la signification de ce brusque retour, dispose déjà de 300.000 hommes.

Reconstitution du 3me corps. — De Paris, Napoléon presse l'organisation de ce qu'il appelle encore l'armée du Rhin. Il fait constituer quatre corps, dont le 3me aux ordres du maréchal Davout, se compose des trois anciennes divisions Morand, Friant et Gudin. La 2me brigade de la 1re division comprend toujours les 61me et 65me de ligne. Le général Lhuillier en conserve le commandement. Les quatrièmes bataillons des régiments du 3me corps se rendent à Anspach. Ils servent à former une division de réserve confiée au général Demont (1).

---

(1) Les chefs de bataillons Malval, Peugnet, Clément et Rougelin commandent les bataillons du 61me.

Campagne d'Autriche

(1809)

En attendant des renseignements suffisants pour établir son plan de campagne, Napoléon fait converger son armée vers le Danube bavarois, dans une position centrale entre les deux régions, Bohême et Haute-Autriche, où ses adversaires peuvent se concentrer. La 1ᵣₑ division du 3ᵐᵉ corps lève ses cantonnements dans le courant de mars et se porte entre Teining et Nuremberg où elle reste en position jusqu'au 8 avril. A cette date, et sur la nouvelle que les Autrichiens ont envahi la Bavière, on l'envoie à Ingolstadt. Le 61ᵐᵉ cantonne à Kosching.

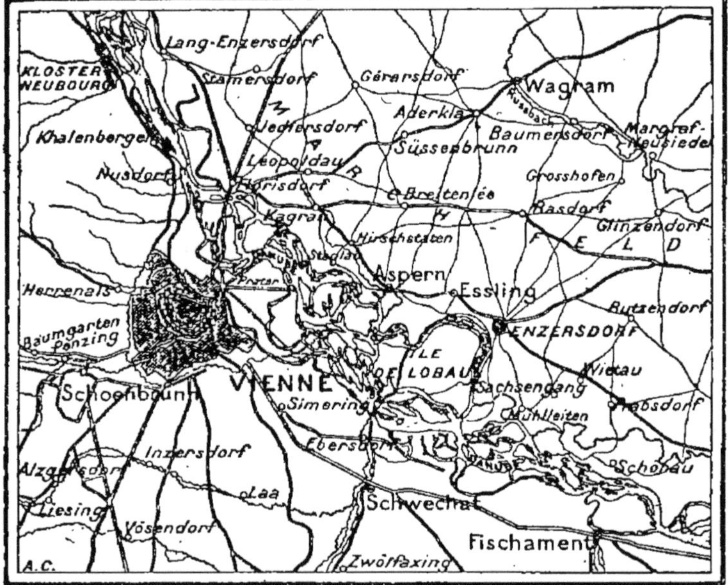

Combat devant Ratisbonne. — Le 3ᵐᵉ corps devant se réunir à Ratisbonne, la 1ᵣₑ division s'y rend par Dietfurt et prend position, le 17, sur le plateau de Wentzer à proximité du pont de la Regen. Vers midi, de nombreux tirailleurs autrichiens, soutenus par de la cavalerie, descendent des hauteurs de la rive gauche du cours d'eau et menacent le pont sur lequel ils braquent quelques pièces. Trois compagnies de voltigeurs, dont une du 61ᵐᵉ, se portent contre eux et les repoussent, après un combat qui dure jusqu'à la nuit. Le sergent-major Liomain, du 61ᵐᵉ, est au nombre des morts.

Bataille de Tengen. — Les mouvements effectués jusqu'au 17 avril ont été prescrits par le maréchal Berthier, qui dirige les opérations en l'absence de l'Empereur. L'armée française se trouve alors disséminée sur un front de 180 kilomètres, le long du Danube et du Lech. Les Autrichiens, au contraire, sont groupés en deux masses, dont l'une, forte de 120.000 hommes conduits par l'archiduc Charles, a passé l'Isar à Landshut, tandis que l'autre, de 40.000 hommes commandés par Kollowrat, descend la Naab et se dirige sur Ratisbonne. Dès son arrivée à Donauwert, le 17, Napoléon rappelle le maréchal Davout à Ingolstadt, par la rive droite du Danube. Il lui fait ainsi exécuter, en présence de l'ennemi, une marche de flanc qui n'est possible qu'avec les soldats aguerris du 3ᵐᵉ corps.

Le 19 au matin, le maréchal Davout quitte Ratisbonne, où il laisse le 65ᵐᵉ, et se remet en route sur deux colonnes. La 1ʳᵉ division fait partie de la colonne de droite. Son itinéraire est tracé par Ober-Isling, Gebraching, Peising, Tengen et Peter-Feking. Elle échappe à l'archiduc Charles, en marche sur Ratisbonne, et opère sa jonction, vers Abensberg, avec le corps d'armée du maréchal Lefebvre, pendant que les divisions Friant et Gudin (colonne de gauche) soutiennent victorieusement, en avant de *Tengen*, les efforts de toute une armée.

Bataille d'Abensberg. — Après la bataille de Tengen, Napoléon projette de couper, vers Landshut, la ligne de retraite de ses adversaires. La division Morand se sépare momentanément du maréchal Davout, qui reste sur ses positions de la veille, et passe sous les ordres du maréchal Lannes (2ᵐᵉ corps). Trois brigades ennemies sont culbutées sur Rohr. « Tout le corps ennemi fut pris, général, canons, bagages et drapeaux. On arriva sans trouver d'autres résistances jusqu'au village de Peissing, derrière lequel on aperçut une ligne de 15 à 20.000 hommes en bataille, qui bientôt s'ébranlant par sa gauche chercha à tourner la droite de la division. La brigade du général Lacour (13ᵐᵒ légère et 17ᵐᵉ) se précipita sur le flanc de de cette colonne, qu'elle mit dans une déroute complète. Le chef d'escadron Lavoy, avec son artillerie, et le général Lhuillier avec sa brigade (61ᵐᵉ) secondèrent cette attaque avec autant de sang froid que d'habileté » (1). Ce combat, qui constitue l'une des affaires dont l'ensemble est désigné sous le nom de bataille d'Abensberg, coûte à la division Morand 66 hommes mis hors de combat. Le 61me compte, pour sa part, 2 tués et 80 blessés.

Combat de Landshut. — Le 21, à la pointe du jour, le maréchal Lannes poursuit le corps du général Hiller, contre lequel il a combattu la veille. La division Morand, qui a passé la nuit sur les hauteurs, en arrière de Rottenburg, chasse devant elle les immenses convois de l'armée autrichienne et arrive ainsi jusqu'aux portes de *Landshut.*

« L'ennemi, dit le général Morand, sorti en foule de la ville pour couvrir le grand pont de l'Isar, arrêta notre mouvement. La division arriva à la tête du faubourg de Landshut ; l'Empereur me donna l'ordre d'enlever la ville. Le 3me bataillon du 17me de ligne se précipita sur le pont en flammes et fut suivi du reste de la division, qui chassa entièrement l'ennemi de la ville et des hautenrs qui la dominent. L'ennemi ayant voulu se rallier sur la route de Muhldorf, le colonel Bouge, à la tête du 61me, le culbuta. On fit 12 à 15.000 prisonniers dans cette journée. Un grand nombre de canons, des équipages de pont et d'immenses bagages furent pris » (1).

Les pertes de la division s'élèvent à 27 tués et 132 blessés. Le 61me, est le plus éprouvé de tous les corps. Le capitaine Chevalier et 13 soldats sont au nombre des morts ; le capitaine Hervieu, les lieutenants Beaurepaire, Monteil et 62 soldats sont blessés. Le colonel Bouge et le commandant Clément sont signalés à l'Empereur pour leur brillante conduite.

La division Demont, faisant partie d'un détachement commandé par le maréchal Lefebvre, combat de son côté vaillamment dans le voisinage de *Lanquart.*

Bataille d'Eckmühl. — En manœuvrant du côté de Landshut, Napoléon croyait fermement que le maréchal Davout, laissé à Tengen, n'avait devant lui que des forces peu importantes, alors que la majeure partie de l'armée autrichienne était en position sur la route de Ratisbonne. Il rebrousse chemin, en apprenant quels efforts le 3me corps a dû soutenir pendant

---

(1) *Rapport du général Morand,* daté du bivouac de Peissing, le 20 avril 1809, minuit.

(1) Rapport du général Morand, daté de Landshut, le 21.

toute la journée, et la division Morand, repassant l'Isar, campe à 7 heures du soir sur la rive gauche de ce cours d'eau, près de Landshut. Le 22, à 5 heures du matin, cette division se porte sur Ergoltsbach et Martinohab. Napoléon groupe ses forces pour livrer une bataille décisive à la masse principale de ses ennemis.

Vers 4 heures du soir, après une marche de 40 kilomètres, la division Morand débouche en vue d'*Eckmühl*, sur le champ de bataille où les maréchaux Davout et Lefebvre (division Demont) luttent désespérément depuis le matin. Elle renforce aussitôt la division Gudin et déposte l'aile gauche autrichienne d'une colline boisée qui lui sert d'appui. Vers 7 heures, après un sanglant combat de cavalerie, cent dix mille hommes, pressés sur tous les points, se retirent en désordre. Leurs pertes sont de 5.000 tués ou blessés, 15.000 prisonniers, 12 drapeaux et 16 canons. Celles des Français ne dépassent pas 800 hommes. Le 4me bataillon du 61me. qui a combattu avec acharnement vers Obersantling, a perdu une cinquantaine d'hommes. Les trois autres bataillons du régiment ne comptent que 8 tués et 20 blessés.

Bataille de Ratisbonne. — L'occupation de Ratisbonne où le 65me a été fait prisonnier, favorise la retraite des Autrichiens sur la rive gauche du Danube. La ville est emportée d'assaut, dans la soirée, sous les yeux de Napoléon, par les troupes des maréchaux Lannes et Davout, mais la bonne contenance de quelques régiments, dans le faubourg de Stadt-am-hof, permet à l'archiduc Charles de se retirer derrière la Regen.

Malgré toute la rapidité de leur marche, les divisions Morand et Demont, arrivées trop tard, ne prennent que peu de parts à la bataille de *Ratisbonne*. Elle sont passées en revue par l'Empereur, qui leur accorde de nombreuses distinctions, et bivouaquent à la nuit sous les murs de la ville.

Marche sur Vienne. — Après la prise de Ratisbonne, la division Morand retourne au 3me corps. Napoléon se dirige sur Vienne, avec la masse principale de son armée, et chasse devant lui les troupes du général Hiller (combat inutile d'Ebersberg). Le maréchal Davout poursuit d'abord l'archiduc Charles, dont il précipite la retraite par le combat de Vittenau, auquel la 1re division, restée à Regenstauf, ne prend aucune part. Puis il revient sur ses pas et s'engage à son tour sur la route de Vienne par Straubing, Passau, Efferding et Lintz.

Tandis que Napoléon s'empare de la capitale de l'Autriche, le 3me corps prend position autour de Saint-Pœlten, autant pour surveiller les points de passage du Danube, que pour faire face à de nombreux rassemblements signalés vers Mariazell. Le 61me est employé le 13 mai autour de Mœlk et le 18 à Mautern.

Bataille d'Essling. — La division Demont a été placée, le 24 avril, sous les ordres du maréchal Lannes. Le 20 mai, dans la soirée, cette division quitte Vienne, où elle est arrivée, le 10, et se forme dans l'île Lobau. Des difficultés matérielles ne lui permettent pas de traverser le fleuve, le 21, et de participer à la première journée de la bataille d'*Essling*, contre toutes les forces autrichiennes. Mais elle opère son passage, le 22 au point du jour, et prend position en troisième ligne, derrière la division Carra Saint-Cyr, du 4me corps, pendant que les troupes qui ont combattu la veille débouchent des villages d'Aspern et d'Essling.

Dans la matinée, par suite de la rupture des ponts sur le grand bras du Danube, et de la perspective de manquer de munitions qui en est la conséquence, les troupes françaises, quoique victorieuses, sont rappelées du champ de bataille. La division Demont soutient la retraite et se déploie vers midi, en avant d'Essling.

Le 4me bataillon du 61me, exposé à une effroyable canonnade, ne cède le terrain que pied à pied. Le maréchal Lannes tombe mortellement frappé par un boulet qui lui fracasse les deux jambes. La lutte se prolonge jusqu'à la nuit. L'archiduc Charles renonce alors à continuer son attaque, et le 23, à deux heures du matin, le bataillon du 61me est ramenée dans l'île Lobau. Les pertes qu'il a subies s'élèvent à 22 tués et 80 blessés. Le sous-lieutenant Bonvalot, les caporaux Clerc et Ignace sont au nombre des morts.

Garde du Danube. — La 1re division, restée dans ses cantonnements pendant la bataille d'Essling, continue jusqu'au 28 à garder la rive droite du Danube.

Le 25, vers 3 heures du matin, un parti ennemi débarque dans une île entre *Odlenbourg* et *St-Georges* et se porte à l'attaque d'un poste du 61ᵐᵉ, qui le repousse en lui faisant deux prisonniers.

Le même jour, à *Zidentendorf*, une autre portion du 61ᵐᵉ engage une action avec le poste autrichien d'Altenwert et lui fait 10 prisonniers.

Le 29, la 1ʳᵉ division est remplacée dans son service par un corps de Wurtembergeois. Elle rejoint le maréchal Davout, entre Vienne et Ebersdorf et le 61ᵐᵉ prend position, le 30, à Ettengestadt.

Le général Demont a été remplacé, le 26 mai, par le général Puthod. Le 10 juin, la division qu'il commandait quitte l'île Lobau pour passer sous les ordres du maréchal Davout dont elle devient la 4ᵐᵉ division.

Dans le courant de juin, l'archiduc Charles et Napoléon se préparent à une grande bataille. L'archiduc Jean, rappelé d'Italie où il combattait contre le prince Eugène, cherche, vers le 15, à franchir le Danube aux environs de Presbourg. La division Puthod, envoyée contre lui, prend position à Kitsec.

Le 3 juillet, l'Empereur est en mesure d'attaquer son adversaire. Toute l'armée française se concentre dans l'île de Lobau.

Bataille de Wagram. — Dans la nuit du 4 au 5 juillet, le passage de fleuve commence sous la protection de nombreuses batteries qui mettent le feu au village d'Enzersdorf. Le 3ᵐᵉ corps débouche vers 3 heures du matin et se forme à droite de Wietau. Les 1ʳᵉ et 4ᵐᵉ divisions sont en seconde ligne.

Pendant toute la journée, le maréchal Davout, constituant l'aile droite, manœuvre, sans rencontrer beaucoup de résistance, dans l'immense plaine du Marchfeld. Après une tentative sur Neusiedel, le bivouac de son corps d'armée est établi, vers dix heures du soir, dans le voisinage de Glinzendorf. La ligne française s'étend alors depuis ce village jusqu'à Kagran, en face des Autrichiens postés depuis le

Danube jusqu'à Neusiedel, par Gerardsdorf et Wagram.

Le 6 juillet, aux premiers rayons du soleil, le 3ᵐᵉ corps est attaqué en faisant un mouvement pour se rapprocher du centre. Les coups de feu qui sont échangés donnent le signal de la bataille. L'Empereur fait renforcer son aile droite par une division de cuirassiers, ce qui permet au maréchal Davout de se maintenir dans Grosshofen et Glinzendorf.

Vers dix heures et demie, le 3ᵐᵉ corps reçoit l'ordre de s'emparer de la position de Neusiedel et de tourner la gauche autrichienne. Tandis que les divisions Puthod et Gudin attaquent de front, les divisions Morand et Friant passent le Russbach en avant du village et cherchent à déborder leurs ennemis. La lutte est extrêmement vive, mais le courage des assaillants finit par triompher. Les Autrichiens, battus de toutes parts, se replient sur Wagram.

A quatre heures du soir, la journée est presque terminée. Les mouvements qui suivent jusqu'à la nuit n'ont pour but que de précipiter la retraite d'une masse d'hommes dont les premiers fuyards couvrent déjà les routes de la Moravie. Vers sept heures, la 1ʳᵉ division chasse l'ennemi du village de Bockfuss et prend position sur la route de Schweinbart, à hauteur de Regendorf. La 4ᵐᵉ division bivouaque en avant de Wagram, où se trouve le quartier général du 3ᵐᵉ corps.

Les pertes, pour chaque armée, atteignent 25.000 hommes. Celles de la 1ʳᵉ division sont de 9 officiers et 200 hommes tués, 44 officiers et 1.107 hommes blessés. Les trois bataillons du 61ᵐᵉ qui en font partie comptent 69 hommes tués et 374 blessés. Les capitaines Daubian et Lange, le lieutenant Frémont, le sous-lieutenant Seguin, les sergents-majors Damin et Vernier, les sergents-fourriers Koetsche et Villeunier, les sergents Dumont et Duhaudant, les caporaux Aupicon, Demoulin, Fontange, Vinceleau, Cuisinier, Roussel et Berthier sont tués ou meurent de leurs blessures. Le commandant Peugnet, les sous-lieutenants Abeille, Deroche et Chausseprat sont blessés. De tous les régiments du 3ᵐᵉ corps, le 61ᵐᵉ est celui qui a le plus souffert. Encore les pertes, restées inconnues, subies par le 4ᵐᵉ bataillon ne sont-elles pas comprises dans les chiffres qui précèdent.

En rendant compte au maréchal Davout des événements de la journée, le général Morand signale, d'une façon particulière, la brillante conduite du colonel Bouge et du lieutenant Morgan, du 61ᵐᵉ, « qui se sont fait remarquer en entraînant leurs hommes contre les positions de Neusiedel, sous le feu de plus de trente canons et malgré les charges furieuses de la cavalerie ennemie ».

Cantonnements en Moravie. — Le 7 juillet à midi, les 1ʳᵉ et 4ᵐᵉ divisions lèvent leurs bivouacs et se portent sur Wolkersdorf. Elles campent ensuite à Wulfersdorf et Wolsburg, d'où le 3ᵐᵉ corps est dirigé, le 10, sur Znaïm, pour seconder le maréchal Marmont, contre les débris de l'armée autrichienne. Les 1ʳᵉ et 4ᵐᵉ divisions passent la Thaya à Laab et s'arrêtent, à 10 heures du soir, en deçà de Znaïm.

Une suspension d'armes, convenue le 12, interrompt les hostilités. La 1ʳᵉ division est alors établie le long de l'Iglawa et de la Thaya, depuis Pohrlitz jusqu'à Nicolsburg. Le 15, la 4ᵐᵉ division est dissoute par l'incorporation, dans leurs régiments respectifs, des 4ᵐᵉˢ bataillons dont elle se compose.

Le 61ᵐᵉ, établi près de Nicolsburg, au camp de Guldenfurt, reste jusqu'au 10 septembre dans des baraquements rapidement construits. Il se rend ensuite à Brünn, au chef lieu du cercle dont le maréchal Davout a reçu le commandement.

Traité de Vienne. — Le traité de Vienne, signé le 14 octobre, termine la guerre. L'Autriche perd de ses états au profit de la France, de la Bavière et du duché de Varsovie. La Russie alliée de la France, mais dont le rôle a été à peu près nul pendant toute la campagne, ne reçoit, pour sa part, que la ville de Tarnapol.

Période de Paix. — Le traité de Vienne est suivi d'une convention militaire stipulant certains délais pour l'évacuation de l'Autriche. Le 61ᵐᵉ ramené d'abord à Kœnigsfeld, puis à Wels et de là à Goldeck, est cantonné, au commencement de 1810, dans le voisinage de *Salzbourg*.

Au 1ᵉʳ février, les cadres du 4ᵐᵉ bataillon retournent au dépôt, à *Worms*, après avoir passé leurs hommes aux trois autres bataillons qui, de leur côté, se rendent à *Brême*, par Bayreuth et Erlangen. Vers la fin de l'année, et après avoir occupé pendant quelque temps les garnisons de Stade et de Haarburg, on les réunit à *Hambourg*. Au mois de juin 1811 on les place à *Lunebourg*.

Obligé de faire exécuter rigoureusement le blocus continental, de défendre la Hollande et de garder les villes hanséatiques, Napoléon se voit, dès 1811, dans la nécessité de coordonner plus étroitement toutes les forces dont il dispose.

Au mois d'octobre, les anciens éléments du 3ᵐᵉ corps servent à constituer le *corps d'observation de l'Elbe*. Le maréchal Davout se rend à Hambourg, moins encore pour empêcher l'importation des marchandises anglaises, que pour contenir la Prusse et se prémunir contre la Russie.

Le 61ᵐᵉ se sépare du général Morand pour former la 3ᵐᵉ brigade (Guyardet) de la 5ᵐᵉ division (Compans). Son effectif s'accroit par de nouvelles incorporations et aussi par l'arrivée de ses 4ᵐᵃ et 6ᵐᵉ bataillons, ce dernier de création récente (1).

Le 5ᵐᵉ bataillon (dépôt) détache sa 2ᵐᵉ compagnie à Anvers. Elle est embarquée à bord de l'*Illustre*, où elle restera jusqu'à la fin de 1812 (2).

Campagne de Russie

(1812)

Causes de la Guerre. — Les agrandissements de la France aux dépens du duc d'Oldenbourg, parent du tzar, les difficultés d'application du blocus continental et une certaine rivalité personnelle amènent une rupture entre Napoléon et Alexandre II. Après plusieurs mois de négociations inutiles, la guerre est déclarée le 11 mai 1812.

Premières opérations de la campagne. — Le corps d'observation de l'Elbe, devenu le 1ᵉʳ corps de la Grande Armée dont il forme l'avant-garde, s'est acheminé, dès le mois de

---

(1) La 5ᵐᵉ division, dans laquelle chaque régiment formait une brigade, se composait des 25ᵐᵉ, 57ᵐᵉ, 61ᵐᵉ et 111ᵐᵉ de ligne.

(2) Les formations du 1811, et plus encore celles qui suivirent, nécessiteraient des développements que le cadre de ce résumé ne nous permet pas.

mars, vers la Vistule. Le 10 avril, le 61me a occupé Sthum, Hohendorf et les villages environnants, qu'il a quittés neuf jours après pour se concentrer à *Kobbelbude* (1).

Napoléon arrive à Marienbourg le 6 juin et porte le 1er corps sur les bords de la Pregel. Le 61me est d'abord établi au camp de Georgenburg et à Pillau, puis à Preuss-Ziszcken.

Passage du Niémen. — Le 23, à onze heures du soir, le maréchal Davout passe le Niémen près de Kowno. La division Compans, restée en arrière autour d'Alxnehnen, ne rejoint le 1er corps que dans la soirée du 25, à Jilmoroni. Trois cent-vingt-cinq mille hommes, dont la moitié seulement sont Français, attaquent chez eux 400.000 Russes commandés par le tzar, ou mieux, par son chef d'état-major, le général Benningsen, et partagés en trois armées sous les ordres des généraux Barclay de Tolly, Bagration et Wittgenstein.

Premières Opérations. — Le 1er corps, à qui incombe toujours le rôle glorieux de précéder la Grande Armée, atteint Vilna le 28 juin, après une marche que la chaleur a rendue très pénible. Les Russes se replient sans combattre sur la Dwina et le Dnieper. L'armée de Bagration, forte de 35.000 hommes, est encore sur le haut Niémen et manœuvre pour rejoindre le tzar. Napoléon la fait poursuivre par Davout avec la division Compans, deux régiments de la division Dessaix, la division de cavalerie Valence et le 3me régiment de chasseurs.

---

(1) Nous donnons ci-après la liste des officiers du 61me qui participèrent à la campagne de Russie. Les pertes subies par le corps (morts ou prisonniers) sont indiquées en *italique*. Colonel *Bouge* ; major Monteyremard ; chefs de bataillon : *Paillier*, Peltret, *Dupré*, *Dehaupt*, *Bagy* ; adjudants-majors : Vallet, Fourgeau, Mazard, *Tavenet* ; capitaine officier payeur, Abeille (Louis) ; premier porte-aigle, *Dumeige* ; chirurgien-major, Levert : aides-majors, *Chaussepied*, *Astoul*, *Deyroux* ; sous-aides-majors, *Vacoussaint*, *Laviale*, *Mellet*, *Roux*, *Lefèvre*, *Maurel* ; capitaines, Duhoux, Prudhomme, Soyez, Destor, *Monteil*, Delcroix, Labroue, Perron, Millet, Jugenelle, *Bejet*, Charpentier, Andrieu, Maillard, Audibert, *Wiss*. Morgan, *Pagès*, *Roy*, Vasseur, Béraud, Bonnaud, *Engremy*, Chatelain, Beaurepaire, Brix, Abt, *Brossard*, Ursleur, *Béranger* ; lieutenants *Thomas*, *Feydel*, Lavergne (Jean), Allard, Abeille (François), Ricaud, *Roudier*, *Demann*, Chausseprat, Pameyer, *Mireur*, Des Mazis, *Boulanger*, Lecrosnier, Coulmain, *Orillat*, Canalis, *Roques*, *Pérabot*, *Kœblé*, *Jouglet*, Galette, Garnon ; sous-lieutenants *Pignet*, Segond, Veyler, Chaves, *Martel*, Gambier, Leclerc, Perjaud, Ceinturé, *Massan*, Jehan, Delforge, Molière, *Barbier*, Prinie, Rodeau, *Dumonteil*, *Floury*, Tondut, *Houpillard*, Burnier, Mille, *Fressancourt*, Dauboin, *Rousseau*, *Mauriot*, Poirson, Vaussy, Lambert, Sureau, *Forsten*, Barral, *Deflandre*, *Gobelet*, Cherain, *Gatoire*, Sordez, *Schleiler*, Lavergne (Henri), Muller, Bitsh, Cantel, Dumas ; lieutenant d'artillerie *Lerique*.

Le 61ᵐᵉ entre à Minsk, le 8 juillet, et y séjourne jusqu'au 14, dans l'attente inutile d'un mouvement, que doit faire l'aile droite de la Grande Armée, conduite par le roi Jérôme, pour déboucher par Bobruisk sur le flanc gauche des Russes. Bagration est sauvé et l'Empereur en éprouve une violente colère, mais Davout, quoique réduit à ses propres moyens, n'en poursuit pas moins son adversaire avec toute la ténacité qui lui est habituelle.

Le 16, la division Compans arrive à Ighoumen, où elle séjourne jusqu'au 19, et le lendemain elle entre à Mohilew, avec deux jours d'avance sur l'armée russe.

Bataille de Mohilew. — Le maréchal Davout, pour disputer le passage à ses ennemis, établit sa troupe à quatre lieues au sud de Mohilew, sur la position de Soulta Nowka, dont le front resserré est en outre protégé par un petit affluent du Dnieper.

« Dans la nuit du 22, dit-il, je fis barricader le pont qui est
sur la grande route et créneler l'auberge qui est vis-à-vis. Le
pont du moulin de droite fut coupé par une compagnie de
sapeurs et les maisons des environs crénelées. Le 23, à 7
heures du matin, je reçus le rapport que les avant-postes
étaient attaqués... Douze à quinze pièces russes débouchèrent
du bois et se mirent en bataille sur le plateau du moulin,
dont le pont avait été détruit. Des régiments d'infanterie
russes se formèrent. Un bataillon du 108ᵐᵉ fut envoyé pour
soutenir les compagnies du 85ᵐᵉ qui étaient sur le pont.
Quelques pièces d'artillerie furent opposées à celles des Russes.
Le combat devint très vif de ce côté. Les forces de l'ennemi
augmentaient à chaque instant. Le bataillon du 108ᵐᵉ, qui
avait repoussé les Russes, fut obligé de céder au nombre. Le
général Guyardet, avec deux bataillons du 61ᵐᵉ, arrêta la
poursuite de l'ennemi et fit repasser le ravin aux Russes, qui
l'avaient passé en poursuivant le bataillon du 108ᵐᵉ...

« Sur les 6 heures du soir, toutes mes reconnaissances sur
la droite n'ayant pas vu d'ennemis, les troupes qui avaient été
mises en réserve furent dirigées sur la grande route. Un
bataillon du 85ᵐᵉ, qui dès la veille avait été placé à l'extrême
droite, et un du 61ᵐᵉ attaquèrent la gauche de l'ennemi... Il
retira son artillerie et ses troupes suivirent ce mouvement sur
tous les points.

« Le 111ᵐᵉ régiment et le 61ᵐᵉ de la 5ᵐᵉ division, conduits
par le général Compans, furent chargés de poursuivre l'ennemi
jusqu'à Nowoselky. La nuit arrêta la poursuite à cet endroit.

« Je dois les plus grands éloges, ajoute le maréchal, à la
conduite des troupes... Pas un soldat n'a quitté son poste
pour conduire les blessés, et les jeunes comme les anciens
soldats ont montré une grande valeur... La perte de l'ennemi
a été grande. Il a laissé plus de 1.200 morts sur le champ de
bataille et au-delà de 4.000 blessés, dont 7 à 800 sont restés
entre nos mains. Notre perte, suivant les états des corps, se
monte à 900 hommes tués, blessés ou prisonniers » (1).

Le capitaine Pagès, le lieutenant Boulanger et le sous-
lieutenant Pernet, du 61ᵐᵉ, sont tués ou meurent de leurs
blessures. Le capitaine Delcroix, les lieutenants Garnon,
Abeille et Lambert sont blessés (2).

---

(1) Rapport du maréchal Davout daté de Dombrowna, le 7 août 1812.
(2) On ne sait rien des hommes de troupe perdus par le corps à la
bataille de Mohilew. Il en sera du reste toujours ainsi pendant la campagne de 1812.

Combat de Sutamiska. — Le 61ᵐᵉ passe la nuit du 23 au 24 en arrière du bois de Nowoselky. Il retourne ensuite à Mohilew. Le capitaine Wiss est blessé, le 25, dans un engagement près de *Sutamiska*.

Le général Bagration, ayant pris sa route par Staroï Bichow se trouve désormais hors de portée du maréchal Davout. Le 28, la division Compans remonte le Dnieper pour rejoindre la Grande Armée dans le voisinage d'Orscha. Le 8 août, après avoir rallié ses traînards et renouvelé ses approvisionnements, elle se remet en marche.

Bataille de Smolensk.

— Les généraux Barclay de Tolly et Bagration s'arrêtent à Smolensk pour défendre la seconde capitale religieuse de leur pays.

Le 16, le 61ᵐᵉ arrive en vue de la ville et s'établit sur les hauteurs qui la dominent à l'ouest. Une démonstration contre le faubourg de Micislaw ne donne lieu qu'à un combat de tirailleurs. La véritable bataille ne commence que le 17 et tandis qu'elle se déroule, la division Compans, placée en réserve sur le plateau qui fait face à Czenesi, reçoit sans les rendre, les coups de l'artillerie ennemie. Elle n'entre en ligne qu'à six heures du soir, pour s'emparer du faubourg. L'attaque du corps de place ayant été renvoyée au lendemain, elle passe ensuite la nuit sous les armes.

Avant le lever du soleil, la ville est incendiée et évacuée par les Russes. La division Compans est obligée de s'ouvrir un passage à travers les ruines et les cadavres pour aller prendre position sur la rive gauche du Dnieper.

La prise de Smolensk coûte à l'armée française 12.000 hommes tués ou blessés. Le 19, après le rétablissement des ponts, le 61ᵐᵉ passe sur la rive droite du Dnieper et s'engage sur la route de St-Pétersbourg, tandis que Barclay de Tolly et Bagration, battus à *Valoutina* par le maréchal Ney et le général Gudin, s'échappent dans la direction de Moscou (1).

_____

(1) La bataille de Valoutina coûta la vie au général Gudin.

Premier combat de Wiasma. — Le 20, lorsque la retraite des Russes est mieux connue, le 1ᵉʳ corps reprend son poste à l'avant-garde de l'armée. La 5ᵐᵉ division passe le 22 à Ilob Penevo, le 24 à Dorogobouje, le 26 à Slavkovo et le 27 arrive devant *Wiasma*, où elle participe au combat livré, sous les murs de cette ville, par la cavalerie du roi Murat.

Le 28, avant d'entrer dans Wiasma que les Russes incendient, les voltigeurs de la division soutiennent encore un sérieux engagement, pendant que les bataillons, formés en colonne, manœuvrent pour se porter sur le flanc droit de l'ennemi. Le sous-lieutenant Molière, du 61ᵐᵉ, est blessé.

L'avant-garde française, prenant à peine le temps de préparer ses aliments, continue sa route sur un sol mouvant, par une chaleur accablante. Elle ne trouve devant elle que des villages dévastés. Le 30, la division Compans entre à Koslovo et le 1ᵉʳ septembre à Ghjat.

Le général Barclay de Tolly, accusé de ne pas mettre assez de vigueur dans la conduite de la guerre, a été remplacé par le vieux général Kutuzof. La 5ᵐᵉ division quitte Ghjat, le 4 septembre, pour se porter sur Borodino où toute l'armée russe, fortement retranchée, a été arrêtée par son nouveau chef.

Combat de Schwardino. — Le 5 septembre, dans l'après-midi, la cavalerie du roi Murat est attaquée par celle des Russes dans la plaine en avant de Schwardino. Napoléon reconnaît la position de ses ennemis. Des nombreuses redoutes qui garnissent les hauteurs, celle de Schwardino, derrière la Kolocza, commande le chemin par lequel doit déboucher l'avant-garde de l'armée française. L'Empereur ordonne au général Compans de s'en rendre maître avec sa division.

Vers 4 heures, le combat commence. Le général Compans franchit la Kolocza, sous la protection de ses compagnies de voltigeurs. Le village de Doronino est enlevé et quelques pièces de 12 sont mises en batterie sur un monticule, à proximité de la redoute.

Après une canonnade assez vive, le général Compans déploie ses quatre régiments en ligne, le 61ᵐᵉ à droite, et les porte contre l'ouvrage. Pour l'atteindre, il faut descendre dans un ravin, remonter la pente opposée et culbuter 10.000 Russes. Le 61ᵐᵉ et à côté de lui, le 57ᵐᵉ, gagnent du terrain sous le feu du canon et de la mousqueterie. A petite distance, le général Compans commande l'assaut. Au milieu de la fumée et de la fusillade son ordre n'est pas compris. Alors il s'élance au galop vers le 57ᵐᵉ et l'entraine baïonnette baissée. Le 61ᵐᵉ suit le mouvement et en quelques instants le redoute est prise. Les Russes font de vains efforts pour la reconquérir. Vers sept heures du soir, à la lueur de l'incendie de Schwardino, ils se retirent, sous la protection de leur cavalerie. Les capitaines Chatelain et Destor, du 61ᵐᵉ, sont blessés.

Bataille de la Moskowa.—Par une pluie torrentielle, le 61ᵐᵉ passe la journée du 6 sur la position où il a combattu la veille. Pour récompenser la 5ᵐᵉ division de l'héroïsme dont elle a fait preuve, l'Empereur décide qu'elle aura l'honneur de commencer la bataille du lendemain et de s'emparer des ouvrages de gauche de l'armée russe.

Le 7, dès 2 heures du matin, Napoléon, quoique souffrant, donne ses ordres à ses maréchaux. A 5 heures et demie, le soleil se lève sans nuages. « C'est le soleil d'Austerlitz », dit l'Empereur, et l'armée en accepte l'augure. Vers six heures, un ordre du jour est lu à tous les corps :

« Soldats, y est-il dit, voilà la bataille que vous avez tant désirée ! Désormais la victoire dépend de vous. Elle nous est nécessaire. Elle nous donnera l'abondance, de bons quartiers d'hiver et un prompt retour dans la patrie ! Conduisez-vous comme à Austerlitz, à Friedland, à Witepsk, à Smolensk, et que la postérité la plus reculée cite avec orgueil votre conduite dans cette journée ; que l'on dise de vous : Il était à cette grande bataille sous les murs de Moscou ! »

L'armée répond par des acclamations et bientôt la bataille s'engage. Le maréchal Davout, précédé de 32 pièces d'artillerie, conduit la division Compans et longe la lisière de la forêt d'Outitza contre laquelle s'appuie l'aile gauche de l'armée russe. Vers six heures et demie, les régiments se déploient devant les flèches de Semenoffskoie. Le 61ᵐᵉ, qui se dirige contre la plus extrême et la plus considérable d'entre elles, est accueilli par un feu meurtrier. Une foule d'officiers et de soldats tombent frappés. Enfin, l'assaut est ordonné et les 57ᵐᵉ et 61ᵐᵉ, comme à Schwardino, se précipitent en avant. Après quelques minutes d'une épouvantable mêlée au cours de laquelle les canonniers russes sont massacrés sur leurs pièces, les flèches sont emportées par les deux régiments. Le général Compans, grièvement blessé, est remplacé par le général Rapp. Vers 8 heures, la plupart des positions de l'ennemi sont au pouvoir des Français. Les Russes voient la bataille compromise et dans cette extrémité, le général Kutuzof ordonne l'offensive.

La lutte recommence avec une ardeur nouvelle. Rapp, blessé, est remplacé à son tour par le général Dessaix, dont la division est en réserve. Le 61ᵐᵉ, appuyant à gauche, se porte, sous une pluie de fer, jusqu'au ravin de Semenoffskoie où le rejoignent les autres régiments de la division Compans et ceux de la division Dessaix.

Le général Bagration, qui commande sur ce point, rassemble toute son infanterie disponible et la lance dans un suprême effort. Le 61me plie sous le choc ; mais le colonel Bouge le ramène et le terrain perdu est reconquis après une mêlée sanglante. Repoussés dans leurs tentatives désespérées, les Russes se replient lentement. Vers 3 heures, la 5me division les poursuit sous la protection de 200 pièces d'artillerie qui tirent à toute volée sur leurs colonnes profondes. Le général Bagration est tué (1). La cavalerie russe se sacrifie pour contenir les vainqueurs, puis toute l'armée de Kutuzof rétrograde sur Moscou (2).

La bataille de la Moskowa, la plus sanglante du siècle, coûte aux deux nations 50.000 morts ou blessés. Le 61me, pour sa part, a subi des pertes énormes. Son 2me bataillon tout entier a succombé à la prise des ouvrages de Semenoflskoie. A l'Empereur qui lui en demande des nouvelles le lendemain, le colonel Bouge ne trouve à répondre que ces simples mots : « Sire, ce bataillon est resté dans la redoute » (3). Les commandants Paillier et Dupré, le capitaine Roy, les lieutenants Roques et Thomas, et beaucoup d'autres officiers sont frappés mortellement. Les capitaines Labroue et Charpentier, l'adjudant-major Mazard, les lieutenants Abeille, Chausseprat, Pameyer, des Mazis et Jehan, les sous-lieutenants Tondut, Burnier et Bitsh sont au nombre des blessés (4).

Combat de Mojaïsk. — Après une journée de combat contre

---

(1) Par une curieuse coïncidence, le général Bagration était propriétaire du terrain sur lequel se livra la bataille.

(2) Les Russes se sont toujours attribué le gain de la bataille de la Moskowa. On en trouvera peut être les raisons dans une curieuse anecdote racontée, en 1816, par le général Orlof au général Koch, chez le lieutenant-général Jomini. Cette anecdote est conservée en manuscrit aux Archives historiques du Ministère de la guerre (papiers relatifs à la campagne de Russie).

(3) Ce 2me bataillon fut reconstitué par des prélèvements opérés sur les quatre autres.

(4) On remarquera qu'il n'est ici question que d'officiers qui revinrent en France (voir plus haut, page 165). Les blessés qui, plus tard, furent faits prisonniers ou moururent pendant la campagne ne sont pas connus. Cela tient à ce que leurs états de services n'ont jamais été complétés.

l'arrière-garde des Russes, la 5me division arrive le 8 au soir devant Mojaïsk où le général Kutuzof a pris position. L'attaque, remise au lendemain, est d'abord fort vive. Mais au moment de donner l'assaut, la ville est abandonnée et livrée aux flammes. Le 61me, qui a longé la rive droite de la Moskowa, campe au-delà de Mojaïsk, sur la grande route de Moscou.

Le 10 septembre est encore marqué par quelques escarmouches. Le 11, la 5me division campe à Koubinskoë, et le 14 au matin, toute l'armée française est en avant de Moscou.

« La vue de cette vieille métropole, qui semblait marquer le but de leurs efforts, rendit aux soldats assombris par la souffrance la confiance et la gaîté qu'ils avaient aux premiers temps de la campagne » (1).

Entrée à Moscou. — Le 15, la 5me division reprend sa place parmi les troupes du 1er corps. La Grande Armée pénètre dans Moscou, mais cette ville immense est déserte. Son gouverneur, Rostopchine, en a fait sortir tous les habitants. Le 61me est cantonné dans le faubourg de Kalouga.

Dans la nuit du 15 au 16, sur l'ordre même de Rostopchine, 800 incendiaires, recrutés parmi les forçats, mettent le feu simultanément dans les différents quartiers. Ne pouvant l'éteindre, faute de pompes (2), les régiments de la Grande Armée évacuent la ville. Le 61me reprend son bivouac du 14, à proximité de la porte de Smolensk.

L'incendie dure trois jours. Le 19, les troupes rentrent dans Moscou et s'établissent tant bien que mal sur les ruines fumantes des cantonnements qu'elles ont dû quitter (3).

Retraite de Russie. — Napoléon ne se fait aucune illusion sur l'état précaire de son armée, dont l'effectif n'est déjà plus que de 93.000 hommes (4). L'espérance d'obtenir la paix le

---

(1) Capitaine Adam, *Historique du 111me*, p. 104.

(2) Rostopchine les avait fait enlever.

(3) Il y avait à Moscou 2571 maisons en briques, 320 églises, 17 hôpitaux, 6591 maisons en bois, 6324 boutiques en briques et 2191 boutiques en bois. On ne comptait plus, après l'incendie, que 578 maisons en briques ; tout le reste avait disparu. (Cf. Le Rebours, *Correspondant*, 1891, p. 1026 et suiv.). Rostopchine, banni par les Russes, termina ses jours à Paris.

(4) Le 61me comprenait au 15 septembre, 54 officiers et 1326 hommes de troupe présents, 143 hommes en arrière, 23 officiers et 1721 hommes aux hôpitaux.

retient seule à Moscou. Elle lui fait perdre un temps précieux. Le 18 octobre, après un mois de négociations inutiles, la Grande Armée commence sa retraite par la route de Kalouga. Le 1er corps quitte Moscou le 19 et campe, le 23, en arrière de Borowsk.

Bataille de Malo-Jaroslawetz. — L'armée russe s'est refaite dans le voisinage de Kalouga. Le 24, elle attaque le prince Eugène, qui précède la Grande Armée, et lui livre une sanglante bataille à *Malo-Jaroslawetz*. L'entrée en ligne du 1er corps, vers cinq heures du soir et le mouvement débordant qu'il exécute après avoir franchi la Lougra, donnent la victoire aux Français. Mais la ténacité dont les Russes ont fait preuve impressionne Napoléon. A la suite d'un conseil de guerre tenu le 25, la route de Kalouga est abandonnée. La Grande Armée rétrograde sur Mojaïsk pour y reprendre la route de Smolensk déjà dévastée par l'invasion.

Le 1er corps, chargé du service de l'arrière-garde, reste jusqu'au 27 à Malo-Jaroslawetz. Il passe le 28 à Mojaïsk, le 29 à Kolotskoie et le 30 à Ghjat. Sa marche n'est qu'un combat continuel contre les Cosaques de l'hetman Platow. Et par une fâcheuse imprévoyance, il ne reçoit aucune part des maigres ressources que présente encore le pays. Toute sa nourriture consiste dans la viande des chevaux qui tombent sur la route.

Combat de Kolskoï. — Le 2 novembre, par un froid de dix degrés, le 1er corps s'achemine péniblement sur Wiasma. Il livre à Kolskoï un combat acharné contre les Russes et se fait jour les armes à la main.

Second combat de Wiasma. — Le 3, le

maréchal Davout parvient à Wiasma en même temps que les Russes, dont les têtes de colonnes sont contenues par le corps du maréchal Ney. Plus de 25.000 hommes garnissent les hauteurs qui dominent la route et font feu de leurs batteries. Le 1er corps, coupé du reste de l'armée, engage résolument le combat. Sous une pluie de boulets, les régiments de la 5me division se forment en colonne dans la plaine en avant du bois de Mesaiedowa et se précipitent sur leurs adversaires. La route est bientôt libre. Le 61me en profite pour se déployer au-delà du ravin de

Pruditska, de façon à couvrir la ville. Un nouveau combat s'engage entre les 40 canons que traîne le 1er corps et l'artillerie trois fois plus nombreuse des Russes. Ney parvient à faire passer quelques hommes sur les derrières de l'ennemi. A la nuit tombante, la retraite peut enfin être reprise sous la protection de la division Compans qui lutte encore pour l'assurer.

Le second combat de Wiasma coûte au 61me un assez grand nombre de morts et de blessés. Les sous-lieutenants Pignet et Fressancourt sont tués; les lieutenants Tondut, Delforge et Sureaud comptent parmi les blessés.

Le 6, après une longue marche, le 1er corps bivouaque au-delà d'Ouswiate, dans un bois où toute l'artillerie s'est arrêtée. La nuit est consacrée à brûler les affûts des canons qui n'ont plus d'attelages et à faire sauter les caissons que l'on ne peut conserver.

« Ces explosions multipliées, a dit le général Lejeune, étaient chaque fois le signal de nos désastres. Elles nous déchiraient le cœur...

« Pendant la nuit du 6, et toute la journée du 7, une neige épaisse, entraînée par un vent très vif qui ajoutait à l'intensité du froid, rendit notre marche excessivement pénible. Souvent on ne voyait pas à deux pas de soi, et cependant les boulets de l'ennemi sillonnaient notre route et faisaient, de loin en loin, quelques victimes. Personne n'avait le cœur de s'arrêter pour porter secours à celui qui était frappé... C'est dans cet état d'engourdissement que nous arrivâmes à Pnewo, sur un des affluents du Dnieper qui présentait un passage de rivière difficile. Pour garantir notre passage on y avait construit un blokhaus entouré d'un faible épaulement. Ce réduit étant le seul abri qui n'eût pas été brûlé sur la route que nous venions de parcourir, le 1er corps s'y arrêta pour y passer la nuit; mais l'intérieur ne pouvait contenir qu'une cinquantaine de personnes et l'armée dût camper tout autour. La neige abondante, les arbres éloignés, nous permettaient peu de faire du feu que le vent éteignait. Cette nuit fut terrible à passer... » (1)

Le 10, le 1er corps atteint Smolensk où l'Empereur est arrivé depuis deux jours. L'armée prend quelque repos dans cette

(1) *Souvenir d'un officier de l'Empire*, t. 11, p. 393.

ville et se remet en route dans la direction d'Orscha. Le maréchal Ney commande l'arrière-garde.

Combat de Krasnoë. — Le 17, à 5 heures du matin, le 1er corps sort de Smolensk. En arrivant près de *Krasnoë*, où le prince Eugène a déjà combattu la veille, le maréchal Davout se trouve en présence des Russes, qui ont pris position sur la route et les hauteurs voisines. Le général Compans se met à la tête des débris de sa division et se fait jour à la baïonnette sous le feu de l'artillerie ennemie. Il rejoint ainsi les troupes de la jeune garde que le maréchal Mortier conduit à son secours.

Dans Krasnoë, la confusion est à son comble. Quelques escadrons de Cosaques jettent le désordre dans tout ce qui débouche. Le général Latour-Maubourg dégage la route en faisant occuper la lisière d'un bois qui la domine et favorise ainsi la retraite de la garde et du 1er corps.

Au combat de Krasnoë où tout le monde a fait preuve d'héroïsme, le sous-lieutenant Floury, du 61me, est tué ; le capitaine Brossard reçoit une blessure dont il meurt quatre jours après ; le commandant Duhoux, les sous-aides chirurgiens Lefebvre et Laviale, le capitaine Rousseau et le lieutenant Segond sont blessés.

Passage de la Bérézina. — A partir de Krasnoë, la division Compans est désignée pour escorter l'Empereur. Sa brillante conduite pendant la campagne, et aussi l'effectif relativement élevé dont elle dispose encore, lui procurent cet honneur. Elle passe le 19 à Orscha, le 20 à Kokanow, le 21 à Toloczin, le 23 à Sloveni, le 24 à Kroupki, le 25 à Lochnitza et arrive le 26 à Studianka (1).

---

(1) Le tzar Alexandre fit paraître, le 24 octobre, un ordre du jour où il était dit : « ... Il serait honteux pour nos troupes légères si un seul homme de l'armée ennemie parvenait à retourner en France et ne payait point de sa vie, ou par la captivité, l'audace criminelle d'avoir osé suivre en Russie le coupable agresseur qui se fait un jeu du sang de ses peuples... On le répète, *aucun français ne doit revoir sa patrie*. Mais on met particulièrement sur la responsabilité des commandants et chefs des régiments des Cosaques, ainsi qu'aux détachements et partis, d'entourer tellement l'armée française, que Napoléon ne puisse pas échapper de sa personne. On joint pour cela son signalement à

Le 27, elle franchit la Berezina et s'avance jusqu'à Zambin, où elle est rejointe le lendemain par le reste du 1er corps. Séparée des autres troupes par une fondrière, peu exposée

NAPOLÉON Ier (1812)

cet ordre du jour. Ce signalement doit servir à tous les chefs de district, à toutes les autorités civiles et militaires, à tous les maîtres de poste.

« Signalement de S. M. l'Empereur Napoléon : La taille épaisse et ramassée ; les cheveux noirs, plats et courts ; la barbe noire et forte rasée jusqu'au-dessus de l'oreille ; les sourcils bien arqués et froncés vers le nez ; le regard atrabilaire ou fougueux ; le nez aquilin, avec des traces continuelles de tabac ; le menton très saillant. Toujours en petit uniforme, sans appareil, et le plus souvent enveloppé d'un petit surtout gris pour n'être pas remarqué. Est sans cesse accompagné d'un mameluck. » (*Arch. Hist.*, campagne de Russie).

aux attaques des Russes, elle ne prend aucune part au sanglant combat livré le 28, à *Studianka*, par les maréchaux Ney,
Oudinot et Victor. Elle reste également en dehors des tristes
scènes de désordre qui marquent le passage du célèbre cours
d'eau.

Marche sur Vilna. — Le 29 novembre, le 1er corps reprend
sa route et se porte au-delà de Pletschenitzy. Il arrive le 30 à
Kovalevitschi, le 1er décembre à Ilia, le 2 à Molodeczno, le 3
à Kelenow, le 4 à Markow, le 5 à Smorgoni, le 6 à Ochmiana,
le 8 à Niednicky et le 9 à Vilna. Chaque bivouac ressemble
le lendemain à un champ de bataille. Le thermomètre descend
certaines nuits jusqu'à 30 degrés au-dessous de zéro. A Vilna,
le désordre et l'indiscipline, conséquences fatales des souf-
frances endurées, détruisent les espérances de bien-être que
les quelques survivants de la Grande Armée ont pu concevoir.
Napoléon se rend à Paris et cède le commandement au roi
Murat. La retraite recommence, mais on ne compte plus, à
partir de ce moment, qu'une poignée d'hommes par corps
d'armée.

Combat de Kowno. — Les survivants du 61me, groupés
autour de leur aigle, prennent rang dans une cohue d'hommes.
Le 12, les débris du 1er corps, atteignent Kowno, où ils perdent
leurs derniers bagages (1). Quelques hommes armés du 61me,
se joignent au 3me corps, dont la force n'est plus que de 60
hommes et luttent pendant toute la journée du 13, sous les
ordres du maréchal Ney, contre les Russes qui les talonnent.

En sollicitant le zèle de chacun, homme par homme, Ney
parvient en vue de Bruce. Il y trouve sa route barrée par du
canon. Le brave des braves demande à ses soldats de se faire
jour à la baïonnette, mais les forces physiques leur manquent.
Désespéré, il profite de la nuit pour redescendre le Niemen et
le 16, après avoir pris quelques heures de repos à Zapiesciszki,
il regagne Gumbinen avec 150 hommes.

Marche sur Thorn. — Satisfaits d'avoir reconquis leur territoire, très éprouvés eux-mêmes par le froid et ne sachant
pas d'ailleurs s'ils doivent envahir la Prusse, les Russes ne
dépassent pas le Niemen. Les quelques troupes du 1er corps
se rendent à *Thorn* où elles arrivent le 31. Le 61me ne compte
plus, sous les armes, que 139 combattants conduits par le
commandant Labroue.

---

(1) Presque tous les papiers de la campagne sont alors capturés par
les Cosaques.

Retraite sur l'Oder. — Depuis la fin de la campagne de 1807, la ville de Thorn est à peu près déserte. Les débris de la 5ᵐᵉ division sont établis le 2 janvier 1813 à Wroclaweck, où ils vivent plus commodément. Le 13, en prévision d'une attaque de la part des Russes, le maréchal Davout les rappelle à Thorn. Le 21, trois mille Bavarois, conduits par Gouvion Saint-Cyr, arrivent dans la place. Le 1ᵉʳ corps rétrograde jusqu'à *Custrin*, et bientôt toutes les places de la Vistule sont abondonnées.

Campagne d'Allemagne

(1813)

Réorganisation du régiment. — Le 8 février 1813, le maréchal Davout se rend à Stettin avec les troupes dont il a le commandement. Le 14, il rétrograde sur l'Elbe et occupe Magdebourg. Les débris du 61ᵐᵉ constituent deux compagnies (capitaines Beaurepaire et Charpentier) qui restent à *Stettin* et à *Damm*, sous les ordres du commandant Labroue.

Trois bataillons du 61ᵐᵉ, les 2ᵐᵉ, 4ᵐᵉ et 1ᵉʳ, réorganisés successivement avec les ressources du dépôt et de nouvelles levées, servent à former, les 23 février, 4 mars et 15 avril, par leur groupement avec les bataillons correspondants du 111ᵐᵉ, autant de régiments provisoires portant les numéros 36, 36 *bis* et 36 *ter*. De ces régiments, que l'on destine à la garde de l'Elbe, le premier est placé à Magdebourg ; les deux autres sont à Wesel.

Ouverture des hostilités. — Pendant que l'armée française se reconstitue, ses ennemis ne restent pas inactifs. L'effervescence des Allemands devient surtout considérable. Le 15 février, les deux compagnies du commandant Labroue sont bloquées. Peu de temps après, Hambourg est évacué à la suite d'une insurrection. Le bas Elbe est envahi par les Suédois de Bernadotte (1). La Prusse accède à la coalition.

Reprise de Hambourg. — Le 36ᵐᵉ provisoire (bis), comprenant le 4ᵐᵉ bataillon du 61ᵐᵉ, fait partie de la 2ᵐᵉ division du 1ᵉʳ corps, commandée par le général Dumonceau. Vers le 1ᵉʳ avril, cette division quitte Wesel pour se porter sur Brême par Osnabrück.

---

(1) Le maréchal Bernadotte a été nommé prince royal de Suède en 1811.

Le 25, l'armée française prend l'offensive. Tandis que Napoléon, par les batailles de *Lutzen* et de *Bautzen*, refoule jusqu'à l'Oder les Prussiens de Blücher et les Russes de Wittgenstein, les maréchaux Ney et Davout se rendent maîtres de la rive gauche de l'Elbe par les combats de *Weissenfels* et de *Doemitz*. Une garnison du 1" corps est replacée dans Hambourg.

Armistice de Pleiswitz. – Sur les instances du ministre autrichien de Metternich, Napoléon signe, le 4 juin, l'armistice de Pleiswitz. Il en profite pour faire rentrer les régiments dans leur composition normale. Le 61ᵐᵉ se reconstitue à Bergedorf et Bleckède.

Le colonel Bouge, fait prisonnier, a eu pour successeur le colonel Pailhès, qui lui-même est appelé à d'autres fonctions et remplacé, le 28 juin, par le colonel Ricard (1).

Le régiment est tout d'abord embrigadé avec le 111ᵐᵉ. Au commencement du mois d'août, on le réunit au 30ᵐᵉ pour former la 1ʳᵉ

COLONEL RICARD

brigade (général Gengoult), de la 40ᵐᵉ division (général Thiébault et plus tard Vichery), du 13ᵐᵉ corps (maréchal Davout) (2).

Reprise des hostilités. — L'armistice de Pleiswitz est dénoncé le 17 août. L'Autriche se joint à la coalition et lui fournit un appoint de 300.000 hommes.

---

(1) Ricard (Jacques), né à Château-Arnoux (Basses-Alpes), en 1769, entré au service comme lieutenant au 1" bataillon des Alpes en 1791, capitaine en 1796, chef de bataillon en 1808, major en 1811, colonel du 61ᵐᵉ le 28 juin 1813 passé au 62ᵐᵉ le 1ᵉʳ juin 1815, fut placé en demi-solde en 1816 et retraité en 1821. Il témoigna d'une éclatante bravoure à la bataille de Wagram.

(2) L'effectif du 61ᵐᵉ est au 1ᵉʳ juillet de 61 officiers et de 2159 hommes. Les commandants Duhoux, Peltret et Andrieux sont à la tête des bataillons. Le 3ᵐᵉ bataillon, dont la réorganisation a subi du retard faute d'éléments, ne peut tout d'abord mettre en ligne que sa compa-

Pour avoir des renseignements sur l'ennemi, des reconnaissances sont envoyées par Davout vers Mœllen, Lauenburg et Buchen. Elles ont à livrer des combats qui se terminent à leur avantage.

Le 21, le 13ᵐᵉ corps se porte sur Vittenburg. La 40ᵐᵉ division, attaquée près de Marson, repousse de nombreuses charges de cavalerie et campe à la nuit près de Goldenbau.

Le 22, l'ennemi passe l'Elbe près de Dœmitz. Les postes de Dannenberg et de Quickborn, constitués par 200 hommes du 61ᵐᵉ, sont écrasés par le nombre et faits prisonniers.

Le 23, le corps d'armée se rend à Schwerin et prend position depuis cette ville jusqu'à Wismar. Son but est de faire une diversion utile au général Oudinot, que l'Empereur a dirigé contre la capitale de la Prusse.

Le 31, Davout est avisé à la fois de la défaite de *Grossbeeren*, subie par le général Oudinot, et de la marche sur Brandebourg d'un corps de 30.000 hommes conduit par le général Winzingerode. Malgré la victoire de *Dresde* remportée par l'Empereur, sur les Autrichiens, le commandant du 13ᵐᵉ corps rétrograde derrière la Stecknitz, avec son centre à Ratzeburg. Le 61ᵐᵉ est détaché à Lauenburg, Hope et Duckooschlusen.

Les défaites successives de Ney à *Dennevitz*, de Macdonald sur *la Katzbach*, de Vandamme à *Kulm*, obligent Napoléon à reculer dans la plaine de Leipzig où se livre, du 16 au 18 octobre, la sanglante *bataille des nations*. Il reprend ensuite le chemin du Rhin et Davout, séparé du reste de l'armée, n'ayant pour se conduire que des instructions générales, entreprend la défense de la région du bas Elbe et de la place de Hambourg.

Pendant tout le mois d'octobre, le 13ᵐᵉ corps conserve ses positions. Les 30.000 hommes dont il se compose ont en face d'eux une armée russe aux ordres du général Walmoden, une légion russo-allemande, le corps prussien de Lutzow et quelques régiments de hussards à la solde de l'Angleterre, en tout 40.000 hommes de bonnes troupes.

---

gnie de grenadiers et deux compagnies de fusiliers, qui arrivent à l'armée vers la fin du mois, sous la conduite du commandant Saurie. Au commencement de septembre, les trois dernières compagnies de ce bataillon rejoignent les premières. Le 13ᵐᵉ corps se compose des 3ᵐᵉ, 40ᵐᵉ et 50ᵐᵉ divisions et d'une division danoise. La 40ᵐᵉ division (ancienne 3ᵐᵉ du 1ᵉʳ corps), comprend les 33ᵐᵉ léger, 30ᵐᵉ, 61ᵐᵉ et 111ᵐᵉ de ligne.

Vers la fin d'octobre, le maréchal Davout se rapproche de Hambourg. Le mois suivant se passe en escarmouches. Le général Walmoden, d'ailleurs destiné à être remplacé à la tête de l'armée de siège, attend les renforts que conduisent le prince royal de Suède et le général Benningsen.

Au commencement de décembre, le froid devient très vif. La Stecknitz, couverte de glace, peut être franchie sur tous les points. Walmoden a été rejoint par 20.000 hommes. Davout ne voit aucun profit à continuer plus longtemps la résistance en rase campagne. Il s'enferme dans ses lignes de Hambourg et la 40me division est établie dans les villages de Wandsbeck, d'Eppendorf et de Hamm.

Défense de Stettin. — Les deux compagnies du 61me, bloquées dans Stettin et le fort de Damm, contribuent à la défense de ces deux places. Elles participent à de nombreux combats et capitulent, le 5 décembre, après avoir subi neuf mois de blocus et un bombardement.

Défense de Hambourg

(1814)

Pendant tout le mois de décembre 1813 et les premiers jours de janvier suivant, il ne se livre autour de Hambourg que des engagements d'avant-postes. Le 61me y participe fréquemment et se fait remarquer chaque fois par sa discipline et sa valeur. Le lieutenant Dessirier est blessé, le 4 janvier, dans une de ces rencontres.

Combat d'Eppendorf. — Le 13 au matin, par une température de 16 degrés au-dessous de zéro, l'ennemi attaque très vivement le village d'Eppendorf. Le commandant Peltret, qui en a la garde, se défend courageusement. Les Russes se retirent du combat après avoir perdu une quarantaine d'hommes. Le 61me compte 2 morts et 10 blessés.

Le 14, le poste d'Eppendorf est néanmoins évacué. Les glaces qui couvrent l'Alster en rendent l'accès trop facile. Il en est de même, bientôt après, du poste de Wandsbeck.

Combat du 26 janvier. — Le 26 janvier toutes les forces russes se mettent en mouvement contre les fronts de Hamm et d'Altona. Elles sont battues et ont à supporter de nombreuses pertes. Le 61me n'a que des blessés.

Combat du 9 février. — Au commencement de février, un corps russe commandé par le général Tolstoï, quitte le blocus

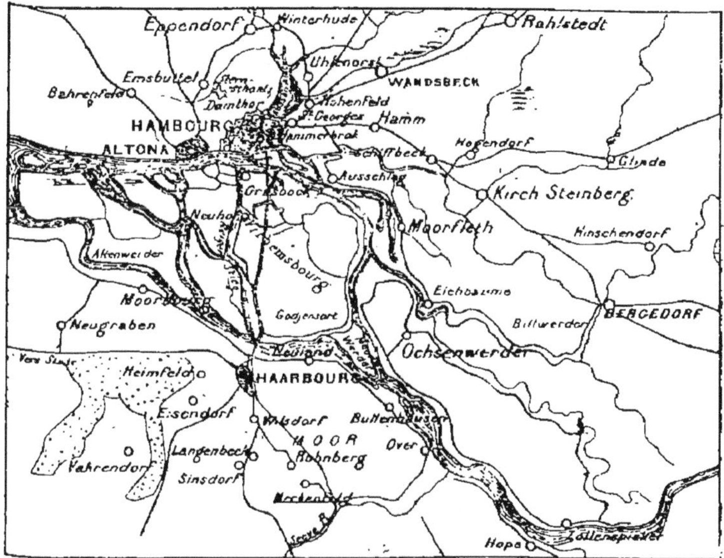

de Magdebourg, où deux compagnies du 61me ont vaillamment combattu, et rejoint l'armée de siège, dont le général Benningsen a pris le commandement.

Le 9, à 4 heures du matin, les troupes françaises sont attaquées dans l'île de Wilhemsbourg. Le général Emme, à la tête d'une colonne russe, s'empare de l'île de Moorwerder et s'avance jusqu'au vieux château de Wilhemsbourg. Il est repoussé par le 61me.

Un échec subi par le 29me amène l'ennemi jusqu'au

moulin de Reygersteig. Le colonnel Ricard, pour ne pas être tourné, se replie alors sur la digue de l'Elbe, d'où il gagne la tête de pont qui commande l'île de Wilhemsbourg. L'ennemi le poursuit et le déloge; mais la route et la tête de pont sont tellement encombrées de morts et de blessés, que les Russes ne peuvent mettre leurs canons en batterie, ni se servir de ceux qu'ils ont pris.

Le 61me s'est arrêté sur le pont. Le maréchal Davout se place au milieu de lui et l'encourage. Les soldats se battent désespérément. Des renforts leur sont envoyés et une action commune des 15me léger, 61me et 105me rétablit le combat à l'avantage des Français.

Vers 3 heures du soir, les Russes se retirent. Leurs pertes sont de 800 hommes tués et d'un nombre considérable de blessés. Le 13me corps, de son côté, compte 1.200 hommes mis hors de combat. Le sous-lieutenant Arnoux, du 61me, est au nombre des morts; les sous-lieutenants Leroy et Tireloy sont blessés.

Combat du 17 février. — L'attaque du 9 a eu surtout pour effet de montrer aux ennemis que le point faible de la ligne de défense est l'île de Wilhemsbourg. Le 17 février, une nouvelle attaque a lieu de ce côté. Mais pour laisser le maréchal Davout dans l'incertitude, des démonstrations sont faites sur tous les points.

Deux fortes colonnes pénètrent dans l'île par Neuhof et Oschenwerder. Les postes français se replient. Les efforts des Russes sont encore dirigés contre la digue de l'Elbe et la tête de pont, que défendent deux bataillons des 48me et 61me. Le combat sur ce point devient très vif. Les ennemis mettent leurs réserves en action et font usage de tous leurs moyens sans parvenir à triompher de la résistance qu'ils éprouvent. Le général Vichery dirige alors contre eux trois bataillons du 61me, qui les chargent à la baïonnette et les refoulent jusque dans la plaine.

Les Russes, déconcertés, ne restent plus en position,. à cheval sur la chaussée, que pour masquer une entreprise contre le pont de Haarbourg. Toute la garnison de Hambourg ayant eu le temps de prendre les armes, le 61ᵐᵉ, remplacé dans la tête de pont, se reporte en avant avec le plus grand courage. Vers midi, après une lutte acharnée, les Russes se retirent vers Oschenwerder en abandonnant 300 morts sur le champ de bataille. Les pertes des Français sont un peu moindres.

Au 61ᵐᵉ, l'adjudant-major Vallet, les capitaines Soyez et Ricaut, le sous-lieutenant Berthet sont tués ou meurent de leurs blessures. Le colonel Ricard, le major en premier Vassimon, les capitaines Béraud, Morgand, Prudhomme, Abeille (Louis), Abeille (François) et Chausseprat, le lieutenant Lambert, les sous-lieutenants Fressart, Léonard, Taillandier et Monneret sont blessés: Les sergents Baudru, Denis et Tremet se font remarquer par leur bravoure.

Combats des 24 et 27 février. — Le 24 février, à 3 heures du matin, le général Benningsen dirige trois colonnes sur le moulin de Reygersteig. Un bataillon du 30ᵐᵉ, qui s'y trouve, fait bonne contenance et conserve sa position. L'arrivée d'un bataillon du 61ᵐᵉ provoque la retraite des Russes.

Pendant toute la journée du 27, les mouvements que fait l'ennemi laissent prévoir une attaque prochaine. La garnison de Hambourg se tient sous les armes. Dans la soirée, les Russes se portent en grand nombre dans l'île de Wilhemsbourg. Les postes du 61ᵐᵉ reculent en combattant et mettent le feu à de gros bâtiments chargés de bombes dont l'explosion jette la panique parmi les assaillants et fait échouer leur entreprise.

Dernières opérations. — Les glaces de l'Elbe en facilitent la traversée. De continuels engagements ont encore lieu aux avant-postes. Le 19, vers dix heures du matin, le sous-lieutenant Taillandier, 2 sergents, 4 caporaux et 20 hommes du 61ᵐᵉ sont surpris, en avant de la Damthor, par un piquet d'infanterie russe dont un brouillard épais a favorisé l'embuscade. La petite troupe française se défend courageusement. Elle est chargée par un fort parti de cavalerie et ne met bas les armes

,qu'après avoir perdu une quinzaine d'hommes. Le sous-lieutenant Taillandier est au nombre des blessés.

Le dégel du fleuve commence le 23. Le maréchal Davout, n'ayant plus à redouter d'être surpris, en profite pour élargir le cercle de l'investissement. Le 61ᵐᵉ, sous les ordres du général Vichery, participe aux combats des 29, 30 et 31 mars, par lesquels les Russes sont délogés des villages de Heimfeld, Eisendorf, Sinsdorf, Langenbeck, Ruhnberg, Merkenfeld et Over.

« Nous étions au 1ᵉʳ avril... Les soldats s'étaient aguerris comme les plus vieilles troupes; la discipline la plus parfaite existait à tel point que, pendant tout le blocus, pas un officier ou un soldat n'avait été puni pour une faute grave. » (1)

La situation relativement brillante du 13ᵐᵉ corps en impose aux alliés. Ils renoncent désormais à toute action décisive et se bornent à répandre des écrits annonçant la chute prochaine de l'Empire.

Evacuation de Hambourg. — Le 18 avril, le général Benningsen reçoit la nouvelle de l'abdication de Napoléon Iᵉʳ. Il en fait part au maréchal Davout, qui n'en persiste pas moins dans sa défense. Le 28, à l'arrivée d'un courrier non suspect, les hostilités cessent de part et d'autre. Le général d'artillerie Fouché se présente à Hambourg, le 5 mai, avec des instructions concernant l'évacuation de la ville. Le 11, le lieutenant-général Gérard remplace le maréchal Davout. Trois colonnes sont organisées pour le retour en France des troupes du 13ᵐᵉ corps. Le 61ᵐᵉ, qui fait partie de la première colonne, quitte Hambourg le 28 mai et, par Nienbourg, Herford, Munster, Dusseldorf, Aix-la-Chapelle, Maestricht, Louvain, Malines, Dendermonde et Ath, se rend à *Valenciennes* où il arrive le 29 juin. (2)

Mouvements du Dépôt. — Dans le courant de novembre 1813, le dépôt du 61ᵐᵉ a été transféré de Worms à *Sarrelouis.*

---

(1) César de la Ville, *Mémoire sur le siège et la défense de Hambourg.*

(2) L'effectif du 61ᵐᵉ est encore de 1500 hommes. Les divers combats qu'il a dû livrer lui ont coûté 5 officiers et 72 hommes. Le régiment a été de service au Sternschantz du 19 au 23 mars et du 4 au 8 avril; dans l'île de Wilhemsbourg, les 10, 13, 15, 24, 26, 29 et 31 mars. Les détails manquent pour les autres mois. Le 61ᵐᵉ avait un dépôt de convalescents, Beckerstrasse, n° 83. « Il serait à désirer, dit un rapport d'inspection, que les malades de tous les régiments fussent soignés comme ceux du 61ᵐᵉ ».

Il recule ensuite devant l'invasion et se rend à *Beauvais*. Le major en second Rudloff en a le commandement.

Le 6me bataillon du régiment, créé péniblement vers la fin de décembre, reste à Sarrelouis et contribue à la défense de cette place.

Le 17 janvier 1814, le capitaine Carcy, de ce bataillon, est blessé mortellement dans une sortie.

Période de Paix

Restauration des Bourbons. — Le comte de Provence, frère de Louis XVI, a été proclamé roi, le 6 avril 1814, sous le nom de Louis XVIII. Une ordonnance du 12 mai suivant modifie considérablement l'armée impériale. Le nombre des régiments de ligne est ramené de 156 à 90. Chaque régiment ne comporte que trois bataillons. Le drapeau tricolore est remplacé par un drapeau blanc.

Réorganisation du 61me. — Le 61me est réorganisé à *Caen*, où se rendent les divers éléments qui doivent concourir à le former. Il perd son numéro et devient *57me de ligne*. Son effectif, très réduit par de nombreuses libérations, se renforce des 3me et 5me bataillons du 139me de ligne et du 3me bataillon du 12me de voltigeurs (1). Le colonel Bouge, rentré de captivité, est replacé le 14 octobre à la tête du régiment. (2)

Retour de Napoléon. — Napoléon quitte secrètement l'île d'Elbe dont on lui a donné la souveraineté dérisoire, et débarque au golfe Jouan, le 1er mars 1815. Le gouvernement de Louis XVIII s'écroule ; l'Empire est rétabli.

L'Europe était alors remaniée, au Congrès de Vienne, par les plénipotentiaires des divers Etats. Le 7 mars, à la nouvelle du retour de l'Empereur, des estafettes sont envoyées dans toutes les directions pour faire rebrousser chemin aux armées de la coalition. « La guerre, suivant l'expression d'un témoin, est déclarée en moins d'une heure. »

Dès son arrivée à Paris, le 20 mars, Napoléon se prépare à combattre. Les deux premiers bataillons du 57me se rendent

---

(1) Le 3me bataillon du 12me de voltigeurs (jeune garde), avait été organisé avec les voltigeurs du 61me.

(2) Bouge (Charles), baron de l'Empire, né en 1763, capitaine au 2me bataillon du Var en 1791, chef de bataillon en 1801, colonel du 61me le 5 mars 1807, partit en demi-solde le 1er novembre 1815. Il fut rappelé à l'activité en 1816 et prit sa retraite en 1825.

d'abord à Saint-Ouen, puis à *Avesnes*. Ils comptent à la 1re brigade de la 5me division (général Bachelu) d'un corps d'observation qui ne tarde pas à devenir le 2me corps de l'armée du Nord (général Reille).

Le 20 avril, le numéro 61, qu'il a si glorieusement illustré est rendu au 57me. Le dépôt du corps est transféré à *Cherbourg*.

Le 1er juin, une députation du régiment assiste à Paris, au Champ de Mai, à la promulgation l'*Acte additionnel aux Constitutions de l'Empire*. Elle reçoit un nouveau drapeau des mains de l'Empereur.

Campagne de Belgique

(1815)

Tandis que l'Autriche et la Russie rassemblent leurs forces, Napoléon prend l'offensive, en Belgique, contre les armées de l'Angleterre et de la Prusse.

Le 13 juin, le 2me corps se met en mouvement. Le camp du 61me est établi le même jour à Solre sur Sambre et le lendemain près de Lair-Funster. La trahison d'un général français renseigne les Prussiens sur la marche de leurs adversaires (1).

Les premiers coups de feu de la campagne sont tirés par le 2me corps contre les Prussiens du corps de Ziethen.

« D'après l'ordre de l'armée, écrit le général Reille, je suis parti de Lair-Funster le 15, à 3 heures du matin. En avant de *Thuin* j'ai rencontré une avant-garde ennemie de cavalerie et d'infanterie et, dans ce village, environ 800 hommes. Après quelques coups de canon et une fusillade assez vive, nous les avons chassés de cette position, qui est d'un accès très difficile. L'ennemi a laissé des morts, des blessés et quelques prisonniers, parmi lesquels deux officiers...

« Nous avons encore rencontré l'ennemi dans le bois de *Montigny-les-Tilleuls*. Une fusillade très vive a été engagée. Nous l'avons chassé du village... J'ai fait déboucher les généraux Piré et Ambert, avec le 1er de chasseurs qui l'a chargé. Une centaine ont été sabrés et plus de 200 prisonniers.

---

(1) Le général de Bourmont, qui avait accepté de servir contre la coalition, déserta et joignit à la honte de son départ, celle plus grande encore d'apporter aux ennemis le plan de campagne de l'Empereur.

« Après avoir passé le pont de Marchienne, j'ai dirigé la cavalerie en laissant à gauche le bois de Monceaux et je l'ai traversé avec la colonne d'infanterie. Arrivé près de Jumet, le général Bachelu est tombé sur la colonne ennemie qui avait forcé les chasseurs à la retraite ; lui a tué des hommes et fait quelques prisonniers.

« Le 2me corps s'est ensuite porté en avant et a pris position, les 5me et 9me divisions, ainsi que la cavalerie, à droite et à gauche de Gosselies...(1)

Combat des Quatre-Bras. — Dans la nuit du

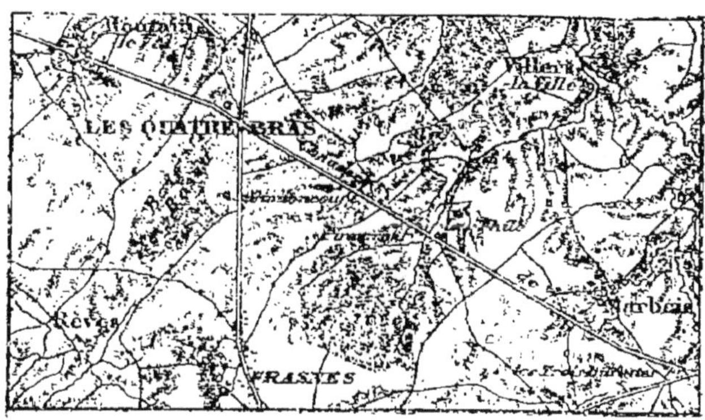

15 au 16, la division Bachelu et la cavalerie du 2me corps s'acheminent vers les Quatre-Bras, où le général Wellington, qui commande l'armée anglaise, a réuni une dizaine de mille hommes. La matinée se passe à des reconnaissances. Le 2me corps fait partie de l'aile gauche, dont le maréchal Ney a reçu le commandement. A 11 heures, un aide de camp de l'Empereur apporte l'ordre d'enlever les *Quatre-Bras* et de marcher sur Bruxelles. Ney perd un temps précieux. Enfin, vers 2 heures, les tirailleurs de la

---

(1) Rapport daté de Gosselies, le 15 à 9 heures du soir (*Arch. hist.*) Le 2me corps comprenait les 5me, 6me, 7me et 9me divisions d'infanterie, la 2me division de cavalerie légère et une batterie de réserve. La 7me division fut détachée le 15 au soir du côté de Fleurus et resta indépendante. L'effectif du 2me corps ne dépassait pas 20.000 hommes.

division Bachelu ouvrent le feu contre ceux du général Perponcher postés en avant de Lairable et du bois de Bossu. La 5ᵐᵉ division, formée en colonne par brigades, suit la grande route. Une division ennemie a pris position sur le plateau de la Thile et fait occuper, en avant d'elle, la ferme de Piraumont. Le général Bachelu se porte contre ce dernier point et s'en empare après un court combat. Mais pour atteindre le plateau, la 5ᵐᵉ division est obligée de franchir deux ravins bordés de haies vives. Un certain désordre se produit. Les Anglais font avancer leur première ligne, dont l'attaque a pour elle l'avantage de la cohésion. Le 61ᵐᵉ, et avec lui tous les régiments de la division Bachelu, font des prodiges de valeur mais sont obligés de reculer. Il s'établit alors autour de la ferme de Piraumont, plusieurs fois reprise et reperdue, un combat acharné qui dure jusqu'à 5 heures. Une charge du 2ᵐᵉ lanciers finit par arrêter l'ennemi.

La marche en avant, malgré quelques avantages remportés par les 6ᵐᵉ et 9ᵐᵉ divisions, n'en constitue pas moins une lourde tâche pour le maréchal Ney, qui ne dispose plus d'un seul bataillon de réserve et a devant lui 25.000 hommes. Du champ de bataille de *Ligny*, où il combat depuis le matin contre l'armée prussienne, Napoléon le presse vivement de s'emparer des Quatre-Bras. Le maréchal Ney lance alors le général Kellermann et 700 cuirassiers contre les lignes anglaises. Quelques cavaliers parviennent jusqu'aux Quatre-Bras et surprennent Wellington lui-même, qui n'a que le temps de s'enfuir de toute la vitesse de son cheval ; mais ils sont ramenés sur l'infanterie.

La division Bachelu, tout entière en ligne, arrive jusqu'à la chaussée de Namur ; à gauche, la 6ᵐᵉ division prend pied dans le bois de Bossu ; au centre, la 9ᵐᵉ division dépasse la ferme de Gimioncourt ; l'enlèvement des Quatre-Bras est redevenu possible. Le maréchal Ney est sur le point de l'ordonner, lorsque surviennent deux divisions anglaises, dont celle des gardes. Trente-cinq mille combattants sont aux prises contre douze ou treize mille Français. En vain Ney se multiplie et redevient le héros d'Elchingen et de la Moskowa; la supériorité du nombre l'emporte. Les trois divisions reculent jusqu'à Frasnes où elles dressent leurs bivouacs sur les emplacements du matin.

La journée des Quatre-Bras coûte aux alliés près de 6.000 hommes ; les Français, pour leur part, en perdent 4.000. Le 61ᵐᵉ compte environ 250 hommes mis hors de combat. Le commandant Duhoux, le capitaine Morgand et le lieutenant Riot sont tués. Le commandant Peltret, les capitaines Dubois, Beaurepaire et Destor, l'adjudant-major Legrand, les lieutenants Fourteau, Chave, Jehan et Mouchon, les sous-lieutenants Morel et Leroy sont blessés.

Après la perte de la bataille de Ligny, les alliés se retirent, le 17 au matin, sur la position du Mont-Saint-Jean. L'armée française les poursuit et le 2ᵐᵉ corps, placé à l'arrière-garde, s'arrête près de Genappe. La chaleur a été suffocante et la marche s'est effectuée avec de la boue jusqu'à mi-jambe. Vers 9 heures du soir, la pluie commence à tomber d'une façon torrentielle. Les hommes, déjà très fatigués, ne prennent aucun repos.

Bataille de Waterloo. — Le 18, à 5 heures du matin, le soleil perce les nuages. Napoléon dicte son ordre de bataille et forme onze colonnes, dont quatre doivent agir en première ligne, quatre en seconde et trois en réserve. La division Bachelu est en première ligne.

A 10 heures et demie, toutes les troupes sont en position. La ligne ennemie, forte de 80.000 hommes, s'étend depuis le hameau de Smohain jusqu'à Hougoumont et Braine-l'Alleud, par Papelotte et la Haie-Sainte. Wellington a profité du répit qui lui a été laissé pour faire distribuer des vivres à ses soldats. L'armée française, dont les convois sont restés à Charleroi, n'a reçu aucune nourriture. La pluie, qui a détrempé le sol, retarde l'attaque. A 11 heures, pas un coup de feu n'a été tiré. Vers midi, Wellington fait envoyer quelques boulets sur le 2me corps placé en face du château de Hougoumont, entre la route de Nivelles et la ferme de la Belle-Alliance. L'action ne tarde pas à devenir générale. Tous les efforts de la 5me division se portent contre le château qui est enlevé et reperdu plusieurs fois.

« Le combat de ce côté, dit un témoin oculaire, se transforme jusqu'au soir en une canonnade et une fusillade, espèce de sanglant jeu de barre, qui n'offre d'autres résultats que de prouver le courage personnel des champions des deux camps. »

Le général Reille, ne pouvant se maintenir à Hougoumont, y fait mettre le feu. L'opiniâtreté du 2me corps force les Anglais à rester sur la défensive. Le 61me, engagé dès la première heure, lutte avec un acharnement obstiné.

Mais la partie la plus importante du drame de Waterloo, celle qui décide du sort de la France et de l'Empereur, se déroule vers la droite, entre Smohain et Planchenois. On sait ce qu'il advint lorsque Bulow d'abord, Blücher ensuite, conduisirent à Wellington.

près de 60.000 hommes de renfort, et comment une victoire assurée se transforma en un désastre, malgré tout l'héroïsme de la cavalerie et le sacrifice absolu de la garde impériale.

Lorsque la bataille se termine, près de 20.000 hommes ont été atteints de part et d'autre. Le 61me, dont l'effectif au 15 juin était de 41 officiers et 817 hommes, n'a plus sous les armes, le lendemain de Waterloo, que 9 officiers et 202 hommes. Le capitaine Vasseur, le lieutenant Léger, le sous-lieutenant Taillandier, le sergent-major Dumas, les sergents Aubert et Mathieu, les caporaux Charmel, Gaté, Griset et Piquereau sont tués. Les capitaines Maserpoix, Sureau, Chausseprat, Destor et Jugenelle, l'adjudant-major Fourgeau, le chirurgien Levert, les lieutenants Chave, Segond et Tondut, les sous-lieutenants Mathieu, Cambassèdes et Pollet sont blessés.

Défense de Paris. — Les débris de l'armée sont ramenés sous les murs de Paris, où le 2me corps arrive le 29 juin, par Villers-Cotterets et Dammartin. Déjà l'Empire a fait place à un gouvernement provisoire dominé par un personnage dont le zèle ne s'emploie qu'à préparer le retour de Louis XVIII.

Le maréchal Davout, ministre de la guerre, s'apprête néanmoins à défendre Paris. Devançant les Anglais de deux jours de marche, Blücher passe la Seine près de Saint-Germain et entre à Versailles avec 45.000 hommes.

Le 2 juillet, ce général se met en mouvement pour s'emparer des ponts de Sèvres et de Saint-Cloud. La 5me division, qui a la garde de ce dernier point, lutte contre l'ennemi pendant deux heures. Une suspension d'armes arrête le combat.

Fin du Régiment

Le 5, l'armée française est exilée derrière la Loire. Le 61me, qui ne demandait encore qu'à se sacrifier pour défendre l'intégrité du sol national, se rend à *Selles-sur-Cher*, où il est licencié, le 10 septembre, en exécution d'une ordonnance prise le 23 mars, par Louis XVIII, pour empêcher la reconstitution des forces impériales.

Une ordonnance du 16 juillet ayant créé 86 légions départementales, les dépôts du 61me et du 5me léger servent à former la *48me légion*, dite *de la Manche*.

Il ne reste plus désormais, du 61ᵐᵉ des grandes guerres, du régiment d'Héliopolis, d'Austerlitz, d'Auerstaedt, d'Eylau, de Wagram et de la Moskowa, que le souvenir de sa gloire et l'exemple de ses vertus.

CHAPITRE VI

61ᵐᵉ RÉGIMENT D'INFANTERIE DE LIGNE

(Régiment actuel)

L'armée française est réorganisée, le 23 octobre 1820, d'après le système régimentaire, plus conforme aux traditions du pays que l'institution, toute politique, des légions départementales. Il est formé en particulier, 60 régiments de ligne et 20 régiments légers (1).

Formation du 61ᵐᵉ. — Le 2 février 1823, pour mieux se mettre en mesure de soutenir le roi d'Espagne, Ferdinand VII, dans sa lutte contre le libéralisme de ses sujets, Louis XVIII ordonne la création de quatre nouveaux régiments de ligne.

En conséquence, le 61ᵐᵉ est constitué à Strasbourg, le 1ᵉʳ avril 1823, par les soins

COLONEL DE CHASSEPOT

____

(1) Dans le résumé que nous consacrons avant tout à l'histoire des campagnes du 61ᵐˢ, nous ne pouvons omettre de dire cependant que le numéro 61 a été porté, sous la Restauration, par deux légions départementales. Dans le principe, les légions ne devaient pas quitter le département où elles avaient été constituées et dont elles gardaient le nom.

du colonel comte de Chassepot. Les éléments qui entrent dans sa formation proviennent de douze régiments différents, et surtout des 16ᵐᵉ et 40ᵐᵉ de ligne (1).

Période de paix. — Le 6 septembre 1824, le régiment se rend à *Saint-Omer*. On le trouve ensuite : le 22 janvier 1826, à *Metz* et le 1ᵉʳ juin 1828, à *Cambrai*.

Le 22 août 1830, le colonel de Chassepot, admis à la retraite, est remplacé par le colonel Berner (2).

A partir du 16 novembre de la même année, le 61ᵐᵉ tient garnison à *Dunkerque*. Le 25 mai suivant, dans une revue passée à *Amiens*, il reçoit un nouveau drapeau des mains du roi Louis-Philippe. On l'envoie de là à *Rouen*.

Le 6 octobre 1831, le caporal Hingant meurt victime de son dévouement en essayant de sauver un enfant tombé dans la mer.

Mais on ne tarda pas à reconnaître que cette mesure présentait de graves inconvénients et dès 1816, les légions furent appelées à changer de garnison. — La *61ᵐᵉ légion* (colonel du Tertre), est créée à *Arras* au mois de septembre 1815, en exécution de l'ordonnance du 16 juillet précédent. Vers la fin de 1816, on l'envoie à Paris ; son dépôt reste à Arras. Elle est ensuite placée : vers la fin de 1817, à Rennes ; au mois de juin 1818, au Hâvre (1ᵉʳ bataillon) et à Arras (2ᵐᵉ bataillon) ; au mois de mai 1819, à Dieppe (1ᵉʳ bataillon) et au Hâvre (2ᵐᵉ et 3ᵐᵉ bataillons, ce dernier de création récente) ; au mois de novembre 1819, à Metz. En 1820, lorsque l'infanterie est réorganisée, la 61ᵐᵉ légion forme le fond du *32ᵐᵉ de ligne*. — La *61ᵐᵉ légion bis* (colonel George), est créée à Arras, comme la précédente, mais seulement au mois de mai 1819. Son 1ᵉʳ bataillon est constitué d'une façon complète ; ses 2ᵐᵉ et 3ᵐᵉ bataillons ne sont qu'ébauchés. A la réorganisation de 1820, la 61ᵐᵉ légion bis entre dans la formation du *44ᵐᵉ de ligne*.

(1) Le 16ᵐᵉ de ligne eut à fournir 120 hommes ; le 40ᵐᵉ en donna 141 ; les 17ᵐᵉ, 51ᵐᵉ, 55ᵐᵉ, 56ᵐᵉ et 57ᵐᵉ, chacun 80 ; les 2ᵐᵉ et 3ᵐᵉ de ligne, 1ᵉʳ et 11ᵐᵉ légers, en tout 45. Le régiment s'accrut presque aussitôt par le rappel de 777 vétérans de la classe 1816 et l'incorporation de 304 conscrits de la classe 1822.

(2) Chassepot de Beaumont (Gabriel-Marie-Camille, comte de), né à Pissy (Somme) en 1776, entré au service en 1790, lieutenant-colonel de cavalerie en non-activité, le 5 juillet 1814, lieutenant-colonel du 33ᵐᵉ de ligne, le 17 novembre 1820, colonel du 61ᵐᵉ, le 7 février 1823. Les états de service du colonel de Chassepot manquent en partie au Ministère de la Guerre. On sait seulement qu'il fut blessé de nombreuses fois, notamment de deux coups de feu qui lui traversèrent le corps. Le portrait que nous donnons à la page précédente, nous a été obligeamment communiqué par sa fille, Mᵐᵉ la comtesse de Thuisy.

Expédition d'Anvers

(1832)

Causes de la guerre. — Par les traités de 1815, la Belgique a été placée sous le joug de la Hollande. Le 5 octobre 1830, à la suite d'une révolution, le peuple belge proclame son indépendance. Le roi Guillaume de Hollande en appelle aux puissances signataires des traités. Elles ne lui accordent qu'une satisfaction qu'il juge insuffisante et la guerre a lieu entre les deux nations. Les Belges sont battus. Louis Philippe, avec l'assentiment des principaux souverains, organise une armée de 50.000 hommes destinée, sous les ordres du maréchal Gérard, à soutenir les revendications de la Belgique. Guillaume de Hollande consent tout d'abord à un traité. Puis il se ravise et fait défendre la place d'Anvers, dont le siège est alors décidé.

Le 61ᵐᵉ est désigné pour faire partie de l'armée qui doit opérer contre la Hollande. Il franchit la frontière, le 15 novembre, en avant de Condé et arrive le 20, à Edeghem, sous les murs d'Anvers, par Ath, Grammont, Alos et Reeth. La 4ᵐᵉ division, à laquelle il appartient, est commandée par le général Fabre.

Siège d'Anvers. — L'ouverture de la tranchée a lieu pendant la nuit du 29 au 30. Le 61ᵐᵉ est employé aux attaques de gauche, du côté de la chaussée de Boom. Les grenadiers du 3ᵐᵉ bataillon et les voltigeurs du 2ᵐᵉ ont à souffrir du feu des Hollandais.

Le lendemain et les jours suivants les travaux d'approche continuent au prix de fatigues considérables. Plusieurs soldats sont blessés, quelques-uns mortellement.

Le 12, dans la soirée, le 61ᵐᵉ reçoit l'ordre de s'emparer de la lunette Saint-Laurent. Un retard apporté dans les préparatifs du génie fait remettre l'attaque à la nuit suivante. Le régiment est ainsi privé de l'honneur d'y participer.

Dans la nuit du 22 au 23, la brèche est rendue praticable en avant des ouvrages de Kiel. L'ennemi riposte avec acharnement aux coups qui lui sont portés par le 61ᵐᵉ. Une suspension d'armes convenue vers midi interrompt les hostilités. La place capitule le 24.

Le général du génie Haxo, qui a dirigé les travaux du siège

Siège d'Anvers

se loue du concours que lui ont prêté, comme adjudants de tranchée, le capitaine Rageau et le lieutenant Derombies, du 61ᵐᵉ. Un ordre du jour du maréchal Gérard félicite en outre ces deux officiers « pour le zèle et l'intrépidité dont ils ont fait preuve, aussitôt après la prise de la lunette Saint-Laurent, en reliant, sous le feu de l'ennemi, la gorge de cette lunette et les cheminements français ».

Le siège d'Anvers coûte au régiment 8 tués et 31 blessés. Le 23 décembre, le maréchal Gérard le signale au roi « pour la façon brillante dont il s'est conduit pendant toute la durée des opérations ».

Retour en France. — Le 61ᵐᵉ rentre en France au commencement de janvier 1833 par Lokeren, Gand, Deinse, Courtrai et Lille. Louis-Philippe le passe en revue dans cette dernière ville et ui accorde 21 croix de la Légion d'honneur. Il se rend ensuite à *Avesnes* où son dépôt l'a déjà précédé.

La France ne retire de l'expédition d'Anvers que l'honneur d'avoir assuré l'indépendance de la Belgique (1).

Période de paix. — Dans le courant de juillet 1833, le régiment est exercé au camp de Wattignies. Il se rend ensuite,

____

(1) En 1893, le Conseil municipal d'Anvers, pour plaire à une nation voisine, a eu le triste courage de refuser tout d'abord et de n'accorder que sous la pression de l'opinion publique, le coin de terre qu'on lui demandait pour perpétuer, par un monument, le souvenir des Français morts pendant le siège.

d'abord à Paris (novembre 1833), puis à Besançon ét dans les petites places du Doubs (mars 1835).

Le colonel Berner, admis à la retraite, est remplacé, le 31 décembre 1835, par le colonel Mompez (1).

Guerre carliste. — Le 17 juillet de l'année suivante, tout le régiment se rend à Montpellier. Un détachemant commandé par le lieutenant de Castagny, passe, le 12 août, au service de la reine d'Espagne, Isabelle II, et combat contre les Carlistes (2), tout particulièrement à *Huesca* et à *Vi latuerta*. Dans le courant de novembre, ce détachement est rappelé.

CONQUÊTE DE L'ALGÉRIE

Année 1837

Le 29 septembre 1837, les deux premiers bataillons du 61ᵐᵉ, portés à l'effectif de 750 hommes chacun, quittent Montpellier à destination de l'Algérie.

La conquête de ce pays, commencée en 1830 par la prise d'Alger, s'est développée progressivement. Le 61ᵐᵉ est envoyé en Afrique au moment où la France, délivrée pour un moment d'Abd-el-Kader par le traité de la Tafna, vient de renouveler, en lui donnant plus de solidité, une malheureuse expédition conduite, en 1836, par le maréchal Clauzel, contre le bey de Constantine.

Les deux bataillons s'embarquent à Cette et prennent la mer le 5 octobre. Ils débarquent à Bône, après une traversée contrariée par une tempête, et se réunissent, le 13, au camp de Medjez-Ahmar.

---

(1) Berner, Jean-Marie, né à Stuttgard (Wurtemberg), en 1795, soldat dans la légion des Francs du Nord en 1800, sous-lieutenant en 1802, lieutenant en 1804, capitaine en 1807, chef de bataillon en 1812, fut mis en non activité, par suite de licenciement, le 31 octobre 1815. Il se fit naturaliser français en 1817, reprit du service en 1819, devint lieutenant-colonel du 61ᵐᵉ, le 21 décembre 1825, et colonel le 22 août 1830. Il fut définitivement admis à la pension de retraite le 28 novembre 1835.

(2) On appelait ainsi les partisans de don Carlos, frère du roi défunt Ferdinand VII. Ils opposaient le principe de la monarchie absolue à la constitution presque républicaine que défendait Isabelle II.

La ville de Constantine est prise d'assaut, le même jour, par le général Valée.

Le 61ᵐᵉ, auquel se joint le prince de Joinville, troisième fils de Louis-Philippe, se remet en route, le 15. Il campe, pendant quelques jours, sous les murs de Constantine et remplace dans la ville, à la fin du mois, la colonne expéditionnaire du général Valée, qui en sort pour se rendre à Bône.

Année 1838

Colonne mobile. — Le général Négrier, gouverneur de la province, organise une colonne mobile permanente, dont le rôle consiste à se porter, au moindre signal, contre les Arabes, dans un rayon d'une soixantaine de kilomètres autour de Constantine. Les compagnies d'élite du 61ᵐᵉ sont désignées pour en faire partie.

Les opérations de cette colonne sont excessivement fréquentes. Elles contribuent, dans une très large mesure, à la pacification des tribus.

Au mois d'avril, le 3ᵐᵉ bataillon du 61ᵐᵉ est envoyé en Algérie. Ses deux compagnies d'élite sont employées dans la colonne mobile.

Reconnaissance sur Stora. — Le 7 avril, une reconnaissance, que le général Négrier conduit lui-même, est dirigée sur la rade de Stora. Elle a pour but de déterminer le point de départ d'une route projetée vers Constantine.

Cette reconnaissance, qui dure six jours, n'est qu'un combat continuel contre les Kabyles. La journée du 10 est, en particulier, très fatigante. La lutte, commencée au point du jour, ne prend fin qu'à 9 heures du soir, près de l'oued Safsaf.

Les compagnies d'élite du 61ᵐᵉ se font remarquer

par leur bravoure. Le capitaine Durand et le sous-lieutenant Longain sont cités avec éloge dans le rapport du général Négrier.

Le 12 mai, le colonel Mompez, admis à la retraite, est remplacé par le colonel Josse (1).

Jusqu'à la fin de l'année, la colonne mobile poursuit son œuvre. Ses principales expéditions sont dirigées contre la tribu remuante des Haractas (avril, septembre). Le général Négrier, appelé à d'autres fonctions, est remplacé, au mois de juillet, par le général de Galbois.

Au mois d'octobre, le régiment quitte Constantine pour occuper le camp de Philippeville (2).

Les bataillons du 61ᵐᵉ travaillent très activement à la construction de la route de Constantine à Stora et campent à tour de rôle sur son parcours, à l'oued Baba, à l'oued Smendou, aux Toumiettes, à El-Arrouch et au défilé d'El-Dis. Ils sont constamment tenus en éveil par les agressions des Kabyles.

Année 1839

L'hiver de 1838 à 1839 est employé à de nombreuses constructions dans le voisinage de Stora. Le fort d'Orléans, celui de Skikida, sa redoute avancée sont l'œuvre du 61ᵐᵉ. Beaucoup d'hommes meurent de maladie. Un sergent-fourrier et trois fusiliers sont assassinés par les Kabyles. La colonne mobile est dissoute.

Combat d'El-Arrouch. — Le 30 janvier, une attaque de courrier se produit tellement près du camp

---

(1) Mompez, Jean, né à Pouillon (Landes), en 1783, entré au service en 1804 aux vélites de la garde, sous-lieutenant en 1806, lieutenant en 1808, capitaine en 1813, et commandant en 1814, accompagna Napoléon 1ᵉʳ à l'île d'Elbe. Il fut rayé des contrôles en 1815, réintégré en 1823 et nommé lieutenant-colonel en 1830. Le colonel Mompez avait été blessé en 1809 à Znaïm et en 1814 sous les murs de Paris.

(2) Le camp de *Philippeville*, établi sur les ruines de Rusicade, tirait son nom de celui du roi.

d'*El-Arrouch*, que deux compagnies peuvent accourir sous les ordres du capitaine Villien. Au lieu de fuir, comme d'habitude, les Kabyles, au nombre de 400 environ, font bonne contenance et se battent pendant trois heures. Les grenadiers du 1er bataillon ont cinq hommes mis hors de combat.

Combat de l'oued El-Chera. — Le 2me bataillon du 61me (commandant Choppin) exécute, le 11 mai, une reconnaissance vers Collo. Il est attaqué le lendemain, en arrivant à l'*oued El-Chera*, par un fort parti de Kabyles. Le combat dure toute la journée avec une certaine vigueur. Le 2me bataillon est obligé, à diverses reprises, de charger à la baïonnette pour se dégager. Il rentre au camp de Philippeville vers 9 heures du soir, après avoir perdu 17 hommes. Le commandant du bataillon déclare, dans son rapport, qu'il ne lui est pas possible de signaler les actes de bravoure individuels, « parce qu'il serait obligé de dresser un état nominatif de tous les officiers et soldats. »

Les travaux de route sont poussés activement pendant toute l'année. Ils occasionnent des maladies (fièvre typhoïde) qui font perdre au régiment 8 officiers et 200 hommes dans le court espace de temps compris entre le commencement de juillet et la fin de septembre.

Année 1840

Les trois bataillons du 61me, renforcés par des détachements de différents corps, retournent à Constantine dans le courant de janvier et de février.

Expédition contre les Haractas. — Au mois d'avril, une expédition est décidée contre les Haractas qui, depuis quelque temps, pillent les tribus soumises. Le 26me de ligne parti de Guelma et les 22me et 61⁻ᵉ conduits par le colonel Josse, se réunissent, le 16, à Aïn-Babouch.

Le général de Galbois forme deux bataillons avec les compagnies d'élite des trois régiments et les place sous le commandement des chefs de bataillon Armand et Michelet, du 61ᵐᵉ.

Le 18, les deux bataillons d'élite, précédés par un régiment de chasseurs, campent à Aïn-Beïda. Ils arrivent, le 20, à l'Oued-Meskiana, où la cavalerie s'empare, sur les Haractas, de 40.000 têtes de bétail. Après cette razzia, la colonne se retire. Elle est attaquée, le 21, près d'Aïn-el-Ouach, par trois ou quatre cents Arabes, qui ne tardent pas à être mis en fuite par le bataillon du commandant Armand. L'expédition se termine le 25. Le général de Galbois signale, dans son rapport, la belle conduite du commandant Armand, des capitaines Rohée et Thévenard et du caporal Boulet.

Les postes de Sidi-Tamtam et de Mila sont occupés par des détachements du 61ᵐᵉ.

Marche sur Sétif. — Le 13 mai, le général de Galbois conduit à Sétif une petite colonne dont font partie le 3ᵐᵉ bataillon et les compagnies d'élite du 61ᵐᵉ. La 2ᵐᵉ compagnie du 3ᵐᵉ bataillon (capitaine Vacheron) est mise en garnison, le 18, dans le fort de cette ville.

Expédition contre les Righas. — Quatre

compagnies (commandant Michelet) partent, le 19, de Sétif, et se joignent au 22ᵐᵉ pour châtier les Righas dont les actes de brigandage sont fréquents. Le colonel Levasseur, qui commande cette expédition, s'empare de quelques troupeaux. Il est attaqué, à son retour, par sept ou huit cents cavaliers et deux ou trois cents Kabyles surexcités, dans leur fanatisme, par la perte d'une partie de leurs biens. Le combat est très violent et se prolonge pendant plusieurs heures. Le 61ᵐᵉ compte, pour sa part, une dizaine de blessés.

Le colonel Levasseur fait le plus grand éloge de la belle conduite et de l'expérience du commandant Michelet. Il signale aussi, d'une façon toute particulière, l'attitude courageuse du

lieutenant Longain, du sergent-major Dupré (1) et du sergent
Magnin.

Une nouvelle expédition, commandée par le colonel Josse, est conduite, le 24 mai, contre les Righas.
La tribu fait sa soumission et promet de s'établir dans
le voisinage de Sétif.

Au mois de juin, le lieutenant-colonel Batsalle, du
61ᵐᵉ, se joint au général de Galbois pour participer à
une troisième expédition contre les Righas. Huit
jours passés au camp d'Aïn-Turco suffisent pour obtenir une pacification complète de la tribu.

Le 18, le colonel Josse est de retour à Constantine. Dans le
compte-rendu de ses opérations, il signale au général de Galbois « la bonne discipline du 61ᵐᵉ qui, pendant les marches
qu'il vient d'accomplir, quelquefois par une chaleur torride,
n'a jamais eu ni personne en arrière, ni un seul soldat manquant aux appels ».

Jusqu'au mois d'août, les compagnies du régiment sont employées autour de Constantine à la perception des impôts.

Le chérif Mustapha, frère de l'émir Abd-el-Kader, soulève
les tribus voisines de Sétif. Deux mille cavaliers et près d'un
millier de fantassins kabyles se réunissent à Mserguia, près
d'Aïn-Turco.

Les deux premiers bataillons du 61ᵐᵉ, conduits par le lieutenant-colonel Batsalle, quittent Constantine et arrivent à Sétif
le 27 août.

Le 1ᵉʳ septembre au matin, le colonel Levasseur, du
22ᵐᵉ, se porte contre le chérif avec les deux bataillons
du 61ᵐᵉ, un bataillon du 22ᵐᵉ et quatre escadrons de
chasseurs. La cavalerie de Mustapha, rencontrée vers
9 heures, est dispersée en quelques instants, ainsi que

---

(1) Dupré, Louis-François, né à Montigny-Lencoup (Seine-et-Marne)
en 1812, soldat en 1838, sous-lieutenant en 1840, lieutenant en 1843,
capitaine en 1848, ne quitta le 61ᵐᵉ que pour entrer, en 1849, dans la
garde républicaine. Il fut nommé général en 1870 et livra, le 6 octobre,
le combat de la Bourgonce, où il fut grièvement blessé par une balle
qui lui traversa la bouche et sortit à la nuque. Le général Dupré, passé
en 1874 dans la deuxième section du cadre de réserve, est mort à Blois.
le 14 avril 1883.

les Kabyles qui viennent à son secours. Mais en retournant à Sétif, le colonel Levasseur est assailli sans relâche. Le combat se poursuit jusqu'à deux heures du soir et ne prend fin que sous les murs de la ville.

Les pertes du 61me sont, dans cette affaire, de 8 hommes mis hors de combat. Le commandant Armand, le capitaine de Castagny, le sous-lieutenant Louvent, le caporal Quilichini, les voltigeurs Turiot, Cesari, Noujon et Aguerrondo sont cités avec éloge pour le courage dont ils ont fait preuve.

En présence de la gravité que prennent les événements, le général de Galbois se rend à Sétif avec le 3me bataillon du 61me. Le 11, le colonel Josse est envoyé contre le chérif. Mustapha prend la fuite et le colonel revient sur ses pas, au bout de quatre jours, sans avoir pu l'atteindre.

Le 1er novembre, le 3me bataillon est réparti entre les deux premiers, dont le nombre des compagnies est porté de 6 à 8. Les cadres des grenadiers et des voltigeurs du 3me bataillon retournent au dépôt.

Dans le courant de l'année, le régiment a été renforcé de 1.800 hommes. Le 51me de ligne en a fourni près de 400.

Année 1841

Pendant toute l'année, le 61me reste à Sétif et se consacre à la pacification des tribus. Les compagnies d'élite du 3me bataillon, reconstituées par les soins du dépôt, rejoignent, au mois d'avril, les bataillons de guerre.

Combat du Bordj-Medjanah.

— Dans un combat, livré le 7 mai contre les Kabyles, près du *Bordj-Medjanah*, le lieutenant Longain, le sergent Humbert et quatre soldats sont blessés.

Sept cents soldats sont employés, au mois de juin, pour la récolte des fourrages.

Combat du défilé des Ouled-Hannèche.

— Le 4 août, 400 hommes du 1er bataillon, commandés par le chef de bataillon Armand, sont détachés chez les Ouled-Ayades pour la perception des impôts. Pendant la nuit du 11 au 12, à Aïn-Almoul, le caporal

Mugard, des grenadiers, est tué d'un coup de feu. Le 14, au défilé des Ouled-Hannèche, l'arrière-garde du bataillon est attaquée par les Kabyles. Sept à huit hommes sont mis hors de combat.

Combat contre les Ouled-Sellem. — Pour punir les Ouled-Sellem, dont l'hostilité est manifeste, le lieutenant-colonel Caneau (1) sort de Sétif, le 12 août, avec cinq compagnies du 61ᵐᵉ et deux escadrons de chasseurs auxquels se joignent 300 cavaliers des Ouled-Righas. L'infanterie est transportée à dos de mulet, ce qui permet à la colonne de parcourir en quatorze heures une distance de vingt lieues. Le 13, à la pointe du jour, la tribu ennemie est surprise et mise en fuite. Elle se reforme presque aussitôt et recommence le combat avec acharnement. Les Ouled-Sellem entourent plusieurs fois l'infanterie, qui les repousse chaque fois par un feu meurtrier. La razzia est finalement opérée et la colonne rentre à Sétif sous la protection de ses tirailleurs. Les pertes du 61ᵐᵉ sont de deux tués, dont le sergent Bédès, et de quatre blessés.

Le lieutenant-colonel Caneau cite élogieusement, pour leur conduite, le capitaine Lenglet, le lieutenant Peytavin, les sous-lieutenants Olivier et Cattié et le sergent Sevé.

Année 1842

Les premiers mois de 1842 sont employés à de continuelles démonstrations contre le khalifat Ben-Amar, dont les partisans tiennent la campagne aux environs de Msila. Aucun engagement sérieux ne se produit, mais les troupes ont à supporter de grandes fatigues, surtout causées par le mauvais état des chemins. Au mois d'avril, les compagnies du centre du 3ᵐᵉ bataillon rejoignent, à Sétif, leurs compagnies d'élite.

---

(1) Nommé en remplacement du lieutenant-colonel Batsalle, autorisé à rentrer en France.

Combat contre les Amoucha. — Plusieurs tribus du Sahel de Sétif ayant refusé de payer l'impôt, le général Sillègue, qui commande la subdivision, se porte contre elles, le 25 août, à la tête d'une colonne composée d'un escadron de chasseurs, des spahis de Sétif et des six compagnies d'élite du 61ᵐᵉ.

Le 26, à la pointe du jour, cette colonne est attaquée par 1.200 Kabyles dans la vallée de l'oued Sidi-Ahmed-ben-Ahmar, sur le territoire des *Amoucha*. Trois compagnies du 61ᵐᵉ se déploient immédiatement et gagnent du terrain sur leurs adversaires. Elles sont relevées après l'épuisement de leurs munitions et reçoivent de nouvelles cartouches. Mais pendant qu'elles passent en réserve, les compagnies qui les ont remplacées courent un grand péril. Elles se reportent alors en avant, et sous leur protection, toute la colonne se replie en bon ordre. La cavalerie ne peut intervenir.

Le combat du 26 août coûte au 61ᵐᵉ six tués et quarante-huit blessés. Les lieutenants Lussaud et Bazaine, les sergents Eissen et Duclos sont au nombre des morts. Le lieutenant Longain, les sous-lieutenants Dupré, Olivier et Enremonet sont blessés.

Le général Sillègue signale dans son rapport la brillante conduite des capitaines Derombies et Pringaut, des lieutenants Longain et de Gastaud, des sous-lieutenants Dupré et Olivier, des sergents Sevé, Weiskopf, Laprun et Lambert, du fourrier Montmirail, du caporal Delvincourt, et des grenadiers Boyer et Combeau.

Au mois d'octobre, le 61ᵐᵉ est envoyé au camp de Philippeville. Le colonel Josse, mis en non activité sur sa demande, est remplacé par le colonel Herbillon (1).

Année 1843

Expédition contre les Zerdeza. — Dans le courant de février, la tribu hostile des Zerdeza est châtiée par le colonel Herbillon. Les bataillons du 61ᵐᵉ ont alors à leur tête les commandants d'Exéa et de Montagnac et le capitaine Derombies.

---

(1) Josse, Charles-Emile, né à Paris en 1790, élève à l'école militaire de Fontainebleau en 1808, sous-lieutenant en 1809, lieutenant en 1811, capitaine en 1813, chef de bataillon en 1823, lieutenant-colonel en 1835,

Le général Baraguey d'Hilliers, qui dirige les opérations, cite, pour leur courage, le capitaine Derombies, le sous-lieutenant Alliou, le sergent de Gastaud, le fourrier Montmirail et les voltigeurs Cannat, Levet et Portes.

Expédition de l'Edough. — Le 25 février, après deux jours de repos, le 61ᵐᵉ repart pour s'emparer d'un fanatique dangereux qui habite le djebel Edough. Cerné le 3 mars, dans un ravin boisé près de l'oued Teffa, par les compagnies d'élite des 2ᵐᵉ et 3ᵐᵉ bataillons, ce fanatique, nommé Sidi-Zerdoud, est tué en essayant de fuir.

Le 61ᵐᵉ parcourt ensuite le pays et ne rentre que le 7 au camp de Philippeville. Les soldats sont très éprouvés par la pluie et les inondations.

Le capitaine adjudant-major de Boistel, le capitaine Vacheron, les lieutenants Marin et Louvent, le sergent Boyer, les grenadiers Erdeven, Eymann et Finiels sont félicités pour la part qu'ils ont prise à l'expédition de l'Edough.

Expédition de Collo. — Une laborieuse expédition est dirigée, le 7 avril, contre les Kabyles de la tribu des Mehenna et des environs de Collo. A quelque distance du camp de Philippeville, les spahis qui précèdent la colonne, sont attaqués avec beaucoup de vigueur. Les commandants de Montagnac et d'Exéa viennent à leur secours et les dégagent. Le 61ᵐᵉ compte, dans cette affaire, une trentaine de blessés (1).

Combat de l'oued Arouss. — En arrivant à *l'oued Arouss*, où elle se propose de camper, la colonne voit défiler devant elle une nuée de fantassins kabyles,

---

colonel du 61ᵐᵉ le 7 mars 1838, fut mis en non activité pour infirmités temporaires, le 12 octobre 1842, et mourut peu de temps après. Il avait été blessé d'un coup de feu à la bataille de Ligny.

(1) D'Exéa-Doumerc (Antoine-Achille), né en 1807, à Narbonne, général de division en 1864, a commandé le 3ᵐᵉ corps en 1870, et pris part à la bataille de Champigny. Maintenu en activité hors cadres en vertu de l'article 8 de la loi du 13 mars 1875, le général d'Exéa est aujourd'hui le doyen des officiers de l'armée française.

qui l'obligent à rester sous les armes jusqu'à 7 heures du soir. La nuit venue, les tentes sont dressées ; mais vers 6 heures, des coups de feu partent sur plusieurs points. Le colonel Barthélemy, commandant de la colonne, use alors, pour se défendre, d'un stratagème qui réussit. Il fait porter en avant, dans la direction de l'ennemi, trois compagnies du 3me bataillon du 61me (commandant d'Exéa) et leur prescrit de ne pas tirer, de croiser la baïonnette et d'attendre. Puis il fait sonner la charge. Les Kabyles, qui croient à un signal de départ, se précipitent sur le camp, dont ils escomptent le désordre. Ils s'enferrent ainsi d'eux-mêmes, sur les baïonnettes des compagnies postées. Au bout de quelques minutes de combat les Kabyles se

COLONEL HERBILLON

retirent pour ne plus reparaître de toute la nuit. Leurs pertes sont considérables. Le 61me compte, de son côté, deux tués, dont le caporal Habert, et onze blessés.

Le colonel Herbillon, les commandants de Montagnac et d'Exéa, le capitaine Vacheron, le sous-lieutenant Deveaux (blessé), l'aide-major Lelouis, le sergent-major Olivier, le sergent Gaubert, le fourrier Léouzon, le caporal Badin, les grenadiers Marty et Dur sont mis à l'ordre de la division pour s'être distingués par leur bravoure.

Le 9, la colonne poursuit sa route. Elle force l'obéissance des tribus et se rapproche d'El-Dis.

Combat du Chabet-Zitoun. — Le 27, un

combat très acharné est livré au *Chabet-Zitoun*, sur le territoire des Ouled-el-Hadj, par le 1ᵉʳ bataillon du 61ᵐᵉ. En se portant à l'attaque d'un douar, le capitaine Muret, des grenadiers, est entouré par un millier de Kabyles. Le colonel Herbillon le dégage. Après le passage d'un ravin, l'arrière-garde du bataillon, formée par les voltigeurs, est entourée à son tour. Elle se fait jour à la baïonnette. Le combat se termine sur les sommets du djebel Agouf. Le bataillon, après quelques heures de repos, se retire sans être inquiété.

Ses pertes sont de 3 tués et de 15 blessés, parmi lesquels le caporal Peton qui succombe quelques jours après.

Le colonel Herbillon signale dans son rapport le capitaine adjudant-major Thévenard, commandant le 1ᵉʳ bataillon, les capitaines Pringault et Muret, l'aide-major Lelouis et les lieutenants Pinon et Salmon, pour le courage dont ils ont fait preuve.

Le 29, le commandant de Montagnac exécute une razzia chez les Ouled-Embarek. Le combat qui en résulte coûte la vie au fourrier Lucas.

Retour à Philippeville. — Le 15 mai, après une absence de trente-neuf jours, dont les derniers surtout ont été marqués par de continuelles escarmouches, les trois bataillons du 61ᵐᵉ retournent à Philippeville.

L'expédition de Collo est une de celles où le régiment s'est le mieux conduit. Indépendamment des officiers et des hommes de troupe qui ont déjà été cités, le colonel Barthélemy signale, dans son rapport, le capitaine Perrin, le lieutenant Louvent, les sous-lieutenants Golas et Davesne, l'adjudant Merlot, les sergents-majors Hierthès et Folliot, les sergents Mallarmé et Bullet, le grenadier Erdeven, les voltigeurs Cheneau et Vincent, pour le courage dont ils ont fait preuve en différentes occasions.

Expédition contre les Hanenchas. — Les

six compagnies d'élite du 61ᵐᵉ, sous les ordres du colonel Herbillon et du commandant de Montagnac, ne prennent au camp qu'un repos de cinq jours et repartent pour une expédition contre les Hanencha.

Elles traversent le djebel Halia, se joignent au 3me bataillon d'Afrique, et par le djebel Thaya, arrivent le 22 mai, à Medjez-Ahmar.

Le 23, la colonne franchit la Seybouse, bivouaque à Aïn-Derdera, où elle est rejointe par une colonne partie de Guelma, et s'achemine ensuite vers l'est. Les tribus font leur soumission et paient les contributions de guerre qu'on leur impose.

Le 24, dans une rencontre avec les Kabyles, le commandant de Montagnac fait une chute de cheval en frappant un ennemi et se brise le poignet en deux endroits. Il conserve son commandement malgré toute la souffrance que sa blessure lui occasionne.

Le colonel Herbillon ne s'arrête qu'à la frontière de Tunisie. Le 23 juillet, après un mois de séjour sur le territoire des Hanenchas, la colonne rentre à Philippeville, où elle arrive le 28.

Cette expédition, presque pacifique, a pour résultat de donner aux routes une sécurité qu'elles n'ont jamais connue et d'assurer la tranquillité du pays. « Le général commandant la province témoigne toute sa satisfaction aux troupes qui y ont pris part et félicite le colonel Herbillon de ses hautes capacités militaires ».

Expédition contre les Medjadjas. — Le 11 octobre, le 2me bataillon, conduit par le commandant de Montagnac, est envoyé contre les Medjadjas. Cette opération, combinée avec celles de deux autres colonnes, amène la capture d'un nombreux troupeau (1).

---

(1) Le commandant de Montagnac, promu lieutenant-colonel est remplacé par le commandant Vincent-Gourgas. Aucune renommée acquise sur le sol d'Afrique n'a été plus grande que la sienne. « Montagnac, a dit le général Ambert, était l'une des natures les plus complétement militaires que l'on pût rencontrer. Chez lui, l'harmonie la plus grande existait entre le cœur, le corps, l'intelligence et les habitudes... Si Napoléon l'eût eu sous la main, Montagnac fut devenu maréchal de France. » (*Moniteur* de 1845). Le colonel de Montagnac fut tué en 1845, au combat de Sidi-Brahim.

Année 1844

Seconde expédition contre les Hanenchas. — Après diverses missions remplies autour de Constantine, le 2me bataillon du 61me (commandant Vincent-Gourgas) entre, le 16 avril, dans la composition d'une colonne sous les ordres du général Randon. Il arrive, le 24, à Tébessa et parcourt ensuite la province en longeant la frontière de Tunisie. Ce bataillon reste à Souk-Arrhas jusqu'au 18 mai. Puis, il retourne à Constantine et quelques jours plus tard à Philippeville, où il reprend ses cantonnements, le 6 juin.

Expédition contre les Haractas. — Seize jours après, ce même bataillon, d'abord conduit chez les Haractas pour y percevoir des impôts, est placé à Aïn-Beida. Le 28 juillet on le dirige sur Batna où il reste jusqu'au 5 décembre.

Dans le courant de juillet, les 1er et 3me bataillons perçoivent des impôts sur les tribus voisines de leur camp.

Au mois de décembre, le 1er bataillon est envoyé à Constantine.

Année 1845

Dans le courant du mois d'avril tout le 61me est dirigé sur Batna.

Expédition de l'Aurès. — Le 30 avril, les 1er et 2me bataillons et les compagnies d'élite du 3me forment, avec le 2me de ligne et la légion étrangère, la 2me brigade (colonel Herbillon) d'une expédition que le général Bedeau doit conduire dans les montagnes de l'Aurès où personne encore n'a pénétré.

Combat du Kef-Acherah. — La colonne ainsi constituée part le 1er mai de Batna et se trouve, le 3, près du *Kef-Acherah*, en face de deux mille Arabes.

« Le colonel Herbillon fait enlever le Kef par les grenadiers du 2me de ligne et les deux bataillons du 61me passent rapidement l'oued Medjez-Ahmar. Les Arabes sont repoussés ; on les poursuit sur le chemin d'Aïn-Mechboud où ils se sont engagés, mais à un moment donné un très grand nombre d'entre eux descendent du djebel Bou-Amrous et attaquent l'arrière-garde. Trois compagnies du 61ᵐᵉ, ayant à leur tête le chef d'escadrons d'état-major Gouyon, sont envoyées pour la soutenir. La lutte est très vive. Pendant ce temps, le colonel Herbillon continue sa route, mais les difficultés du terrain ne lui permettent pas de tourner les Arabes, et ceux-ci en profitent pour s'établir sur les pentes boisées du djebel Bou-Hief, dans une direction opposée à celle de la 1ʳᵉ brigade. L'opération projetée ne peut plus aboutir et le colonel Herbillon rentre au camp...

« Les Arabes se sont battus avec un tel acharnement, qu'on a eu de très nombreux exemples de coups à coups. Le 61ᵐᵉ a été constamment engagé ; il n'a quitté une position que pour en enlever une autre et le plus souvent en escaladant des rochers. Ses pertes, dans cette journée, sont de 7 blessés, dont deux très grièvement. Le sergent-major Jean, des grenadiers du 1ᵉʳ bataillon, est cité à l'ordre de l'armée pour avoir sauvé la vie de deux grenadiers qui venaient d'être renversés par les Arabes. Le lieutenant-colonel Peyssard, les commandants Vincent-Gourgas et de Martimprey, le chirurgien-major Anjon, les capitaines Vacheron, Pringault et Massebiau, le lieutenant Cattier, les sous-lieutenants Remy, Mompez et Ader, le sergent Coulon, le caporal Clouet, les grenadiers Reynier, Bienvenu et Destruel, le fusilier Léouzon et les voltigeurs Jordes et Fossard sont également cités pour le courage dont ils ont fait preuve. » (1)

Le 7, la 2ᵐᵉ brigade se sépare de la 1ʳᵉ. Elle campe le même jour à l'oued Achika et le 8 à l'oued Tafrent, après un court combat contre les Ouled-Oudjana.

Le 10, les deux brigades se réunissent à l'oued Mellagou.

La légion étrangère, commandée par le lieutenant-colonel de Mac-Mahon, est délivrée des Arabes qui l'entourent par une vigoureuse action du 61ᵐᵉ.

Le lendemain, la 2ᵐᵉ brigade rétrograde sur Medinah où la légion étrangère séjourne jusqu'au 18 en attendant le retour des deux autres régiments qui sont allés à Batna pour s'y ravitailler.

Combat d'Haïdoussa. — Le 20, toute la division réunie se met en mouvement pour attaquer le village d'*Haïdoussa*. Les deux bataillons du 61ᵐᵉ sui-

(1) *Journal du Corps.*

vent les cîmes du Ras-el-Drah et s'arrêtent à l'entrée du défilé que forment lès contreforts du djebel Menassel et du Ras-el-Madjel. En arrivant en vue du Kef-Saïd, occupé par de nombreux Arabes, le colonel Herbillon commence le combat. Une erreur de direction compromet les grenadiers du 2ᵐᵉ de ligne. Les compagnies Vacheron, Longain et Martel, du 61ᵐᵉ, viennent à leur secours et les dégagent. Le village d'Haïdoussa est livré aux flammes.

Le lieutenant-colonel Peyssard, les chefs de bataillon Vincent Gourgas et de Martimprey, les capitaines Vacheron, Longain et Martel, les lieutenants Cattier, Olivier et Dupré, le sous-lieutenant Montmirail, le sergent-major Molinier, le fourrier Théolier (1), le sergent Coulon, les grenadiers Montarnal, Guilloric et Ebrard, ce dernier grièvement blessé, se distinguent parmi les plus braves.

La 2ᵐᵉ brigade lève son camp le 22, traverse la vallée de Tarit et bivouaque au douar de Menah. Elle continue ensuite à parcourir le pays et s'avance jusqu'à la dechera Teboué d'où l'on aperçoit au loin le désert. La 1ʳᵉ brigade retourne à Batna.

Combat contre le Beni Maafa. — Le 12 juin,
en gagnant l'oued Babar, l'arrière garde de la brigade est attaquée par les Beni Maafa auxquels se sont joints plusieurs Arabes des tribus voisines. Le 2ᵐᵉ bataillon du 61ᵐᵉ, qui fait partie de cette arrière-garde, soutient une vive fusillade et repousse ses ennemis. Le sergent Coulon, des voltigeurs, est grièvement blessé.

Retour à Batna. — Le 17, les deux bataillons du régiment exécutent une razzia chez les Amanras, qui ont refusé de se soumettre. Le lendemain, le général Bedeau rentre à Batna.

Le colonel Herbillon, campé à l'oued el Hamma, reçoit jusqu'au 25 les contributions que lui apportent quelques tribus. Ses cantonnements de Batna ne sont repris que le 28.

Jusqu'au mois de novembre, le régiment est employé à la

---

(1) Le fourrier Théolier, retraité comme capitaine, est mort à Valence en 1885.

perception des impôts sur les tribus du Belezma et aux travaux de la route de Constantine à Stora.

Expédition du Hodna. — Le 14 novembre, le 61ᵐᵉ est envoyé dans le Hôdna dont quelques tribus se révoltent contre leurs caïds. A la fin du mois un ordre du général Levasseur le maintient dans les montagnes, en raison d'une certaine agitation qui se produit au sud de Sétif.

Le 14 décembre le général Levasseur rejoint le colonel Herbillon et se fait suivre de nouvelles troupes. Une action vigoureuse est dirigée, deux jours après, contre la tribu hostile des Ouled Sellem. Le 61ᵐᵉ, chargé de l'attaque du Kef Melem fait subir à ses ennemis des pertes considérables. Il ne compte, de son côté, que deux ou trois blessés.

Le commandant de Martimprey et le capitaine Dupont se signalent par leur courage.

Les jours suivants sont encore marqués par quelques combats. Au cours de l'un d'eux, le 30 décembre, le fourrier Deydier sauve la vie au lieutenant Alliou en détournant un coup de feu qu'un Arabe allait lui tirer.

Année 1846

Le commencement de l'année 1846 est marqué par une effroyable catastrophe. Le 2 janvier, après un combat heureux livré la veille contre les ouled Teben, le retour de la colonne est ordonné vers Sétif. A hauteur de l'Aïn Roumel, le général Levasseur appuie à droite pour traverser, dans toute sa largeur, le pays accidenté des Mouassas. Vers deux heures, le temps qui, jusque-là, avait fait concevoir les meilleures espérances, change d'aspect en quelques instants. La neige tombe à gros flocons et la route que l'on doit suivre est une gorge si âpre et si profonde, qu'une involontaire terreur s'empare des esprits. Le ciel

s'assombrit d'heure en heure, et le vent, qui souffle
avec violence, soulève des tourbillons de neige. Vers
cinq heures, la tête de colonne s'arrête et dresse ses
tentes. Elle est accablée de fatigue et un épais brouillard lui fait redouter les précipices.

La nuit du 2 au 3 est épouvantable. L'ouragan de
neige continue. Plusieurs tentes sont emportées. Au
matin, lorsque l'ordre de départ est donné, la cavalerie prend la tête immédiatement suivie par le
2ᵐᵉ bataillon du 61ᵐᵉ, le convoi et le reste de la colonne. Mais pour quitter le camp il est indispensable,
tout d'abord, de franchir un défilé, difficile en temps
ordinaire, presque impraticable depuis la veille. Les
hommes sont obligés de s'aider de leurs mains et
après quatre heures d'efforts, la cavalerie et le 2ᵐᵉ bataillon, n'ayant parcouru qu'une demi-lieue, arrivent
seuls dans la plaine des Ouled el Azzem. Le convoi,
déjà très long par lui-même, s'est accru du 3ᵐᵉ bataillon,
détaché d'abord sur le flanc.

Le froid est extrêmement vif. La neige tourbillonne
d'autre part avec une telle intensité, que les traces
de pas disparaissent en un clin d'œil. La vue ne s'étend
pas au-delà de quelques mètres. Le commandant de
Martimprey arrête son bataillon et fait sonner du
clairon pour indiquer la route. Des coups de feu sont
aussi tirés. L'heure avance ; la nuit survient, et le
défilé n'est toujours pas franchi. Déjà le 2ᵐᵉ bataillon
perd du monde. Plusieurs hommes s'affaissent au milieu des rangs pour ne plus se relever.

A cinq heures, tout le gros de la colonne est enfin
réuni dans la plaine. Mais on n'a pas de nouvelles de
l'arrière-garde, le convoi est totalement perdu, les
hommes n'ont rien mangé depuis le veille, on est à
dix lieues de Sétif, et la neige tombe toujours ! On ne

peut faire du feu ; le bois manque. Il faut donc marcher, et ce ne peut être que vers l'inconnu, dans l'espérance vague de trouver quelque douar. La colonne essaye de le faire. Au bout d'une heure de fatigues inouies, sur un terrain où les morts s'échelonnent, l'avant-garde se retrouve à son point de départ. Alors le désespoir s'empare des plus courageux, les bataillons et les compagnies se mêlent, le désordre devient effrayant. Quelques hommes se couchent : leur agonie ne dure qu'un moment. D'autres se tassent debout pour trouver un peu de chaleur dans une atmosphère glacée. Le hasard fait découvrir une dizaine de tentes arabes. Une foule s'y précipite et bientôt des cris déchirants se font entendre : ce sont les derniers arrivants qui écrasent les premiers.

La nuit du 3 au 4 est aussi désastreuse que la précédente. Lorsque le jour paraît la neige a cessé de tomber. La marche est reprise vers Sétif, mais dans une tristesse poignante. Une longue file d'hommes à pied suit la cavalerie sans proférer une parole. On n'entend que les supplications des malheureux qui tombent exténués et que l'on abandonne sans secours.

Vers cinq heures, les plus courageux arrivent à Sétif où ils trouvent tous les soins que réclame leur triste état. La plupart ne rejoignent que pendant la nuit. Quelques-uns même ne rentrent qu'au bout de deux jours.

La journée du 5 est employée à se réorganiser et à se compter. Le 61ᵐᵉ, le moins éprouvé de tous les corps, a perdu 43 hommes. Le fourrier Deydier, les caporaux Berton, Bataille, Graciot, Merlin et Mollet sont au nombre des morts. Tout le monde, sans exception, a été plus ou moins gelé. Sept décès se produisent à l'hôpital parmi les soldats qui ont dû subir une amputation.

Dans ce malheur terrible où tout le monde a fait son devoir, où chaque chef, dans sa sphère, a maintenu le moral de ses subordonnés, le commandant de Martimprey, les capitaines Leblond, Dupont et Longain et le sous-lieutenant Merlot se distinguent par leur sang-froid.

Le 27, les 2ᵐᵉ et 3ᵐᵉ bataillons du 61ᵐᵉ rentrent à Batna. Près d'une centaine d'hommes restent encore à l'hôpital de Sétif.

Démonstration contre Abd-el-Kader. — La présence d'Abd-el-Kader ayant été signalée à Bou-Saada, le 1ᵉʳ bataillon, complété à 500 hommes, entre le 5 février dans la composition d'une colonne que le colonel Buattafuoco, du 2ᵐᵉ de ligne, est chargé de conduire à Aïn-Soltan, pour défendre l'entrée du Tell. Il se rend à Sétif, le 24, et fait ensuite partie d'une expédition dirigée contre les Ouled Naïl, qui ont attiré chez eux Abd-el-Kader et lui ont fourni des secours (18 mars-12 mai).

Le 13 mai, ce même bataillon passe sous les ordres du colonel Eynard pour appuyer, dans le Hamza, les opérations d'une colonne commandée par le duc d'Aumale. Il rentre à Sétif six jours après.

Le 31, le colonel Eynard, à la tête de sa colonne se reporte contre les Amouchas et les Kabyles du Guergour. Il est surpris par le mauvais temps à Aïn Chelkan, où il reste jusqu'au 7 juin.

Le 10, au cours d'une marche rétrograde, le commandant Vincent-Gourgas se fait remarquer par sa bravoure. Le lendemain et les jours suivants sont consacrés à d'audacieux coups de main sur des villages hostiles. Le 24 juin, après une absence de quatre mois et demi, le 1ᵉʳ bataillon rentre à Batna.

Démonstration dans l'Aurès. — Le 6 juillet, le colonel Herbillon est désigné pour prélever des impôts sur les tribus de l'Aurès et appuyer une colonne que le général Randon a conduite de ce côté. Cette expédition, qui ne donne lieu à aucun combat, se termine le 10 août. Elle est aussi la dernière à laquelle participe le régiment.

Retour en France. — Le 61ᵐᵉ, devant être rapatrié, se rend à Philippeville dans les premiers

jours d'octobre. Ses hommes non libérables sont passés aux 2me et 31me de ligne.

Les cadres et le drapeau s'embarquent le 15, ils touchent à Alger le 22 et débarquent à Toulon le 26. On les achemine sur Lyon, où ils arrivent le 12 novembre. Le général Neumayer se porte au devant d'eux, à la tête de la garnison, et leur souhaite ainsi la bienvenue :

« 61me régiment! La garnison de Lyon vient au-devant de vous pour saluer votre glorieux drapeau si rudement éprouvé, si fortement trempé par neuf années de guerre. Nous connaissons vos travaux sur la terre d'Afrique. Nous savons que partout où il y a eu des preuves de courage, de dévouement et d'abnégation à donner, vous avez noblement rempli votre tâche. La Patrie est fière de vous e elle est heureuse de vous revoir. Soyez les bienvenus parmi nous ! »

L'œuvre du 61me en Afrique. — Pendant les neuf années de son séjour en Afrique, le 61me ne s'est pas contenté de combattre vaillamment. Faisant sienne la devise de l'un de ses chefs, et non le moins illustre, il s'est aussi employé, dans une très large mesure, à l'œuvre de colonisation. On lui doit la démolition, pendant six mois, des maisons qui obstruaient les principaux passages de Constantine ; la construction de fours pour l'administration de l'armée ; l'utilisation des moulins abandonnés par les habitants ; l'établissement des hôpitaux qui furent, par la suite, si nécessaires...

Luttant sans cesse contre la fièvre, manquant de tout, couchés sur la terre, mal abrités, privés de pain et nourris presque uniquement de galettes arabes, les soldats du régiment n'en construisent pas moins, avant la fin de l'année 1837, la route qui, de la porte Valée, conduit au Rummel.

Le printemps suivant leur apporte quelques soulagements. La garnison de Constantine reçoit des vivres de Bône et les convois se succèdent jusqu'en octobre.

Nous avons vu que dans le courant de 1838 les deux premiers bataillons furent détachés, tantôt pour la récolte des foins, tantôt pour d'autres causes. Entre Constantine et Stora, plus de 100 kilomètres de la voie ont été créés, par le 61me, dans un terrain difficile et rocheux qui ne cédait, dans bien des cas, que sous l'action de la mine. Souvent l'alarme était donnée aux travailleurs et les Arabes fondaient sur eux à l'improviste. L'ennemi repoussé, la pioche un instant abandonnée pour le fusil reprenait son œuvre habituelle.

Ce sont les soldats du 61ᵐᵉ qui creusent les fossés des camps de Smendou et d'El-Arrouch et jettent les premières fondations de ces deux villes. Ce sont eux aussi qui créent à Constantine les places de la Casbah et du Palais.

Le 8 octobre 1838, lorsque le drapeau français est planté pour la première fois sur les ruines de Rusicade, il n'y a là qu'une nature agreste. Il paraît qu'un miracle soit nécessaire pour en faire sortir une grande cité. Dans le courant de l'année 1839, plus de cent baraques, huit blokhaus, des hôpitaux, sont bâtis par le 61ᵐᵉ. La ville rêvée se développe. Mais les émanations des marais voisins, les terres fraîchement remuées, la chaleur d'un été torride, le manque de confortable ont vite raison de ces hardis pionniers que sont devenus les soldats du 61ᵐᵉ. Quatre cent cinquante d'entre eux paient de leur vie, en moins de six mois, l'honneur d'avoir fondé *Philippeville*.

Le 8 octobre 1839, le duc d'Orléans écrit à ce sujet :

« En voyant une ville européenne de 1.700 âmes — sans compter la garnison, les marins et les employés — s'élever sur un point où depuis un an seulement, jour pour jour, flotte le drapeau français, j'ai peine à croire à cette espèce de miracle... Mon premier soin, en arrivant, est de visiter les hôpitaux qui font mal à voir. C'est hideux, et j'admire la résignation et la patience des malheureux soldats qui sont entassés sous des baraques étroites, sans lit, sans eau, sans vin, sans médicaments, sans baignoires et presque sans médecins. Pas un murmure ne s'échappe de leurs bouches ; pas une parole amère... Et cependant, au dire des officiers qui m'entourent, nulle part, même dans les grandes guerres de l'Empire, on n'a rien vu de pareil... » (1)

Envoyés à Constantine et à Sétif, les bataillons continuent leur œuvre toute de dévouement.

---

(1) Duc d'Orléans, *Récits de Campagne*, Paris 1890, in-18, p. 158.

Dans le courant des années 1840, 1841 et 1842, le 61ᵐᵉ rétablit le fort de Sétif et le met à l'abri d'un coup de main, construit des fours à chaux et des fours à briques, établit des magasins, relève les murs d'un village de 200 habitants, bâtit le fort Galbois, une maison pour le général, les bureaux de la place, un hôpital, une poudrière, une caserne pour 1.200 hommes, etc. Plus de 10.000 francs, produits de ses travaux agricoles, sont versés dans la caisse du corps.

Replacé à Philippeville à la fin de l'année 1842, le 61ᵐᵉ termine une caserne et défriche, comme à Sétif, une très grande étendue de terrain.

Au commencement de 1843, le régiment est désigné pour être rapatrié. Ce qui doit être pour lui sa dernière pensée est un souvenir pieux pour ses morts.

« Le 61ᵐᵉ de ligne, est-il dit dans un journal de l'époque, *l'Algérie*, a reçu l'ordre de rentrer en France. Pendant un séjour de près de sept années dans la province de Constantine, ce régiment a pris part à toutes les expéditions, à tous les travaux de la division. Mais pendant ce temps aussi, les combats et les maladies lui ont fait éprouver des pertes cruelles.

« Avant de quitter le rivage d'Afrique, le régiment, par une de ces inspirations pieuses qui prêtent quelquefois à la parenté du drapeau un caractère si touchant, a voulu laisser à ceux de ses frères d'armes qui ne doivent pas revoir le sol natal, un monument de ses adieux et de ses regrets. Cette noble pensée ne pouvait manquer d'exciter dans tous les cœurs de vives sympathies. Aussi, l'administration s'est-elle empressée de s'y associer, en concédant à perpétuité, au régiment, le terrain qui lui était nécessaire.

« Le 29 février, personne ne manquait à l'invitation adressée par le corps. Toute la population de Philippeville est venue rendre un solennel hommage à la mémoire des braves enfants du 61ᵐᵉ morts pour la défense ou l'amélioration de la colonie. A dix heures, toutes les autorités civiles et militaires, les membres du tribunal, les administrations et le corps d'officiers de la milice, se pressaient dans l'enceinte trop resserrée de l'église de Philippeville, autour d'un catafalque, orné de faisceaux, qui réunissaient les insignes de tous les grades. Quatre soldats, appartenant à des armes différentes, tenaient les coins du poële. A la tête du catafalque, s'élevait le drapeau du régiment; il était gardé par des sous-officiers et soldats du corps blessés dans divers combats. Deux d'entre eux portaient encore le bras en écharpe. Une partie de l'enceinte avait été réservée aux dames de la ville, qui avaient voulu apporter à cette solennité le tribut de leurs prières.

«Le service terminé, le cortège s'est acheminé vers le cimetière. La moitié du régiment marchait en tête; venait ensuite le clergé précédé du drapeau et de la musique exécutant des airs funèbres, et suivi du commandant supérieur et de tous les corps de la garnison. L'autre moitié du 61ᵐᵉ fermait la marche.

« Arrivé au champ du repos, le régiment s'est formé en carré autour d'une pyramide en pierre grise, surmontée d'une urne funéraire qui porte l'inscription suivante gravée sur le socle :

LE

61ᶜ RÉGIMENT DE LIGNE

A SES FRÈRES D'ARMES

MORTS EN AFRIQUE

1837-1843

« Après les prières d'usage, M. l'abbé Lemauff, curé de Philippeville, a pris la parole. En retraçant, dans une courte et touchante allocution, l'objet de la cérémonie, il a dignement représenté la religion sanctifiant toutes les douleurs comme toutes les gloires. Après lui, le colonel Barthélemy, commandant supérieur, a rappelé les services rendus par le 61ᵐᵉ; il a ensuite, au nom de l'armée, remercié la milice de Philippeville du soulagement qu'elle lui avait constamment apporté ; puis, montrant le monument qui venait d'être inauguré, il a rappelé que c'était à sa garde que le 61ᵐᵉ le confiait en partant.

« Cette pensée a excité toutes les sympathies de l'auditoire. Rapprocher la population civile et l'armée, c'est rendre justice à tous les dévouements, c'est assurer le concours de tous les efforts à la pacification, à la colonisation dé l'Algérie.

« Enfin, en l'absence du colonel Herbillon, chargé pendant l'expédition de Biskra du commandement du cercle de Constantine, le commandant de Montagnac a adressé au régiment quelques paroles vivement senties.

« L'assemblée s'est ensuite séparée, emportant les émotions religieuses que cette cérémonie avait fait naître et le regret

MONUMENT DU 61ᵐᵉ DANS LE CIMETIÈRE DE PHILIPPEVILLE
(D'après une photographie communiquée par M. Bertrand, de Philippeville.

vif et profond de voir partir un régiment qui s'est acquis de si justes titres à la reconnaissance de la province ».

L'espérance qu'avait fondée le 61ᵐᵉ de revoir le sol de la patrie ne se réalise que deux ans plus tard. Le régiment reprend sa tâche, construit de nouvelles routes, bâtit d'autres édifices, défriche d'autres champs, exploite d'autres bois.

Il acquiert davantage encore le droit de pouvoir dire avec fierté que si d'autres régiments l'ont égalé par leurs services, il n'en est aucun qui l'ait surpassé (1).

Le 2 septembre 1846, le colonel Herbillon permute avec le colonel Bergounhe, du 38ᵐᵉ de ligne (2). Le colonel Bergounhe est lui-même admis à la retraite l'année suivante et remplacé, le 2 octobre, par le colonel Destaing (3).

Journées de juin 1848

Le 25 avril 1848, le 61ᵐᵉ est envoyé à Paris. Son 3ᵐᵉ bataillon se rend à Dieppe. Le gouvernement de Louis-Philippe, renversé le 24 février, a été remplacé par la République.

Les deux bataillons restés à Paris contribuent à réprimer le mouvement insurrectionnel connu sous le nom de *Journées de juin*.

Le 22, à 4 heures de l'après midi, le 1ᵉʳ bataillon (commandant Viallar) quitte l'Ecole Militaire et campe au Luxembourg.

La nuit du 22 au 23 est assez calme ; mais dès 6 heures du matin l'insurrection éclate de toutes parts.

---

(1) Le dépôt du 61ᵐᵉ, transféré de Montpellier à Lunel, le 15 avril 1838, puis à Avignon où il est resté huit ans, a été envoyé à Lyon au commencement de novembre 1846.

(2) Herbillon (Emile), né à Châlons (Marne) en 1794, fusilier aux chasseurs de la garde en 1813, sous-lieutenant en 1814, lieutenant en 1819, capitaine en 1825, chef de bataillon en 1838, lieutenant-colonel en 1840, colonel du 61ᵐᵉ le 12 décembre 1842, maréchal de camp en 1846, général de division en 1851, inspecteur général en 1856, sénateur en 1863, est décédé à Paris en 1866. L'expédition de Zaatcha l'a rendu célèbre.

(3) Bergounhe (Jean-Baptiste-Marcel), né à Mende en 1788, vélite aux grenadiers de la garde en 1807, sous-lieutenant en 1809, lieutenant en 1810, capitaine en 1812, chef de bataillon en 1830, lieutenant-colonel en 1840, colonel en 1844, avait été grièvement blessé le 18 novembre 1812, au combat de Krasnoë.

Pendant toute la journée et jusqu'au lendemain, le bataillon protège l'Assemblée. On le place au coin de la rue de Bourgogne et de la rue de l'Université. Le 24, à 5 heures du soir, il se rend à l'Hôtel-de-Ville, d'où il repart, presque aussitôt, pour se joindre à une colonne que conduit le général Duvivier. Il passe par le quai de la Grève, la rue de Lobau, la rue du Pourtour Saint-Gervais et arrive sur la place Baudoyer occupée par les insurgés.

Les abords de la mairie du neuvième arrondissement sont parfaitement défendus. Deux barricades ont été construites, l'une sur la place Baudoyer, au coin de la rue des Barres, l'autre dans la rue de la Réforme, au coin de la place Baudoyer. On en trouve encore de très élevées dans les rues de l'Hôtel-de-Ville, Geoffroy l'Asnier, de Jouy et Saint-Antoine.

Les deux premières barricades sont emportées par le bataillon après deux heures de combat. Il se divise alors en deux fractions et tandis que l'une, sous les ordres du commandant Viallar, se jette dans la rue de la Réforme, l'autre, avec le capitaine Leblond, s'engage dans la rue des Barres. Quelques heures après, devant la ténacité des insurgés, tout le bataillon se retire sur la place de l'Hôtel-de-Ville en passant par le quai de la Grève.

Le 25, à 6 heures du matin, le combat recommence. Le 1er bataillon du 61me, formé en colonne serrée, est arrêté par un feu très vif provenant d'une barricade située à l'angle des rues de la Réforme et du quai des Ormes. Le capitaine de Gastaud, s'élance avec son intrépidité habituelle et met en fuite les insurgés, mais il est atteint par une balle et tombe pour ne plus se relever.

Le colonel Bertrand, qui a remplacé les généraux Duvivier et Regnault mis hors de combat, fait enlever par les grenadiers du 61me et les gardes mobiles la barricade élevée rue de l'Hôtel-de-Ville, au coin de la rue Geoffroy l'Asnier. Le sous-lieutenant Louvot, suivi d'une quinzaine d'hommes, s'y précipite au pas de course. Il entre d'abord dans la maison n° 17 qu'il fait évacuer ; puis il dégage la mairie du neuvième arrondissement et prend la barricade à revers. A partir de ce moment, il devient complètement impossible de se rendre un compte exact des faits accomplis par le 1er bataillon du 61me. Tous les corps sont confondus et chaque soldat combat pour son compte. Les 48me, 59me, 61me et la garde mobile s'emparent successivement des barricades de la rue Saint-Antoine, de celles des rues adjacentes et se portent vers la place de la Bastille. A deux heures du soir, cinq barricades sont encore à enlever avant de déboucher sur la place. Derrière l'église Saint-Paul il en est une occupée par sept ou huit cents insurgés. Les points les mieux défendus sont le temple protestant et l'institution Favart qui l'avoisine. Trois barricades ont été construites entre la colonne et ces deux établissements. Le lieutenant Brincourt, du 61mo, à la tête d'une quinzaine d'hommes, s'en empare successivement. La soudaineté de cette attaque déconcerte les insurgés qui abandonnent le temple protestant et l'institution Favart.

A 3 heures, la dernière barricade de la rue Saint-Antoine est emportée, mais le commandant Viallar y est tué.

Pendant l'attaque de la rue Saint-Antoine, plusieurs fractions du 61me, commandées par le capitaine Moreau, le lieutenant Mompez et les sous-lieutenants Louvot et Oizan, dégagent les rues Charlemagne, Saint-Paul et du Petit-Musée. Cinq barricades sont enlevées, dont deux de vive force et trois après avoir parlementé.

La caserne de l'*Ave Maria* était occupée par des insurgés qui, serrés de près, s'apprêtaient à la défendre par tous les moyens possibles. Le voltigeur Ranchin, du 61me, y pénètre avec quelques mobiles, fait bonne contenance et permet au lieutenant Mompez d'arriver et de s'en emparer. La fusillade continue jusqu'à neuf heures du soir.

Le lendemain, de très bonne heure, le 1er bataillon du 61me, sous les ordres du capitaine Perrin, se masse, en colonne serrée, dans la rue de la Contrescarpe, près de la place de la Bastille. Il ne concourt point à la prise du faubourg, mais il l'occupe en partie jusqu'au 1er juillet et procède au désarmement des 8me et 9me légions. Les pertes, pendant les trois journées, sont de 2 officiers et 16 hommes. Les sous-lieutenants Merthès, Castanet, Olivier, Albouys, Brincourt et 27 hommes sont blessés.

Le 2me bataillon s'emploie, de son côté, à réprimer l'insurrection. Il quitte l'Ecole Militaire en même temps que le 1er bataillon et se porte, sous les ordres du commandant de Martimprey, au secours de l'Assemblée nationale. Le 23, à neuf heures du matin, le colonel Destaing prend le commandement de ce bataillon qui reste, jusqu'à 7 heures du soir, à la disposition de l'Assemblée. On l'envoie ensuite sur les boulevards, en face du Château-d'Eau.

Le 24, à trois heures du matin, il est chargé de conduire aux Tuileries des prisonniers qui ont été faits à la mairie du sixième arrondissement. Il se rend de là, d'abord à l'Assemblée nationale, puis, à 8 heures du matin, à la mairie du quatrième arrondissement, d'où il repart pour aller détruire plusieurs barricades élevées à l'entrée de la rue des Lombards, près de la place du Châtelet.

A 8 heures du soir, le bataillon fait partie d'une colonne que le lieutenant-colonel d'état-major de Martimprey conduit à Vincennes pour y prendre des cartouches.

Pendant toute la journée du 25 et la nuit suivante, le 2ᵐᵉ bataillon du 61ᵐᵉ monte la garde à l'Assemblée. Le 26, à sept heures du matin, il retourne sur les boulevards et reprend en face du Château d'Eau ses positions du 23. Il y arrive à peine, qu'une section de grenadiers, sous les ordres du lieutenant Aubin, est envoyée dans la rue du Faubourg du Temple pour ravitailler de munitions les troupes qui s'y trouvent. Cette section concourt à la prise d'une barricade et a deux hommes blessés.

Pendant quelques heures, les quatre compagnies de droite du bataillon se joignent aux troupes commandées par le général de Lamoricière et contribuent à la destruction de plusieurs barricades dans la rue de Ménilmontant. Elles reviennent à 5 heures du soir sur les boulevards et permettent ainsi aux quatre compagnies de gauche, sous les ordres du commandant de Martimprey, d'aller s'établir à la Barrière-Ménilmontant où elles restent jusqu'au 1ᵉʳ juillet avec une pièce d'artillerie.

Dès que l'insurrection est complètement apaisée, les deux bataillons retournent à l'Ecole Militaire (1).

Période de paix. — Au mois de mai 1850, le régiment quitte Paris pour aller tenir garnison à La Rochelle et Angoulême. Le 14 juillet 1851, le colonel Destaing, décédé subitement, est remplacé par le colonel Troude. Au mois de novembre, le bataillon d'Angoulême est placé à Rochefort. Le colonel Troude, admis à la retraite le 27 juin 1852, est remplacé par le colonel Lefebvre (2). En 1853, au mois de juin, le 61ᵐᵉ est réparti entre les garnisons de Limoges et de Tulle. Le 15 juillet 1854, ses deux premiers bataillons se rendent à Nimes. Ils

____

(1) D'après le *Journal du Corps.*

(2) Les états de services des colonels Destaing et Troude nous font défaut.

y restént dix-neuf jours et passent ensuite au camp du Midi (Pas-des-Lanciers) où ils constituent avec le 10me de ligne, la 2me brigade (général Bisson) de la 7me division (général Dulac) de l'armée d'Orient.

Expédition d'Orient

(1854-1856)

Causes de la guerre. — En 1853, après l'ébranlement que la révolution de 1848 a produit en Europe, le tzar Nicolas 1er, croit le moment venu de consommer à son profit la ruine de la Turquie. Il fait envahir les principautés danubiennes, sous prétexte de protéger les populations de religion grecque, et menace Constantinople. La France et l'Angleterre, n'ayant pu le dissuader de cette guerre, s'unissent contre lui et secourent les Turcs. Après une courte expédition sur les bords du Danube, la guerre se concentre dans la péninsule de *Crimée* et se résume presque toute entière dans le siège de *Sébastopol*.

La division Dulac est envoyée en Orient le 1er décembre 1854. Les éléments dont elle se compose s'embarquent à Marseille sur des navires anglais et débarquent à Kamiesch, après une traversée d'une durée moyenne de douze jours. Les deux bataillons du 61me, arrivés le 11 et le 14 décembre, campent dans un bas-fond, à 800 mètres du rivage, sur un terrain détrempé par la pluie.

Lorsque la division Dulac est conduite en Crimée le siège de Sébastopol est déjà commencé depuis le mois d'octobre. Le maréchal de Saint-Arnaud, commandant de l'armée française, a été remplacé par le général Canrobert (1). Le général Totleben est à la tête des Russes.

Jusqu'au commencement de février 1855, le 61me ne prend aucune part directe aux travaux d'approche. Il est surtout employé au tracé de la grande voie qui doit réunir le quartier général français à celui de l'armée anglaise. A la suite d'un

---

(1) Le maréchal de Saint-Arnaud expira sur le navire qui devait le rapatrier.

changement apporté dans la constitution de l'armée expéditionnaire, la division Dulac devient la 4me division du 2me corps
(général Bosquet).

Premières opérations. — Le 4 février, le 61me est envoyé
près d'Inkermann. Il concourt désormais au service du siège, à
la droite de l'armée, pour la partie des cheminements dirigés
contre la tour Malakoff, le Petit Redan et la courtine qui
les relie (attaques Victoria et attaques du Carénage).

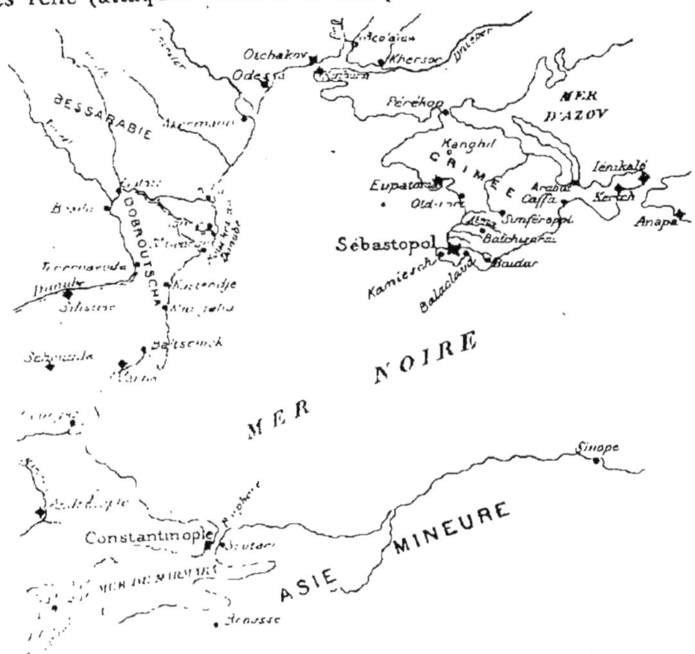

CROQUIS POUR L'EXPÉDITION D'ORIENT (1)

Le 23, deux cents soldats du 61me sont employés à construire
des batteries. Les assiégés, qui se sont maintenus sur leurs
positions, achèvent rapidement, de leur côté, trois ouvrages
fermés commencés sur la partie de terrain qui sépare les re-

---

(1) Ce croquis et le suivant sont extraits des *Campagnes d'un Siècle —
1854-1855*, par le capitaine Romagny. Nous exprimons ici notre
reconnaissance à l'auteur et à l'éditeur, M. Henri Charles-Lavauzelle,
pour l'obligeance avec laquelle ils nous ont permis de les reproduire.

tranchements de Malakoff de la parallèle la plus avancée du 2me corps. Ils leur donnent les noms de redoutes de Selinghinsk, de Volhynie et de Kamschatka, mais les Français ne les appellent : les deux premiers, que les *Ouvrages blancs*, et le troisième, que le *Mamelon vert*.

Le 28 mars, un obus à percussion s'abat dans une tranchée où plusieurs hommes du 61me sont de garde. Le projectile s'enfonce dans le terrain crayeux et n'éclate pas. Après quelques secondes d'hésitation le caporal Engrand le ramasse avec précaution et l'examine avec une certaine curiosité. Puis il le passe au grenadier Monrey, qui le rejette par dessus l'épaulement. Le projectile, cette fois, fait explosion en tombant sur le sol. Ainsi, le caporal Engrand, par son mépris du danger, sauve certainement la vie à plusieurs de ses camarades en les garantissant d'un accident mortel qui se serait fatalement produit, puisque l'obus se trouvait en un lieu très fréquenté et qu'il suffisait d'un simple choc pour le faire partir (1).

Le 19 mai, le général Pélissier prend le commandement de l'armée française en remplacement du général Canrobert, qui retourne avec une rare abnégation à la tête de son ancienne division, la 1re du 2me corps.

Le feu des Ouvrages blancs devenant intolérable pour les travailleurs des tranchées, on se décide à réunir toutes les embuscades et à ouvrir de la sorte une nouvelle parallèle à 120 mètres en avant de celles qui existent déjà. Le lieutenant-colonel de Taxis, du 61me, fait commencer le travail pendant la nuit du 26 au 27 mai, par le 1er bataillon de son régiment. L'obscurité favorise tout d'abord la pose des gabions. Mais au levé de la lune, les Russes font feu de toute leur artillerie et le sol, pendant plus d'une heure, est littéralement couvert de projectiles.

Le colonel de Taxis se porte aux points les plus exposés et rassure tout le monde par son calme et son énergie. Chacun reçoit des ordres clairs et précis et a

---

(1) Le caporal Léonce Engrand (aujourd'hui retiré à Paris), fut nommé sous-officier le 6 juillet suivant. Le grenadier Monrey reçut la médaille militaire.

son rôle nettement tracé. Le feu de l'ennemi cesse pendant trois quarts d'heure, puis reprend avec une intensité plus grande. Les obus et les boulets se succèdent sans interruption, mais en général ne portent pas ; le tir des Russes a été mal réglé.

La compagnie des voltigeurs du capitaine Alliou, déployée en tirailleurs en avant des travailleurs, est admirable d'intrépidité et de sang froid. Un officier, le lieutenant Cazes, et cinq

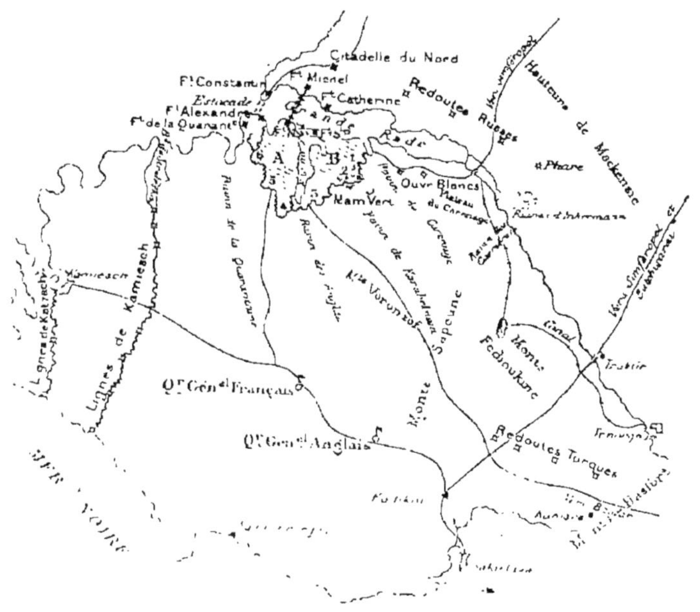

CROQUIS POUR LE SIÈGE DE SÉBASTOPOL (1)

soldats sont tués : l'adjudant major Albouys, le lieutenant Delebois, le sous-lieutenant Gariel et dix-huit soldats, reçoivent des blessures plus ou moins graves.

<hr>

(1) A, Ville proprement dite ; B, Faubourg de Karabelnaia ; 1, Petit Redan ; 2, Tour Malakoff ; 3, Grand Redan ; 4, Bastion du Mât ; 5, Bastion central ; 6, Bastion de la Quarantaine.

Prise du Mamelon vert. — Le 7 juin, vers 3 heures du matin, le feu est ouvert sur toute la ligne. On décide de s'emparer, dans la journée, des Ouvrages blancs et du Mamelon vert. Vers 4 heures du soir, le signal de l'attaque est donné. Les Russes sont repoussés de toutes parts et le 2ᵐᵉ bataillon du 61ᵐᵉ (commandant Bounetou) reçoit la mission modeste, mais périlleuse, de relier le Mamelon vert aux ouvrages français du Carénage. Le 1ᵉʳ bataillon (commandant Pradier), conduit par le colonel Lefebvre, passe la nuit à côté du Mamelon vert pour le préserver d'un retour offensif. L'ouvrage lui-même est d'ailleurs gardé par la compagnie du capitaine Bernard.

A 9 heures du matin, le 2ᵐᵉ bataillon retourne à son bivouac. Le 1ᵉʳ bataillon reste en position les 8 et 9 juin et ne rentre au camp que le 10. Le sous-lieutenant Maurel est blessé. Le commandant Pradier et le sergent Chabrier sont mis à l'ordre de l'armée pour le courage dont ils ont fait preuve.

Le 18, un assaut infructueux est tenté contre la tour Malakoff.

Dans la nuit du 24 au 25 juillet, les assiégés font une sortie pour s'emparer de trois embuscades que le lieutenant-colonel de Taxis a fait établir en avant du Petit Redan. La lutte est très courte mais fort vive. Dans le corps à corps qui se produit, 44 hommes du 61ᵐᵉ sont mis hors de combat.

Le 11 août, le colonel Lefebvre est nommé général. Le lieutenant-colonel de Taxis, promu au grade supérieur, le remplace à la tête du régiment.(1)

Bataille de Traktir. — Le 16 août, 40,000 Russes attaquent

(1) Lefebvre (Henri-Louis-Nicolas), né à Brest en 1800, soldat en 1818, sous-lieutenant en 1831, lieutenant en 1837, capitaine en 1840, chef de bataillon en 1845, lieutenant-colonel en 1852, général de brigade en 1855, commanda en Crimée la 1ʳᵉ brigade de la 4ᵐᵉ division du 1ᵉʳ corps. Placé dans la section de réserve en 1862, il reprit du service en 1870 et fut mis à la tête d'une subdivision territoriale. Le général Lefebvre, fut replacé dans le cadre de réserve après la guerre et retraité en 1878.

les lignes de la Tchernaïa, où l'armée d'Orient n'a pour leur résister que des divisons affaiblies. La division Dulac, mise sous les armes, n'arrive sur le champ de bataille que lorsque la retraite des ennemis a déjà commencé. Elle couronne alors les monts Fedioukine, tandis que les troupes engagées se retirent du combat. Le pont de *Traktir*, où la lutte a été tout particulièrement acharnée, est jonché de morts et de blessés.

Prise de Malakoff. — A partir du 4 septembre, le bombardement redouble d'intensité. Le 7, le général Dulac réunit tous les officiers supérieurs de la division pour leur donner ses instructions relativement à l'assaut projeté pour le lendemain. A quatre heures du soir, le chef d'état-major Magnan indique aux adjudants-majors le chemin que devra suivre chaque bataillon pour se porter à sa place, dans les parallèles.

Le 8, à huit heures et demie du matin, le 61me se met en marche, à la gauche du 10me de ligne, dont il suit le mouvement dans le ravin du Carénage, pour aller prendre position dans la cinquième parallèle. La 4me division a pour mission de conquérir le Petit Redan, les batteries placées en arrière, les Batteries noires, la Maison en Croix, et les ouvrages jusqu'à la pointe du Carénage. Chaque régiment a reçu des ordres particuliers. Ceux du 61me sont de s'élancer par la face gauche du Petit Redan, de s'emparer des Batteries noires, et de laisser à gauche la Maison en Croix pour pousser jusqu'à la pointe, de façon à rejeter les Russes, par un à gauche, sur les autres corps de la division. En cas d'insuccès, la 4me division doit s'arrêter et se maintenir à tout prix dans les premières lignes des Russes, pour que ceux-ci ne puissent pas reprendre Malakoff par une contre attaque à revers. Les chasseurs à pied de la garde forment la réserve de la division.

L'instant précis de se porter en avant a été fixé à midi. On a pensé qu'à ce moment toutes les troupes seraient en position, mais par suite de l'encombrement des tranchées, et de la difficulté d'une marche de flanc dans le sentier étroit qui conduit aux parallèles, tous les corps de la 4me division ne sont pas placés à l'heure prescrite. Le 61me quitte à peine le ravin, que le combat a déjà commencé sur toute la ligne.

En arrivant à la position qui lui a été assignée la veille, le colonel de Taxis apprend que l'attaque de la 1re brigade a échoué. Victorieuse d'abord, cette brigade a enlevé les retranchements ennemis et poussé les Russes jusqu'à la mer, la baïonnette dans les reins ; mais elle s'est heurtée contre des réserves qui l'ont fait reculer jusqu'au delà de la première ligne. Le 61me reçoit alors l'ordre de se porter en avant, et d'arrêter le mouvement offensif des Russes. Entraîné par son chef, il s'élance sur le Petit Redan et la Courtine et s'y établit, après en avoir chassé les défenseurs, sous une grêle de mitraille et de boulets. Le combat se continue de part et d'autre avec un égal acharnement. La face gauche du Petit Redan se couvre de tireurs ennemis qui fusillent le régiment à bout portant dans le fossé de la Courtine où il a dû s'arrêter. Le colonel de Taxis porte aussitôt tout son monde en avant, et le 61me engage avec

COLONEL DE TAXIS

les Russes une lutte corps à corps sur le haut du parapet. Quatre fois la position est reprise et reperdue. Sans cesse renforcés par des troupes fraîches, les Russes finissent par l'emporter, et le retranchement leur reste. Le général Bisson ordonne alors aux troupes de réserve de la septième parallèle d'attaquer le saillant du Petit Redan pendant que le 61me cherchera à s'en emparer par une attaque de flanc (1). Le mouvement est à peine commencé, qu'une explosion formidable se fait entendre. Ce sont les Russes qui viennent de faire sauter une poudrière dont les débris couvrent des bataillons entiers. L'attaque, néanmoins, se continue dans un combat terrible et ne s'arrête qu'à la nuit.

A sept heures et demie du soir, le régiment est ramené en

____

(1) Le général Bisson avait pris le commandement de la division en remplacement du général Dulac qui, lui-même, avait remplacé le général Bosquet grièvement blessé au commencement de l'attaque.

arrière, — la prise de Malakoff, par la 1re division, rendant inutile une plus longue effusion de sang, — et il assiste, dans les parallèles, à l'incendie général de Sébastopol (1).

L'assaut du 8 septembre coûte au régiment 104 morts et 268 blessés (2). Les capitaines Alliou, Boissié et Duchaîne, les lieutenants Allemand, Doudan, Defond et Gouzy, les sous-lieutenants Caron, Noël et Prysié, l'adjudant Leporcq, les sergents-majors Diandar et Friren, les sergents-fourriers Faulle et Vincenti, les sergents Fraudin, Galy, Guibert, Heuzé, Mallebranche, Moreau, Néaulme, Noël, Pailhou, Touzet et Vogel, les caporaux Alamargot, Bernard, Cizabuirez, Fournier, Maupin, Monnavon, Robinet et Thébault sont tués ou meurent de leurs blessures. Le commandant Pradier, les capitaines Albouys, Bajon, Dupeyre, Epailly, de Montravel, Pellecat, Thevenon et Tarboché, les lieutenants Bulot, Cordier et Laurent, les sous-lieutenants Chambry, Champy, Dupinet, Denoue, Gariel, Jacob, Maurel, Péan de Ponfilly, Ramadier, Rattier et Roubaud, l'aide-major Courbet sont blessés.

Indépendamment des pertes qui précèdent, l'expédition d'Orient coûte encore au 61me, 25 officiers et 553 hommes mis hors de combat. Presque chaque journée, depuis le 25 février, a été marquée par des victimes. Les capitaines Bernard, Riehl et Trilles, le lieutenant Chabal, le sergent-major Noirault, les sergents Delaître, Dubois, Goy, Guarguet et Suzzoni, les caporaux Arnoud, Delorme, Gouilloux, Lévy, de Luppé, Palustre et Pejot, sont tués. Le colonel de Taxis, le commandant Bounetou, les capitaines Courtiol et Frugier, le lieutenant Minard, le sous-lieutenant Clère, sont blessés.

Fin de l'expédition. — Après la prise de Sébastopol, le 61me est envoyé sur les pentes de la Tchernaïa, qu'il quitte, le 14 octobre, pour se rendre à Kamiesch. Toute l'armée prend ses quartiers d'hiver le 1er novembre. La température devient très basse et les maladies font de grands ravages.

Traité de Paris. — Le traité de Paris termine la guerre. La Russie renonce à son protectorat sur les principautés danubiennes et s'engage à ne plus intervenir dans les affaires de la Turquie. La mer Noire est neutralisée.

Retour en France. — Le 10 avril, le 61me rentre en France. Il

---

(1) D'après le *Journal du Corps*.

(2) Son effectif, le 8 septembre au matin, était de 47 officiers et 570 hommes.

arrive à Porquerolles le 29, subit une quarantaine de quatre jours et débarque à Marseille le 3 mai. On le dirige ensuite sur Lyon. A Tournon, le régiment est arrêté par un débordement du Rhône. Il franchit le fleuve et cantonne à Saint-Priest.

Le 22, la 4me division de l'armée d'Orient fait son entrée à Lyon au milieu d'une foule immense. Elle est passée en revue par le maréchal de Castellane et placée au *Camp de Sathonay*.

Période de Paix.— Le régiment rentre à Lyon le 16 septembre. Au mois de mai 1857 on l'envoie à Grenoble. Un an après, un ordre ministériel le dirige sur Paris par le camp de Chalons où il participe, pendant trois mois, à des manœuvres de corps d'armée.

Le 27 mars 1859, en prévision d'une guerre contre l'Autriche, les régiments d'infanterie sont formés à quatre bataillons de six compagnies dont deux d'élite. Le 4me bataillon (dépôt) du 61me est placé à Orléans.

Guerre d'Italie

(1859)

Causes de la Guerre. — La guerre de 1859 a surtout pour cause le réveil de la nationalité italienne. Le roi de Sardaigne, Victor Emmanuel, soutenu par l'empereur Napoléon III, se fait le champion de l'indépendance. Il met son armée sur pied et réclame l'éloignement des troupes autrichiennes qui tiennent garnison dans les divers États de l'Italie. L'Autriche demande des explications, qui ne lui sont pas données et répond par une déclaration de guerre au silence de la Sardaigne.

Le 61me (trois bataillons), transporté par voies ferrées, se réunit à Toulon, le 27 avril. Il s'embarque le lendemain sur l'*Algésiras* et se rend à Gênes, où il fait partie de la 2me brigade (général Niol, puis général de Négrier) de la 2me division (général de Ladmirault) du 1er corps (maréchal Baraguey d'Hilliers).

L'armée autrichienne, concentrée entre Milan et le Tessin, est sous le commandement du général Giulay. Elle comprend 115.000 hommes. L'armée française, qui lui est opposée est de 130.000 hommes. Le roi Victor-Emmanuel, de son côté, dispose de 60.000 combattants.

La concentration des alliés doit s'opérer sous les murs d'Alexandrie. Dès le 2 mai, la 2ᵐᵉ division du 1ᵉʳ corps quitte les environs de Gênes et par Serravalle et Tortone, prend position autour de Castelnuovo.

Le généralissime autrichien a eu l'intention, tout d'abord, de prendre l'offensive sur Turin. Puis il a craint d'être coupé de sa ligne de retraite sur le Tessin et s'est replié entre Plaisance et Stradella. Il a enfin ordonné une reconnaissance sur Voghera, qui a donné lieu au combat de *Montebello* (20 mai).

La situation au 21 mai est très favorable aux alliés. Groupés dans une bonne position défensive, face au Pô, de part et d'autre du Tanaro, ils ont devant eux une armée hésitante, dont ils peuvent, à volonté, attaquer le centre ou les ailes. Napoléon se décide pour l'aile droite, de façon à rejeter les Autrichiens dans la direction de Pavie.

La 2ᵐᵉ division du 1ᵉʳ corps quitte Castelnuovo le 21, et par Voghera, Casei, Valenza, Casale et Verceil, se rend à Novare.

Le 3 juin, l'empereur Napoléon est au courant du mouvement de retraite des Autrichiens. Mais il ne sait s'il est absolu et pour se prémunir contre une attaque par les deux rives du Tessin, il ordonne au 1ᵉʳ corps de se porter à hauteur d'Olengo, sur la route de Novare à Mortara.

Le 4 au matin, des renseignements font connaître que toute l'armée autrichienne remonte la rive droite du cours d'eau. L'Empereur porte contre elle la Garde et les quatre corps qui en sont les plus rapprochés. Le 61ᵐᵉ, placé par sa position même en réserve générale avec tout le 1ᵉʳ corps, doit à cette circonstance de ne prendre aucune part à la bataille de *Magenta.*

Combat de Melegnano. — Le 8 juin, le 1ᵉʳ corps traverse Milan où il est reçu par les acclamations de la foule et prend la route de Lodi avec l'espoir d'y devancer quelque arrière-garde ennemie. Une division autrichienne ayant pris position à *Melegnano*, le maréchal Baraguey d'Hilliers en ordonne l'attaque.

Le village de Melegnano est enlevé à la baïonnette par les troupes de la 3ᵐᵉ division, qui ne sont pas soutenues, par suite du mauvais état des chemins, et subissent par cela même, de très grandes pertes.

Le 61ᵐᵉ ne rejoint les Autrichiens, que lorsque leur retraite a déjà commencé. Quelques coups de feu tirés sur les premières compagnies blessent le capitaine Delebois, le sergent-major Billiout (atteint mortellement) et une huitaine d'hommes.

Le général Giulay abandonne successivement les lignes du Serio, de l'Oglio et du Mello et prend position, le 10 juin, au-delà de la Chiese, sur les hauteurs de Lonato, Castiglione et Cavriana. L'empereur François-Joseph le rejoint avec de nouvelles troupes et le remplace dans le commandement de l'armée.

L'armée française, de son côté, continue sa route. Le 61ᵐᵉ bivouaque, le 9, en avant de Melegnano et par Cassano et Trago d'Oglio atteint la Chiese, le 18, près de Brescia.

Le 20, l'empereur d'Autriche recule et prend position sur la rive gauche du Mincio, depuis Peschiera jusqu'à Mantoue. L'armée française passe la Chiese et s'établit entre Carpenedolo et Lonato. Le 61ᵐᵉ est à Esenta.

Dans la journée du 23, les Autrichiens reprennent l'offensive. L'empereur François-Joseph obéit à des considérations politiques et fait réoccuper, sur la rive droite du Mincio les hauteurs de Pozzolengo, Solférino Volta qu'il a quittées trois jours auparavant.

Le 24, tandis que l'armée française se porte sur ces mêmes hauteurs, où elle ne compte rencontrer que des détachements sans consistance, les Autrichiens, tout aussi peu renseignés, s'apprêtent à lever leurs camps pour border la Chiese. La bataille devient inévitable et la victoire ne peut appartenir qu'à celle des deux armées qui aura sur l'autre l'avantage de l'initiative.

Bataille de Solférino. — Le 24, à deux heures du matin, le 1ᵉʳ corps quitte ses cantonnements pour aller prendre position à Solférino. La 2me division suit la ligne des hauteurs. Vers quatre heures, l'ennemi est signalé. Le général de Ladmirault forme sa division sur trois colonnes et commence le combat. Le 61me, qui n'a été que fort peu employé à Melegnano, est placé en tête de la colonne de gauche (général de Négrier).

Les Autrichiens ne doivent partir qu'à 9 heures du matin. Ils occupent encore, par de fortes masses, la crête des hauteurs entre Solférino et Castiglione. Les hameaux de Barche-de-Castiglione et de Barche-de-Solférino sont gardés par des détachements.

Pendant près d'une heure, le général de Négrier poursuit sa route sous la protection d'une simple ligne de tirailleurs. Vers 5 heures, la fusillade devient extrêmement vive. Le 61me est alors lancé à l'assaut des positions ennemies. Entraîné par son colonel, le régiment se porte en avant avec un élan admirable. Le hameau de Barche-de-Solférino est dépassé par le 1er bataillon, qui poursuit les Autrichiens, la baïonnette dans les reins, jusqu'au deuxième des mamelons au-delà de l'église. Les deux autres bataillons, restés dans la vallée, soutiennent vigoureusement l'attaque et subissent de grandes pertes. Le lieutenant-colonel Hémard et les commandants Guillaumé et Angevin sont tués à la tête de leurs troupes.

La 2me division arrive ainsi en vue des hauteurs de Solférino, mais elle est obligée de s'arrêter sous les feux croisés des deux positions du mamelon des Cyprès et du Cimetière. Les bataillons du général de Négrier se précipitent jusqu'à dix fois, mais en vain, contre les Autrichiens qui garnissent le Cimetière. Il est plus de midi. Le général de Ladmirault, déjà blessé depuis le matin, reçoit une seconde blessure qui

le met hors de combat. Toutes les divisions du
1er corps sont en ligne et reçoivent l'appui du 2me corps
et d'une division de la Garde. On lutte de chaque
côté avec acharnement. Enfin, le Cimetière est enlevé
par le 3me bataillon du 78me, ce qui permet au 1er corps
de se porter contre Solférino, dont il s'empare, après
un furieux combat livré à l'entrée même du village.

La bataille est gagnée par les Français ; mais les
Autrichiens, électrisés par la présence de leur souverain, reprennent l'offensive et se battent encore
jusqu'à 4 heures du soir. Devant l'inutilité de leurs
efforts, l'empereur Francois-Joseph finit alors par
ordonner la retraite générale de son armée. Un orage
épouvantable la favorise.

Le 1er corps français soutenu comme nous venons de le voir,
a dû lutter contre les corps autrichiens des généraux Stadion,
Zobel et Clam-Gallas. Ses pertes sont considérables.

Sur un effectif de 59 officiers et 1673 hommes de troupe, le
61me accuse, pour sa part, 8 officiers et 87 hommes tués,
17 officiers et 303 hommes blessés. Plusieurs hommes de troupe
et 3 officiers meurent de leurs blessures. Indépendamment du
lieutenant-colonel Hémard et des commandants Guillaumé et
Angevin, le 61me compte, parmi ses morts, l'adjudant-major
Albouys, les capitaines Courtiol et Hucher, les lieutenants
Minard et Jardin, les sous-lieutenants Dulin, Henry et Dineur
d'Aymeries, les sergents Dours, Labbé et Vautier, les caporaux
Bodecher, Gravier, Lefèvre et L'hirondel.

Le colonel de Taxis, l'adjudant-major Dupeyre, le capitaine
Gariel, les lieutenants Chambry, Ramadier, Guérin, Maurel,
Dendeleux et Watringue, les sous-lieutenants Scotto, Bretelle,
Delimeux, de Laplane et Simon sont blessés.

Le rapport du général de Ladmirault signale, d'une manière
toute particulière, la brillante conduite de l'adjudant-major
Dupeyre, du médecin-major Roudil, des lieutenants Maurel,
Delebecque et Watringue, du sous-lieutenant Scotto et des
sergents Pradon et Bonnafont.

Fin de la Guerre. — Après la bataille de Solférino, le 61me
est conduit sur les hauteurs en avant de Pozzolengo. Le 28,

l'armée alliée commence le passage de Mincio. Le 1er corps, retenu dans ses cantonnements, ne franchit le fleuve que le 1er juillet. Il campe le même jour aux environs de Peschiera et le 2, à Castelnuovo, où il se fortifie. Les Autrichiens se concentrent autour de Vérone. Une grande bataille sur les hauteurs de Custozza paraît imminente, lorsque Napoléon III, redoutant l'intervention de la Prusse, écrit à l'empereur d'Autriche pour lui proposer un armistice. Les hostilités cessent le 7, malgré les réclamations de Victor-Emmanuel et de son entourage. Le 11, l'entrevue de Villafranca termine la guerre.

Retour en France. — Le 20 juillet, la division de Ladmirault retourne à Milan, par Rivoltello, Brescia et Cassano. Le 61me campe à l'entrée de la ville jusqu'au 5 août. A cette date, ses deux premiers bataillons sont conduits à Suse en chemin de fer. Ils traversent les Alpes par le col du Mont-Cenis et se rembarquent à Saint-Jean de Maurienne à destination du camp de Saint-Maur. Le 14 août, ces deux bataillons font leur entrée triomphale dans Paris avec les autres régiments de l'armée d'Italie et retournent ensuite à Orléans.

Le 3me bataillon quitte Milan, le 7 août, et par Novare, Verceil, Turin, Suse, le col du Mont-Cenis, Montmélian, Grenoble, Vienne, Lyon, Villefranche et Mâcon, où il prend le chemin de fer, arrive au dépôt le 10 septembre.

Traités de Zurich et de Turin. — Aux termes d'un traité, signé à Zurich, le 10 novembre 1859, l'Autriche donne la Lombardie à la France, qui la rétrocède au roi de Sardaigne. Un second traité, conclu à Turin le 24 mars 1860, entre Napoléon III et Victor-Emmanuel, procure à la France le duché de Savoie et le comté de Nice, définitivement annexés, le 13 juin suivant, à la suite d'un vote favorable des populations.

Période de Paix. — En 1861, le 61me se rend à Lille, après un séjour de cinq mois (mai-septembre) au camp de Châlons. Le colonel de Taxis, nommé général, est remplacé par le colonel Tondel (1). Au mois d'avril 1864, le dépôt et le 3me

---

(1) De Taxis (Marie-François-Adolphe), né à Saint-Ismier (Isère), le 1er octobre 1807, élève à l'école spéciale militaire en 1825, sous-lieutenant en 1827, lieutenant en 1831, capitaine en 1838, major en 1846, lieutenant-colonel du 61me le 9 décembre 1853, colonel le 11 août 1855, général de brigade le 12 août 1861, mourut à Lyon, en activité, le 11 décembre 1865.

bataillon du régiment sont envoyés à Cambrai. Le 1er bataillon est dirigé sur Avesnes et le 2me sur Le Quesnoy. Au mois d'avril 1866, tout le régiment se rend à Metz. Le colonel Tondel, admis à la retraite, est remplacé par le colonel Du Moulin (1). L'année suivante, au mois de septembre, le 61me est envoyé d'abord à Blois, où il ne reste que deux mois, puis à Lyon et Fort l'Ecluse. Le dépôt du régiment reste à Blois.

Jusqu'en 1870, le 61me est rattaché au camp de Sathonay, qu'il quitte par intermittence pour occuper les garnisons de Romans, Riom, Clermont-Ferrand et Montbrison. En 1868, son dépôt est à Aurillac.

Campagne contre l'Allemagne

(1870-1871)

Causes de la Guerre. — Le trône d'Espagne, devenu vacant en 1870, à la suite d'une révolution, est offert à un prince de Hohenzollern, parent de Guillaume, roi de Prusse. Napoléon III fait, à ce sujet, des observations qui sont écoutées. Le projet formé n'aboutit pas, mais cette solution, toute pacifique, mécontente M. de Bismarck, ministre du roi de Prusse, qui souhaite la guerre, parce qu'il craint que l'Autriche et les Etats de l'Allemagne du Sud, battus en 1866, ne reprennent les armes avec l'appui de Napoléon. Il surexcite le patriotisme allemand et falsifie, en dernier lieu, les termes d'une dépêche envoyée par Guillaume à ses agents diplomatiques. La guerre est déclarée, par la France, dans un mouvement de colère provoqué, le 7 juillet 1870, à la Chambre des Députés et au Sénat, par la lecture de cette dépêche dont le caractère est injurieux.

Dès l'ouverture des hostilités, les Allemands mettent sur pied trois armées (400,000 hommes) qui se portent en masses compactes sur Sarrebruck et Wissembourg. Les Français n'ont à leur opposer que sept corps (250,000 hommes) incomplètement organisés, et répartis sur toute la frontière « comme

____

(1) Tondel (Alexandre-Louis), né à Vesoul le 13 avril 1807, élève à l'Ecole spéciale militaire en 1825, sous-lieutenant en 1827, lieutenant en 1831, capitaine en 1840, chef de bataillon en 1849, lieutenant-colonel en 1856, colonel du 61me le 12 août 1861, fut admis à la retraite le 10 mars 1866. Il avait participé à la campagne de Morée.

un cordon de douaniers » depuis Sarrebruck jusqu'à Belfort. Le roi de Prusse commande les forces allemandes ; celles des Français sont aux ordres de Napoléon III, secondé par le maréchal Lebœuf, qui remplit auprès de lui les fonctions de chef d'état-major.

Premières opérations. — Dès le 16 juillet, la brigade Nicolas (61ᵐᵉ et 86ᵐᵉ) quitte le camp de Sathonay et se rend à Bitche par les voies ferrées. Elle arrive le 18 sous les murs de cette place et fait partie de la 1ʳᵉ division (général Goze) du 5ᵐᵉ corps (général de Failly) (1).

« Le 23 juillet, à quatre heures du matin, dit le général Nicolas, les deux bataillons du 86ᵐᵉ, campés à Frendemberg, prennent part à une reconnaissance offensive de la 2ᵐᵉ division (général de L'Abadie) vers Eschweiler et Lutzweiler. A la même heure, le 61ᵐᵉ appuie une reconnaissance faite par la 1ʳᵉ division vers Buschweiler et Waldhausen. Ces reconnaissances n'amènent aucun résultat.

« Dans la nuit du 23 au 24, le général de brigade, campé à la droite du 61ᵐᵉ, reçoit l'avis du départ du 5ᵐᵉ corps, à trois heures du matin, pour Sarreguemines et l'ordre de rester, avec le 61ᵐᵉ, un escadron du 5ᵐᵉ hussards, du matériel d'artillerie et du génie, en position devant Bitche, jusqu'à l'arrivée de la 3ᵐᵉ division (général de Lespart) venant de Haguenau. En conséquence de cet ordre, le 61ᵐᵉ se rapproche de la ville ; il s'établit perpendiculairement à la route, sa gauche appuyée au fort Saint-Sébastien, sa droite au Gros-Otterbeil, qu'il couronne avec deux compagnies. L'escadron de hussards s'établit en avant, près du moulin, couvrant de vedettes toutes les anciennes positions occupées par les avant-postes du 61ᵐᵉ et de la 1ʳᵉ brigade. Deux compagnies du 61ᵐᵉ lui servent de soutien. Quelques mesures d'ordre sont prescrites pour la sûreté de la place en attendant l'arrivée de la 3ᵐᵉ division qui, après une longue et pénible marche, sur une route sablonneuse et par une chaleur excessive, prend dans la soirée les positions qu'elle doit occuper.

« En conséquence, le départ pour Sarreguemines est fixé au

---

(1) Le 5ᵐᵉ corps se composait de trois divisions d'infanterie (généraux Goze, de L'Abadie et Guyot de Lespart) comprenant chacune deux brigades et d'une division de cavalerie (général Brahaut).

lendemain 25. L'escadron des hussards reste à Bitche. Le 61ᵐᵉ et le convoi se mettent en marche à quatre heures du matin, dans l'ordre prescrit par l'instruction générale. A la sortie du défilé de Holbac, le 3ᵐᵉ lanciers, cantonné à Rohrbac, couvre le flanc droit de la colonne jusqu'au village de Gros-Rederchingen où elle fait sa grande halte.

« Arrivée près de la gare de Brüdelfingen, la colonne, sur un ordre transmis par le commandant de Rohrbac, fait demi-tour pour prendre position à Rohrbac. Mais à peine a-t-elle commencé son mouvement, qu'un nouvel ordre, apporté de Sarreguemines, enjoint au général Nicolas de faire occuper la ferme de Wising par le 61ᵐᵉ, dans le but de protéger le chemin de fer et de surveiller le passage de la Blies à Bliesbrücken, ainsi que les hauteurs qui en commandent les rives.

« A cet effet, deux bataillons s'établissent à la ferme, un troisième prend position au viaduc de la voie, sur le chemin de Wiesweiler à Bliesbrücken, se couvrant et détachant le jour des petits-postes et des sentinelles doublées en vue du but à atteindre. Des vigies sont, pendant le jour, placés en permanence à la ferme même, point culminant de la contrée.

« Pendant la nuit, un service de patrouilles et de sentinelles volantes, sontenues par des petits-postes échelonnés sur le chemin de fer, est organisé dans les deux bataillons de la ferme pour assurer la conservation des lignes ferrée et télégraphique.

« Les journées du 26 au 31 sont employées à achever l'organisation que les ressources et le temps n'avaient pas permis de compléter à Bitche... Les premiers renforts arrivent du dépôt, mais sans effets de campement...

« Le 1ᵉʳ août, des ordres sont donnés pour effectuer, le 2, une reconnaissance offensive de tout le 5ᵐᵉ corps sur la rive droite de la Blies et de la Sarre (1).

« Les deux bataillons du 61ᵐᵉ quittent Wising à trois heures et demie du matin et se portent par Bliesbrucken à deux kilomètres au nord de Reinheim, appuyant ainsi le 3ᵐᵉ lanciers venu de Rohrbac et qui couvrait les hauteurs à l'ouest de Gersheim. Le 2ᵐᵉ bataillon, campé au viaduc, se porte en réserve à Bliesbrucken... » (2).

____

(1) Le but de cette reconnaissance était d'appuyer l'attaque, par le 2ᵉ corps (général Frossard), d'un poste avancé que les Allemands avaien à Sarrebruck.

(2) Général de Wimpffen, *Sedan*, p. 345 (Rapport du général Nicolas).

Quelques coups de feu sont échangés avec des cavaliers saxons, mais la présence de l'ennemi n'étant pas autrement signalée, toutes les troupes rentrent dans leurs camps à partir de quatre heures du soir.

Le 3, le 61ᵐᵉ conserve sa position et redouble de vigilance vers la Blies. Dans la soirée du 4, le 86ᵐᵉ, qui garde le pont de Frauenberg, obéit à un mouvement rétrograde du 5ᵐᵉ corps et vient camper à la ferme de Wising, à la gauche du 61ᵐᵉ. Le lendemain, toute la 1ʳᵉ division se porte sur Bitche. La 2ᵐᵉ brigade, formant l'arrière-garde, prend position vers trois heures du soir, à l'ouest de la ville, sur les hauteurs boisées entre Frauenberg et Schorbach.

Le 6, dès cinq heures du matin, la 2ᵐᵉ brigade est placée en ligne de bataille à l'est et à 100 metres de la citadelle, depuis le Gros-Otterbeil jusqu'à la route de Wissembourg...

« Le 61ᵐᵉ, en première ligne, était déployé, couvert par des tirailleurs... A huit heures, tandis que rien n'était signalé par les reconnaissances envoyées sur les routes de Deux-Ponts et de Wissembourg et sur le chemin de Ruppweiler par Haspelscheidt, une vive canonnade mêlée d'un feu très vif de mousqueterie se faisait entendre dans la direction de Niederbronn. La vivacité et la persistance de ces détonations prolongées indiquaient que le maréchal de Mac-Mahon livrait une bataille...

Retraite du 5ᵐᵉ Corps. — « A cette journée du 6, passée dans l'inaction et dans l'anxiété la plus poignante, succéda une nuit non moins douloureuse par la retraite précipitée de Bitche sur la Petite-Pierre, comme conséquence de l'échec subi à Frœschwiller par les troupes du 1ᵉʳ corps (maréchal de Mac-Mahon). A huit heures du soir, les camps furent levés à la hâte. Au milieu de la confusion et du désordre occasionné par les fuyards de toutes armes qui affluaient et encombraient les rues étroites de la ville, la brigade parvint, non sans peine, à la traverser pour en sortir par la porte de Phalsbourg, y abandonnant toutes ses voitures renfermant la comptabilité, ses caisses, tous ses bagages, toutes les ressources indispensables. Cette regrettable mesure contribua à aggraver encore la tristesse de la situation, sans cependant, disons-le à l'honneur de la brigade, y faire naître le découragement qui, pas plus que l'indiscipline, ne se manifesta dans les deux corps pendant les longues, indécises et pénibles marches de cette malheureuse campagne...

« C'est en bon ordre que la brigade franchit en dix-huit heures la distance de Bitche à la Petite-Pierre, en passant par Lemberg, Goetzenbruck, Wimmenau et Eckartsweiler... » (1).

Le général Nicolas, obéissant au mouvement général du 5ᵐᵉ corps, continue sa retraite par Lixheim et Richicourt et s'arrête, le 10, sur le champ de manœuvres de Lunéville, où sa brigade reste exposée sans abris à une pluie diluvienne. Le 11, le départ de la division, tout d'abord fixé pour trois heures du matin est contremandé et reculé de quatre heures. Le général Nicolas n'en est pas informé et ce malentendu a pour conséquence la disparition de deux ou trois cents hommes que la fatigue a terrassés (2).

La 2ᵐᵉ brigade campe le 12 à Mirecourt, le 13 à Renoncourt-Vieux, le 14 au sud de Damblain et le 15 à l'est et à proximité du château de Clefmont. Elle arrive à Chaumont, le 16, dans la soirée et s'embarque, pendant la nuit, à destination de Blesmes, où elle est employée à la garde du chemin de fer. Les Allemands s'étant emparés de Bar-le-Duc, deux cents volontaires, conduits par le lieutenant Bretelle, du 61ᵐᵉ, se portent à un viaduc voisin de Revigny et enlèvent, sur une longueur de 20 mètres, les rails et les traverses de la voie (3).

---

(1) Général de Wimpffen, *Sedan*, p. 353 (Rapport du général Nicolas).

(2) Ces hommes qui s'étaient réfugiés dans les maisons, ne furent pas perdus. Réunis en détachement par quelques sous-officiers qui les avaient suivis, ils rejoignirent la brigade, le 25 août à Amagne, parfaitement outillés, pourvus de vivres et leur solde à jour.

(3) La partie technique de cette opération fut exécutée par le capitaine du génie Varaigne.

Le 19, dans la matinée, après le passage du dernier train se repliant sur Chaumont, la 2ᵐᵉ brigade est envoyée au Camp de Châlons, par Marolles et Vitry-le-François.

Marche sur Montmédy. — Après la bataille de Frœschwiller, tandis que les Iʳᵉ et IIᵐᵉ armées allemandes livraient sous Metz, les batailles de Borny, de Rezonville et de Saint-Privat, contre les troupes du maréchal Bazaine (1), la IIIᵐᵉ armée (160.000 hommes) conduite par le prince royal de Prusse, avait poursuivi sa route vers l'intérieur du pays. L'intention du maréchal de Mac-Mahon, qui organisait au camp de Châlons une nouvelle armée française, était de se réfugier sous Paris, sans attendre l'arrivée des Allemands dont la supériorité numérique était inquiétante (2). Une lettre du maréchal Bazaine, exprimant l'intention de quitter Metz, et plus encore un ordre formel dicté par des considérations dynastiques, le font renoncer à ce projet.

Le 21, l'armée de Châlons se met en mouvement pour passer la Meuse au-dessous de Verdun et se réunir du côté de Montmédy aux troupes du maréchal Bazaine. La 1ʳᵉ division du 5ᵐᵉ corps campe le même jour aux Petites-Loges, le 22 à Reims, le 23 à Pont-Faverger, le 24 au sud de Réthel, entre le canal et la route de Vouziers, le 25 à Amagne et le 26 au Chesne-Populeux.

Jusqu'au 26, les Allemands n'ont pas de nouvelles de l'armée de Châlons. A cette date leurs reconnaissances, mises en éveil par l'indiscrétion d'un journal français, font connaître que ses cantonnements sont dans le voisinage de Vouziers. Les Allemands opèrent alors un mouvement de conversion générale et se dirigent vers le nord, à la poursuite des Français.

Dans l'après-midi du 26, le 7ᵐᵉ corps de l'armée de Châlons

---

(1) Le maréchal Bazaine avait réuni sous son commandement les 2ᵐᵉ, 3ᵐᵉ, 4ᵐᵉ et 6ᵐᵉ corps, la garde impériale et une partie du 5ᵐᵉ corps. en tout 200.000 hommes.

(2) L'armée de Châlons dont la force ne dépassait pas 130.000 hommes, se composait des 1ᵉʳ, 5ᵐᵉ (moins une brigade), 7ᵐᵉ et 12ᵐᵉ corps. Les 8ᵐᵉ, 9ᵐᵉ, 10ᵐᵉ et 11ᵐᵉ corps ne furent jamais créés.

signale l'ennemi près de Grandpré. Pour l'appuyer en cas d'attaque, la 1ʳᵉ division du 5ᵐᵉ corps se rend pendant la nuit à Buzanzy par Brieulles et Harricourt. Elle s'arrête à Buzancy, tandis que se livre un petit combat de cavalerie, et rétrograde ensuite sur Brieulles. Cette marche est contrariée par un orage.

Le 28, dans la matinée, la brigade Nicolas campe vers le Chesne. Le maréchal de Mac-Mahon cherche à se soustraire aux Allemands, mais les vœux ardents du conseil de régence le décident encore à tout tenter pour rejoindre l'armée de Metz. C'est ainsi que la 1ʳᵉ division du 5ᵐᵉ corps reprend dans l'après-midi le chemin qu'elle a déjà suivi la veille et se rapproche d'Harricourt. Vers cinq heures du soir, le général de Failly, dans le but de tourner les positions du sud de Buzancy, couronnées déjà par les ennemis, et de préparer plus sûrement sa marche du lendemain vers Stenay, se porte par Vaux-en-Dieulet sur Belval et Bois-des-Dames. La brigade Nicolas, postée à Harricourt, a pour mission de masquer ce mouvement. Elle entretient ses feux jusqu'à dix heures du soir et se dérobe ensuite en silence, par une nuit sombre et pluvieuse, pour se rendre à Belval, où elle arrive vers minuit.

Combat de Nouart. — Une IVᵐᵉ armée, (90.000 hommes), commandée par le prince royal de Saxe, s'était jointe, après l'investissement de Metz, à celle que conduisait déjà le prince royal de Prusse. Le roi Guillaume assisté du général de Moltke, avait suivi cette armée.

Dans la matinée du 29, des renseignements recueillis près de paysans sûrs, témoignent que le 28, la forêt de Dieulet, les ponts de la chaussée de Laneuville, ainsi que la ville de Stenay sont libres et que l'ennemi s'est montré dans la journée du 29 à Villers, aux Tuileries et dans les bois de Remonville et de Barricourt, au sud de la position de Bois-des-Dames.

« En conséquence, des ordres sont donnés pour continuer la marche sur Stenay et le départ du 5ᵐᵉ corps est fixé pour onze heures.

La 3me division devait, de Bois-des-Dames, se porter par le Champy et la route impériale, à Beauclair. Les 1re et 2me division, avec l'artillerie de réserve, devaient déboucher de la forêt de Belval à Beaufort. En quittant sa position, la 3me division est accueillie par une vive canonnade partant des hauteurs au sud de Nouart et par les feux de nombreux tirailleurs embusqués dans les taillis au nord-est de ce village, où sont signalées des colonnes d'infanterie (1).

La 3me division, arrêtée dans son mouvement, tient ferme en attendant les 1er et 2me divisions et l'artillerie de réserve, qui rebroussent chemin et gravissent les pentes escarpées et boisées au nord-est de la position remarquable de Bois-des-Dames. » (2).

Vers midi, les premiers renforts entrent en ligne et les tirailleurs ennemis se replient en désordre du côté des bois de Rémonville et de Barricourt. A quatre heures, la brigade Nicolas, avec huit compagnies du 4me bataillon de chasseurs, et une batterie d'artillerie se porte sur la droite de la position, et y occupe un mamelon qui domine toute la contrée. C'est alors que le 5me corps, placé trop en avant et à l'extrême droite de l'armée, se replie sur l'ordre du maréchal de Mac-Mahon, et abandonne la direction de Stenay pour celle de Mouzon où il doit passer la Meuse. Le combat se termine vers cinq heures ; une partie de la 1re division, suivie de la 3me et de l'artillerie de réserve, descend à Belval et s'engage sur le chemin forestier qui conduit à Beaumont. La brigade Nicolas et la 2me division restent en position jusqu'à neuf heures du soir pour couvrir le mouvement. Elles se retirent ensuite en profitant de l'obscurité.

Après une marche pénible, dont la fatigue s'accroît de celle de la nuit précédente et aussi de la privation d'aliments — aucune distribution n'ayant pu être faite — la brigade arrive à Beaumont vers trois heures du matin. Elle est établie à gauche de la grande route, face à celle-ci, par bataillons en colonne de pelotons à demi-distance.

Bataille de Beaumont. — Le 30, vers 9 heures du matin, le convoi laissé le 26 au Chesne arrive à Beaumont. Les voitures en sont réparties dans les

---

(1) Ces troupes appartenaient au XIIme corps saxon.
(2) Général de Wimpffen, *Sedan*, p. 364 (Rapport du général Nicolas).

corps, mais elles ne font qu'ajouter aux embarras et à la confusion des campements pris de nuit, en dehors des conditions rationnelles que commandaient les circonstances.

Vers sept heures du matin, le maréchal de Mac-Mahon ordonne au général de Failly de se replier en toute hâte sur Mouzon. Le commandant du 5ᵐᵉ corps croit préférable d'accorder quelque repos à ses hommes exténués et fixe le départ pour deux heures. A midi, au moment ou des corvées que l'on a envoyées à Beaumont rentrent au camp, un coup de canon retentit dans la direction de Beauséjour. Ce sont les Iᵉʳ et IIᵐᵉ corps bavarois de la IIIᵐᵉ armée et les IVᵐᵉ et XIIᵐᵉ corps de la IVᵐᵉ armée qui commencent leur attaque. Les soldats français, quoique surpris, courent aux armes et se portent en avant. La brigade Nicolas, engagée la première, se déploie sous une pluie d'obus.

« Bientôt le 61ᵐᵉ, vivement pressé et tourné par sa gauche, opère sur sa droite, appuyé au 86ᵐᵉ, un changement de front en arrière. Mais dans ce mouvement, fait sans soutien et sous un feu écrasant d'écharpe, le désordre se met dans ses rangs.

« Le général accouru de Beaumont en rallie d'abord les hommes sur un mamelon voisin qui, au sud de la ville commande à l'est les routes de Sommauthe et de Stenay. Il prescrit à la 5ᵐᵉ batterie, heureusement dégagée de son bivouac, d'aller prendre position au nord de Beaumont ; puis il se porte vers le mamelon qui longe à l'ouest la route de Mouzon, et qui, au nord, commande le vallon de Létanne et le village de Beaumont alors en flammes. C'est en ce point qu'à l'aide de l'aigle du 61ᵐᵉ et du concours de MM. Vichery, lieutenant-colonel (1),

(1) Le colonel Du Moulin avait été nommé général le 25 août et n'était pas encore remplacé. Du Moulin (François-Marie-Alfred), né à Morlaix le 27 novembre 1812, élève à l'Ecole spéciale militaire en 1829, sous-lieutenant en 1831, lieutenant en 1837, capitaine en 1843, chef de bataillon en 1854, lieutenant-colonel en 1859, colonel du 61ᵐᵉ le 12 mars 1866, général de brigade en 1870, mourut à Cherbourg, en activité, le 25 février 1874. Il avait brillamment servi en Afrique et s'était distingué, e 15 juin 1855, sous les murs de Sebastopol, où il avait été blessé.

Monnot et Poudrel, chefs de bataillon, se continue le ralliement de ce régiment.

« Le 86ᵐᵉ fait d'héroïques efforts pour tenir tête à l'ennemi.

CARTE POUR LA BATAILLE DE BEAUMONT

Mais écrasé par le nombre, brisé par un feu meurtrier, il est contraint après les plus douloureuses pertes et le complet épuisement de ses munitions, d'abandonner sa position pour suivre les traces du 61ᵐᵉ.

« Les deux aigles réunies de la brigade en sont alors les plus précieux signes de rassemblement, que le général opère en suivant les crêtes qui dominent la route de Mouzon... » (1).

Arrêtés sur les pentes voisines de la route de Yoncq, à proximité de la fonderie de Grésil, les deux corps de la brigade Nicolas s'y reforment un instant. Il leur est fait une légère distribution de biscuits et de cartouches, tirés des convois du 7ᵐᵉ corps, dont la route est encombrée. Puis les deux régiments se dirigent sur le mont de Brune, entre le ruisseau d'Yoncq et le faubourg de Mouzon, où ils continuent à se défendre.

La brigade ne cède le terrain que lorsque sa gauche est débordée et aussi sous la poussée des autres troupes du 5ᵐᵉ corps, délogées de Villemontry. Le 61ᵐᵉ recule jusqu'à Mouzon, sans subir aucune panique, traverse la Meuse sur un pont de pierre et se rassemble sur la grande route de Sedan à Stenay, d'où il s'élève ensuite sur les hauteurs qui dominent les vallées de la Meuse et de la Chiers.

« La nuit était proche ; il importait, en l'absence d'ordres, de prendre un parti. On s'arrêta à celui de passer la Chiers, pour de là, le lendemain au jour, se porter sur Montmédy (point objectif) par le chemin qui, de Messincourt, se prolonge sur les hauteurs, parallèlement à la frontière belge...

« La brigade Nicolas, conduite par un capitaine du pays, s'engage donc, par une nuit noire, dans la direction de Brévilly, où elle franchit la Chiers à l'usine, et arrive à la gare vers onze heures. Là, le général apprend du chef de gare que l'Empereur, venant de Carignan, avait passé en gare à sept heures, se dirigeant sur Sedan ; qu'un convoi de vivres, à destination du 5ᵐᵉ corps, à Carignan, revenait à l'instant de cette ville et était encore en gare ; qu'enfin les convois du

____

(1) Général de Wimpffen, *Sedan*, p. 368 (Rapport du général Nicolas).

1ᵉʳ corps et les équipages de l'Empereur rebroussaient chemin de Carignan sur Sedan et encombraient la grande route... » (1).

Le général Nicolas se conforme alors au mouvement général qu'il devine et se remet en marche, à minuit, pour suivre le courant qui doit conduire l'armée française à la plus épouvantable des catastrophes.

La bataille de Beaumont coûte au 5ᵐᵉ corps 4.800 hommes mis hors de combat ; les Allemands n'en perdent que 3.500. Le 61ᵐᵉ dont l'effectif, dans la matinée, ne dépassait pas 1.800 hommes, compte 7 officiers et 334 hommes tués, 19 officiers et 455 hommes blessés, 1 officier et 110 hommes disparus. Le commandant Connet, les capitaines Maurel, Poux et Chandenier, les lieutenants Fortier, Descharmes et Bédiaux, les sous-lieutenants Martin, Linck et Savary, les sergents-major Crétien, Linet et Thibaudier, le sergent-fourrier Humbert, les sergents Guye, Ombredane, Papin et Reynier, les caporaux Durand, Baudin, Berron, Gaillard, Gupillotte, Poirier, Salmon, Troisvallet, Gerbault, Artaud et Delhomme sont tués ou meurent de leurs blessures. Le commandant Poudrel, les capitaines Grammatica, Jardin, Boudeville et Corda, les lieutenants Hennequin, Raguenet, Bouvagnet, de Geyer-d'Orth et Bonnard, les sous-lieutenants Lordat, de Séjourné, Fabre, des Brosses, Viala, Brun et Blais, sont blessés.

Bataille de Sedan. — La brigade Nicolas, dont la marche s'effectue à travers champs, arrive péniblement à Balan, le 31, vers six heures du matin, par Douzy et Bazeilles. Elle prend position dans les fossés de Sedan, à côté de la 1ʳᵉ brigade, campée sur les glacis. A deux heures, le général de Wimpffen, nommé au commandement du 5ᵐᵉ corps d'armée, en remplacement du général de Failly, visite la division Goze et assiste à la canonnade que les batteries du Iᵉʳ corps bavarois dirigent, de Remilly, sur les convois de l'armée française.

Le 1ᵉʳ septembre, vers quatre heures du matin, la

____

(1) Général de Wimpffem, *Sedan*, p. 370. L'empereur suivait l'armée mais n'exerçait plus aucun commandement.

bataille commence dans la direction de Bazeilles. Les 124.000 hommes de l'armée de Châlons ont à lutter contre 230 000 allemands qui s'apprêtent à les enserrer dans le cercle de feu d'une artillerie formidable. Le 5ᵐᵉ corps, placé en réserve, n'entre en ligne qu'à dix heures du matin, pour soutenir vers le centre, du côté du bois de la Garenne, la retraite de l'aile gauche du 1ᵉʳ corps. La 2ᵐᵉ brigade prend position au Vieux Camp, où elle combat avec acharnement (1).

« A une heure, dit le général Nicolas, les deux brigades se réunirent en ce point, centre du champ de bataille, qui dès ce moment se trouvait battu en tout sens par les obus ennemis. Bientôt le général en chef (2) les dirige par le ravin descendant du bois de la Garenne vers le Fond de Givonne où, traversant la route de Belgique et le faubourg, elles se portent sur le plateau au sud de la route et s'y déploient entre la Moncelle et Daigny.

« La gauche du 61ᵐᵉ, formée sur deux lignes, un instant en l'air, fut appuyée bientôt par la division Granchamp, du 12ᵐᵉ corps, qui suivit le mouvement offensif de la division Goze, dont les batteries divisionnaires, réduites à cinq pièces et à trois mitrailleuses, prirent place entre les deux brigades qu'elles durent, vers deux heures et demie, abandonner faute de munitions...

« La retraite de nos pièces est comme le signal d'un redoublement des feux de l'ennemi, dont les pièces, réunies en grandes batteries, labourent de leurs projectiles le plateau occupé par la division (intercalée alors dans le 12ᵐᵉ corps) et contrebattent nos pièces de réserve qui, en position en avant du Camp retranché près de la Garenne, tirent par dessus notre inébranlable ligne de bataille assaillie par des feux de front, d'écharpe et de revers. Très menacée d'être tournée par sa gauche, que rien ne protège, cette ligne de résistance tint

---

(1) Le Vieux Camp, ou Camp retranché, se trouvait en avant du château de Sedan. On désignait ainsi d'anciennes fortifications dont il ne restait plus que des vestiges.

(2) Général de Wimpffen, remplaçant le général Ducrot qui, lui-même, avait succédé au maréchal de Mac-Mahon, blessé vers sept heures et demie.

néanmoins très ferme jusqu'à trois heures. A ce moment, les corps de la division Goze étaient répartis comme il suit sur la ligne de bataille tracée un peu en arrière de la crête : en première ligne, partant de la droite, le 4me bataillon de chasseurs, le 1er bataillon du 86me, le 1er bataillon du 61me, les trois bataillons du 46me, le 3me bataillon du 61me. En seconde ligne, le 2me bataillon du 86me, déployé et défilé à cinquante mètres en arrière, débordant à gauche le 1er bataillon du même régiment et, dans le même ordre, derrière le centre du 46me, le 2me bataillon du 61me. Cette disposition nous donnait la supériorité du feu sur les colonnes ennemies ; elle présentait aux coups de l'artillerie le moins de prise possible et avait enfin l'avantage d'avoir deux réserves un peu abritées et sous la main même du général de division » (1).

Jusqu'à trois heures, les divisions Goze et Grandchamp font face aux Allemands du Ier corps bavarois et des IVme et XIIme corps. Leur retraite est alors ordonnée comme conséquence de celle des autres troupes qui, refoulées de leurs positions, cherchent un refuge sous les murs et dans la ville même de Sedan. A quatre heures, après un retour offensif inutilement tenté dans le faubourg du Fond de Givonne, le général Nicolas, arrive à la porte Balan et entre dans Sedan dont il occupe le château. Le 1er bataillon du 61me, et le 86me ne l'ont pas suivi. Arrêtés dans leur mouvement de retraite commencé par la gauche, les soldats qui en font partie prêtent leur appui à une tentative désespérée que le général de Wimpffen exécute avec une poignée d'hommes pour essayer de se faire jour du côté de Bazeilles, à travers les masses ennemies. Ce dernier acte est aussi la fin du drame. Dès trois heures l'empereur Napoléon a fait arborer le drapeau blanc, par deux fois abattu, et rendu son épée au roi de Prusse. A six heures du soir le feu cesse sur toute la ligne. La 2me brigade du 5me corps

---

(1) Général de Wimpffen, *Sedan*, p. 375 (Rapport du général Nicolas).

passe la nuit sur les remparts intérieurs de la porte de Balan qu'elle quitte, le lendemain à dix heures du matin, pour se constituer prisonnière.

Le drapeau du 61me échappe au désastre. Il est mis en pièces dès que la nouvelle de la capitulation est rendue officielle et les officiers s'en partagent les morceaux. La hampe est enterrée dans les fossés du corps de place.

Le 61me ne compte, à la bataille de Sedan, que 21 tués ou morts de leurs blessures. Le sergent-major Riboulet, les sergents Amiel et Simon et le caporal Chambolle sont de ce nombre. Les capitaines Bretelle et Gorju, le lieutenant Pépin-Malherbe et 44 soldats sont blessés (1).

Jusqu'au 7 septembre, le régiment est retenu dans la presqu'île d'Iges. Il est ensuite envoyé en Allemagne où sa captivité se prolonge pendant sept mois.

Après la capitulation de Sedan, la République est proclamée. Toute la France est secouée par une fièvre de patriotisme. Près de 600.000 hommes sont appelés sous les drapeaux. Tandis que les Allemands se dirigent sur Paris, dont ils font le siège, trois armées s'organisent en Province. Dans le courant de décembre après plusieurs combats malheureux, le Gouvernement forme le projet de débloquer Belfort et d'envahir l'Alsace pour couper les ennemis de leurs communications.

61me Régiment de Marche. — Le 5 décembre, un *61me Régiment de marche* à trois bataillons (2) est formé à Clermont-Ferrand avec 18 compagnies tirées de 14 dépôts (3). Son effectif est de 3.600 hommes

---

(1) En y comprenant les blessés de Beaumont, 39 officiers et 782 soldats furent envoyés en captivité. Le sous-lieutenant Blais, soigné à l'ambulance prussienne de Mouzon, se déguisa en marchand de bestiaux lorsqu'il fut à peine guéri, et obtint un sauf conduit pour se rendre en Belgique. Il rentra en France et continua la campagne.

(2) Commandants Bertrand, Orth et Patin.

(3) Les dépôts des 1er, 8me, 9me, 31me, 35me, 36me, 58me, 76me, 77me et 100me de ligne fournissent chacun une compagnie ; les dépôts des 2me, 38me, 67me et 68me en envoient deux.

Le lieutenant-colonel Dauriac (1) en reçòit le commandement.

Le 7, le 61ᵐᵉ à peine constitué, est dirigé sur Lyon pour y compléter son organisation et surtout son outillage Dans la nuit du 27, on l'envoie à Besançon où il forme, avec le 60ᵐᵉ de marche, la 1ʳᵉ brigade (colonel Irlande) de la 3ᵐᵉ division du 24ᵐᵉ corps (général Bressolles). Quelques-jours plus tard, la division prend le numéro 1 et passe sous les ordres du général Commagny (Thibaudin). Le 61ᵐᵉ est cantonné dans les faubourgs des Chaperais et des Quatre-Vents. Il participe, jusqu'au 31 décembre, à des reconnaissances vers Marchaux. Le froid est très vif. La variole fait de grands ravages.

L'Armée de l'Est, concentrée autour de Besançon, est aux ordres du général Bourbaki. Les Allemands lui opposent leur XIVᵐᵉ corps conduit par le général de Werder (2) et constituent ensuite en toute hâte, à Chatillon-sur-Seine, sous le commandement du général de Manteuffel, une armée de deux corps, qui prend le nom d'*Armée du Sud.*

Marche sur Montbéliard.— Le 1ᵉʳ janvier 1871, le 3ᵐᵉ bataillon du 61ᵐᵉ fait partie d'une reconnaissance poussée jusqu'à Rioz, sur la route de Vesoul, pour éclairer le flanc gauche de l'armée de l'Est. Les deux autres bataillons sont transportés à Baume-les-Dames. Le général Bourbaki prend l'offensive entre les vallées de l'Ognon et du Doubs. Le 2, tout le 61ᵐᵉ est cantonné près de Baume-les-Dames. Le 2ᵐᵉ bataillon exécute une reconnaissance sur Avilley.

« Dans la journée du 3, des grand'gardes mixtes (infanterie

---

(1) Dauriac (Frédéric-Joseph), né à Leguillac-de-Lenche (Dordogne), le 1ᵉʳ avril 1821, élève à l'École spéciale militaire en 1839, sous-lieutenant en 1841, lieutenant en 1848, capitaine en 1854, major en 1865, lieutenant-colonel du 61ᵐᵉ de marche le 19 novembre 1870, passé au 92ᵐᵉ le 21 février 1871, a été retraité pour ancienneté de services le 17 juillet 1873. Le lieutenant-colonel Dauriac s'était distingué en Crimée et en Italie.

(1) Ce corps d'armée, qui venait de traverser les Vosges après les capitulations de Metz et de Strasbourg, se trouvait alors dans le voisinage de Vesoul.

et cavalerie) sont établies sur les hauteurs qui dominent Baume, dans les directions de Rougemont et d'Avilley.

« Le 4, on se porte sur Avilley, par Grosbois ; le 61ᵐᵉ de marche est cantonné aux villages de La Bretenière, Rougemontot, Cendrey et Ballenans.

Le 5, les 1ᵉʳ et 2ᵐᵉ bataillons se rendent à Avilley et le 3ᵐᵉ à Tallans. Des grand'gardes sont établies sur les routes de Rougemont et de Montussaint à Montbozon. Des pointes de uhlans se montrent à Montbozon et paraissent avoir pour but de couvrir des réquisitions. Près du pont du village, un uhlan est tué par nos sentinelles.

« Le 6 janvier, sept compagnies des 1ᵉʳ et 2ᵐᵉ bataillons, soutenues par une section d'artillerie et un escadron de chasseurs, exécutent à cinq heures du matin, sous les ordres du commandant Bertrand, une reconnaissance sur Montbozon, dans le but d'enlever les postes de uhlans qui peuvent s'y trouver, et d'éclairer la marche sur Rougemont de l'aile gauche du corps d'armée. Le mouvement s'opère par la rive gauche de l'Ognon, et par les villages de Maussans et de Besnans ; il est appuyé par le 3ᵐᵉ bataillon venu de Tallans avec le lieutenant-colonel Dauriac. Mais le village a été évacué dans la soirée du 5, et le 61ᵐᵉ de marche réuni se porte, sans combattre, sur Gouhelans, où il séjourne le 7, pendant que s'accentue le mouvement général de concentration qui se fait sur Rougemont, en vue de l'attaque de Villersexel où l'ennemi s'est établi. Il est formé une compagnie de 80 volontaires, dite des éclaireurs du régiment, sous les ordres du capitaine Maréchal.

« Le 8, le 61ᵐᵉ de marche s'avance jusqu'à Bournois, par Rougemont, Cuse, Cubry et Fallon. Ses grand'gardes sont établies sur les hauteurs qui séparent Bournois d'Accolans. Le lendemain, vers midi, pendant que l'ennemi est chassé de *Villersexel*, la division dont le régiment fait partie, se porte sur Marvelise, par Accolans et Courchaton.

« Le 10, l'ennemi s'est fortifié dans Arcey, dans le but de couvrir les deux routes de Montbéliard et d'Héricourt par lesquelles s'effectue son mouvement de retraite. Pour tâter la force de ce point, la 1ᵉʳ division prend position, dès le matin, sur les hauteurs qui séparent Arcey de Marvelise et ne montre que quelques bataillons à travers les éclaircies des bois. Le 3ᵐᵉ bataillon du 61ᵐᵉ occupe une de ces hauteurs, à droite de la ligne, tout près de la route d'Onans à Arcey. La compagnie des éclaireurs du régiment et une compagnie du 3ᵐᵉ bataillon s'avancent le long des pentes jusqu'à la lisière du bois, pour engager l'ennemi à se montrer et inquiéter ses avant-postes. Deux de nos hommes sont tués et deux autres blessés par des éclats d'obus. Quelques pièces sont mises en batterie pour répondre à celles que l'ennemi a placées en avant d'Arcey. » (1).

Le soir, la division reprend ses cantonnements de Marvelise; elle y séjourne jusqu'au 12 et maintient ses grand'gardes sur les emplacements qu'elles ont pris le 10. En attendant que la concentration des différents corps soit suffisante pour continuer la marche en avant, le 61ᵐᵉ complète ses approvisionnements malgré toutes les difficultés qui résultent du mauvais état des chemins.

Combat d'Arcey. — Le 13, l'armée de l'Est se porte contre les positions de l'ennemi vers Gonvillars, Arcey et Sainte-Marie. Les 60ᵐᵉ et 61ᵐᵉ sont chargés de la prise d'*Arcey*. Le 60ᵐᵉ doit attaquer de front, pendant que le 61ᵐᵉ tournera le village : à gauche, par son 1ᵉʳ bataillon formé en colonne de demi-bataillons à intervalle de déploiement ; à droite, par son 3ᵐᵉ bataillon dans le même ordre, soutenu par le bataillon de chasseurs de la 1ʳᵉ division. Le 2ᵐᵉ bataillon du 61ᵐᵉ reste en réserve au point d'où l'artillerie se prépare à ouvrir son feu. Contrairement à toute attente, le village est à peine défendu. Il en est de même des villages de Desandans et d'Aibre dont la brigade s'empare successivement. Toutefois, l'ennemi pour protéger le passage encaissé de ce dernier point, laisse quelques hommes à la ferme-auberge qui se trouve sur la route, à mi-chemin, entre Desandas et Aibre, et fait redoubler l'intensité du feu de son artillerie d'arrière-garde. Le 61ᵐᵉ dépasse le village d'Aibre ; son 2ᵐᵉ bataillon se deploie à un kilomètre au-delà, en prévision d'un retour offensif. Mais l'ennemi continue sa retraite et abandonne ses morts dont un

---

(1) *Journal du Corps.*

officier. Les pertes du 61ᵐᵉ ne sont que de quinze blessés.

Dans la soirée, le 1ᵉʳ bataillon prend ses cantonnements à Semondans ; le 2ᵐᵉ, qui a suivi le mouvement en avant, couche à Aibre et le 3ᵐᵉ s'établit à Saint-Julien. Des grand'gardes sont placées dans les directions de Tavey, de Laire et de Rainans. Le 14, les trois bataillons du 61ᵐᵉ se réunissent à Semondans.

Combat de Bussurel. — L'armée de l'Est a devant elle une quarantaine de mille hommes répartis sur un front de 20 kilomètres depuis Montbéliard jusqu'à Chenebier, par Héricourt. Le 15 janvier, dans la matinée, le général Bourbaki en ordonne l'attaque.

Les deux premiers bataillons du 61ᵐᵉ suivent à travers bois le sentier qui mène de Semondans à Rainans et débouchent sur le plateau bordant la Lisaine, au-dessus des villages de Vyans, *Bussurel* et Bethoncourt. Après un combat très vif, les deux bataillons du 61ᵐᵉ, ayant à leur droite ceux du 60ᵐᵉ, et derrière eux ceux du 87ᵐᵉ et 14ᵐᵉ provisoires (mobiles), s'emparent de Vyans et de Bussurel. Mais, ce succès, insuffisamment soutenu, n'est pas poursuivi et les Allemands restent maître de la voie ferrée.

Le combat de Bussurel, très glorieux pour le 61ᵐᵉ, lui coûte une centaine d'hommes mis hors de combat. Les capitaines Schleininger et Michard, le sous-lieutenant Hayet sont tués ou meurent de leurs blessures (1). Le sous-lieutenant Senault est blessé.

Bataille d'Héricourt. — Le 16, les deux premiers bataillons du 61ᵐᵉ, placés en réserve dans le bois de Chanois, ne prennent aucune part à la bataille *d'Héricourt*. Le 3ᵐᵉ bataillon

---

(1) Le capitaine Schleininger remplissait les fonctions de major. Non seulement il n'en profita pas pour se soustraire à la lutte, mais encore il se porta des premiers sur la ligne des tirailleurs. Un boulet lui fracassa les deux jambes. Le capitaine Michard était un vieil officier aux cheveux blancs. Atteint d'une balle en pleine poitrine et se sentant mourir, il fit appeler son lieutenant et lui remit les fonds de la compagnie avec une sérénité digne des temps anciens.

qui s'est égaré la veille, suit le sort des troupes de la division de Busserolles et combat jusqu'au soir. Il se replie ensuite jusqu'à Laire après avoir perdu une vingtaine d'hommes. Les sous-lieutenants Astier et Lepot sont blessés, ce dernier mortellement.

Retraite sur Pontarlier. — Les 17 et 18 janvier, le régiment conserve ses positions dans le bois de Chanois, sur le plateau en arrière et à l'ouest de Bussurel. Le 19, à une heure du matin, il participe à un mouvement rétrograde de toute l'armée, provoqué par l'arrivée de l'armée du Sud et se porte sur Etrappe par Rainans, Sainte-Marie, Montenois et Faimbe. Le but de la campagne est ainsi manqué.

L'armée de l'Est, exposée aux attaques du XIVme corps et de l'armée du Sud, précipite sa retraite. Les privations et les maladies font de grands ravages. Le 20, les trois bataillons du 61me campent à Blamont, Dambelin et Goux, ainsi que la division dont ils font partie.

Combat de Roches. — Dans la journée du 21, le 2me bataillon se rend à Ecurcey et le 3me à Autechaux. Vers le soir, le 1er bataillon remplace les mobiles du Doubs sur les positions de Roches et de Tulay. Il occupe, par trois compagnies, la ferme du Haut-des-Bois, les collines en avant de Roches et le bois qui se trouve entre les deux villages. Le lendemain, les 2me et 3me bataillons ne font aucun mouvement. Le 1er bataillon, soutenu par un bataillon du 60me, surveille les débouchés de Séloncourt et d'Hérimoncourt. La journée du 23 se passe sans événements ; mais à 8 heures du soir, le village de Tulay et la ferme du Haut-des-Bois sont attaqués subitement. Les deux bataillons qui en ont la garde se replient sur Roches, qu'ils dépassent pour s'établir sur une position préférable, à proximité de l'embranchement des routes de Blamont à Roches et à Boudeval. Le combat dure jusqu'à minuit avec une certaine intensité. Le 1er bataillon du 61me perd quelques hommes, dont le caporal Imbert, et compte, parmi ses blessés, le sous-lieutenant Bondet de la Bernardie (1).

Le 24, un peu avant le jour, la retraite se poursuit. Le 61ᵐᵉ campe dans la soirée à Cour Saint-Maurice, le 25 à Frambouhans, le 26 à Morteau, le 27 à Maisons-du-Bois, le 28 à Vezenay et le 29 au Sarrageois, où tout le corps d'armée se trouve réuni. Le général Bourbaki, accablé par la douleur, s'est tiré un coup de pistolet et s'est blessé grièvement. Le général Clinchant le remplace dans le commandement de l'armée de l'Est.

Dans la journée du 30, les 60ᵐᵉ et 61ᵐᵉ de marche atteignent Foncine-le-Haut. Il leur serait possible de s'emparer des passages de Planches et de Foncine-le-Bas, où les ennemis ne possèdent encore que des détachements, mais le bruit se répand de la cessation des hostilités et les deux régiments se replient sur Mouthe.

Le général Clinchant, qui ne sait rien de l'inconcevable oubli à la suite duquel l'armée de l'Est n'est pas comprise dans l'armistice, cantonne ses troupes et ne fait aucun mouvement, tandis que les Allemands lui barrent toutes les routes.

Le 1er février, l'armée de l'Est n'a plus que l'alternative de se faire écraser ou de pénétrer en Suisse. Le général Clinchant se résout à ce dernier parti qui s'exécute, le même jour, sous la courageuse protection d'une arrière-garde d'infanterie commandée par le général Pallu de la Barrière (combat de la Cluse).

Les bases d'un traité ayant été admises, le 61ᵐᵉ de marche, cantonné à Orbe, se rend à Aurillac, dans les premiers jours de mars. Il entre dans la composition du 61ᵐᵉ réorganisé.

Traité de Francfort. — Le traité de Francfort, signé le 10 mai, termine la guerre. La France cède à l'Allemagne toute l'Alsace, moins le territoire de Belfort, et une partie de la Lorraine. Elle paie de plus une contribution de guerre de cinq milliards.

Période de paix. — Le 61ᵐᵉ est réorganisé au dépôt du corps, à Aurillac, à la suite du décret du 13 mars 1871 prescrivant l'incorporation des régiments provisoires dans les anciens régiments, de même numéro, récemment rapatriés. Il est formé

---

(1) M. de la Bernardie, qui n'avait jamais quitté le 61ᵐᵉ, a été nommé chef de bataillon au 58ᵐᵉ par décret du 25 mai 1897.

quatre bataillons de six compagnies : les deux premiers sont détachés à Billom et Pont-du-Château ; les deux autres restent au dépôt.

Le 17 septembre, le colonel Grandvalet prend le commandement du régiment. Vers la fin du même mois, le 61me est envoyé en *Corse*. Le lieutenant-colonel Vichery, promu colonel le 21 août 1871, est remplacé par le lieutenant-colonel d'Aubigny (1).

LIEUTENANT-COLONEL D'AUBIGNY

Le 13 janvier 1873, la 3me compagnie du 1er bataillon (lieutenant Nicolas) participe à une opération dirigée par la gendarmerie contre des bandits qui exploitent, pour leur compte, la magnifique forêt d'Aramina. Elle remplit sa mission, malgré les difficultés d'une longue marche de nuit, et son chef reçoit du Ministre de la Guerre un témoignage officiel de satisfaction. Au mois d'août suivant, le détachement de Sartène est félicité par le général gouverneur de la Corse, pour la belle conduite dont il a fait preuve en contribuant à l'extinction d'un très grave incendie survenu dans la forêt de Petreto.

Dans le courant d'avril 1874, le 61me est relevé dans l'île par le 40me et mis en garnison à *Toulon* et *Draguignan* (un bataillon) avec un détachement de trois compagnies à *Porquerolles*. Le colonel Grandvalet,

---

(1) D'Aubigny (Edouard-Arsène-Henry), né à Thionville en 1832, élève à l'Ecole spéciale militaire en 1852, sous-lieutenant en 1854, lieutenant et capitaine en 1855, chef de bataillon en 1866, lieutenant-colonel en 1870, passé au 61e le 22 novembre 1871, fut nommé colonel du 72e le 9 août 1873. Le général d'Aubigny, grièvement blessé devant Sébastopol, a été placé en 1897 dans le cadre de réserve après avoir commandé le 2e corps.

passé au 40ᵐᵉ de ligne, est remplacé, au mois de décembre par le colonel Pittié (1).

En 1875, le régiment est réorganisé en conformité des prescriptions de la loi du 13 mars. Il participe par trois bataillons, à des manœuvres de corps d'armée entre Gardanne et Ventabren. Le détachement de Porquerolles est réduit à une compagnie. Vers la fin de janvier 1879, le général Pittié est attaché à la personne du Président de la République. A mois de juin suivant, le colonel Cadet le remplace à la tête du 61ᵐᵉ (2).

COLONEL PITTIÉ

Expédition de Tunisie

(1881 - 1882)

Après la signature du traité du Bardo plaçant la Tunisie sous le protectorat de la France, la plupart des troupes qui ont pris part à la campagne sont rappelées. Les chefs religieux et politiques du pays en profitent pour fomenter une insurrection qui se propage du Nord au Sud. Dès la fin de l'été de

(1) Grandvalet (François-Adolphe), né à Bastia, entré au service 1816, nommé colonel du 61ᵐᵉ le 18 septembre 1871, passa au 40ᵐᵉ de ligne le 26 novembre 1874.

(2) Pittié (François-Gabriel), né à Nevers le 4 janvier 1829, élève l'École spéciale militaire en 1847, sous-lieutenant en 1849, lieutenant en 1851, capitaine en 1855, major en 1866, lieutenant-colonel et colonel en 1870, replacé lieutenant-colonel en 1871, colonel du 61ᵐᵉ le 29 décembre 1874, général de brigade en 1879, général de division en 1883, décédé à Paris le 3 décembre 1886. Le général Pittié avait été blessé 8 septembre 1855 à l'assaut de Sébastopol, le 21 juin 1859 à Solférino, e 23 décembre 1870 à Pont-Noyelles.

1881, une seconde expédition est devenue nécessaire. Le général Saussier en reçoit le commandement.

Le 3me bataillon du 61me de ligne, désigné pour faire partie de cette expédition, s'embarque à Toulon, sur la *Ville-de-Bône*, le 28 septembre et débarque à La Goulette trois jours après (1). Le 3 octobre, on l'envoie à La Manouba, où il est rejoint, le 5, par deux autres bataillons, l'un du 46me, l'autre du 111me, pour former le 2me régiment (lieutenant-colonel Travailleur, du 61me) de la 6me brigade (général Philebert).

Occupation de Tunis. — Le 10 octobre, le 3me bataillon du 61me occupe Tunis pendant que les deux autres bataillons du 2me régiment prennent possession des forts. Il campe sur les allées de la Marine, près du Consulat de France.

Marche sur Kairouan. — Le 16, le général Logerot part de Tunis à la tête du 2me régiment et se rend au camp d'El Loukanda où se concentrent toutes les troupes des 5me et 6me brigades, qui doivent, avec lui, marcher sur Kairouan.

Dans la soirée du 21, à El Loukanda, le camp de la 6me brigade, est attaqué par quelques Arabes. Leurs coups de feu, tirés de trop loin, ne portent pas.

Le 24, le général Philebert exécute une razzia sur la tribu des Riahs pour la punir d'avoir attaqué, quoique soumise, un convoi de ravitaillement. Le bataillon du 61me, qui y participe, rentre au camp d'El Loukanda dans la journée du 28, par Sidi bou Becker et la vallée de l'oued Miliane.

Tandis que la 5me brigade continue sa marche sur Kairouan, le général Philebert et la brigade qu'il commande, restent au camp d'El Loukanda.

Le 31, une reconnaissance dont le bataillon du 61me fait partie, contribue à la pacification du pays. Elle campe, le 3 novembre, près de la zaouia de Sidi Abd-el-Meleck (ruines d'Uzappa) et retourne, le 7, à El Loukanda.

Poursuite des Ouled Ayar. — Le 8, le général Philebert lève son camp pour châtier les Ouled Ayar, qui ont participé au pillage de la gare de l'Oued Zerga et au massacre, sur ce point, de plusieurs Européens. Le bataillon du 61me, formant

---

(1) Le 3me bataillon était ainsi composé : chef de bataillon de Battisti ; capitaines Roussel (adjudant-major), Giraudeau, Laneret, Gry et Nicolas ; lieutenants de la Bernardie, Arnoux, Bourzat et Zeiter : sous-lieutenants de Sedaiges, Adnet, du Laurens et Barrère ; médecin-major Bertrand. Son effectif était de 550 hommes.

l'escorte du convoi, ne se met en route que le lendemain. Il campe le même jour à Sidi-el-Heni, le 10 à Tarf-ech-Chena, le 11 à l'oued Bou Arada, le 12 à Medjez-es-Sfa, le 13 à l'oued Gavour, où il est remplacé dans son service particulier par le bataillon du 46ᵐᵉ, le 14 à Kasser-el-Hadid, le 16 au djebel Belota, le 19 au bordj Abd-el-Meleck, et le 20 sur le plateau de Macteur. Les Ouled Ayar paraissant disposés à accepter le combat, le général Philebert diffère son attaque pour permettre à deux autres colonnes (général d'Aubigny et colonel de Laroque) d'y prendre part.

Pendant la nuit, les Arabes se retirent. Le 21, de très bonne heure, le général Philebert se met à leur poursuite. Il les atteint près du Bordj Debbich, vers 3 heures du soir, et les fait cerner par le bataillon du 61ᵐᵉ, qui s'empare de leurs troupeaux. Les Ouled Ayar se rendent sans conditions. La colonne rentre à Macteur, le 24, en passant par l'oued Abassi.

Marche sur El Djem. — Le 25, les bataillons du 61ᵐᵉ et du 111ᵐᵉ se rendent à El Aala où le bataillon du 46ᵐᵉ les a déjà précédés. Toute la brigade s'y installe à partir des premiers jours de décembre.

Le 5, le bataillon du 61ᵐᵉ conduit à Kairouan, où la 5ᵉ brigade est entrée, un convoi de 150 voitures chargées de bois. Les pluies ayant inondé toute la contrée, le bataillon reste à Kairouan jusqu'au 10. Il retourne ensuite à El Aala.

Le 17, le lieutenant-colonel Travailleur part avec les bataillons des 46ᵐᵉ et 61ᵐᵉ et un escadron de hussards pour appuyer, vers El Djem, les opérations d'une colonne de la 7ᵐᵉ brigade traquant des tribus insoumises refoulées par la colonne Logerot (5ᵐᵉ brigade).

Le 19, à Haouch Tascha, un campement des Hamama-Fetnaça est surpris et fait sa soumission. La petite colonne reprend ensuite sa marche vers le sud-ouest, à la rencontre du général Philebert, qu'elle rejoint, le 27, à l'oued el-Hallouf.

Marche sur l'Oued Djilma. — Le 6 janvier 1882, le général Philebert se porte sur l'oued Djilma par l'oued Fekka, le marabout de Sidi Abd-el-Kader et l'henchir El Baroud. Le 11, le bataillon du 61ᵐᵉ se sépare de la colonne et se rend à un caravansérail situé sur les bords de l'oued, à sept kilomètres d'El Baroud. Le 24, trois compagnies du bataillon s'échelonnent dans la direction de Kairouan, à Hadjeb-el-Aïoun, à Aïn Beida et aux Puits, pour escorter les convois d'une étape à l'autre.

Elles rentrent au caravansérail le 3 février.

Marche sur Gafsa. — Le 8 au matin, le général Philebert part de l'oued Djilma, avec le 27ᵐᵉ bataillon de chasseurs, les bataillons du 61ᵐᵉ et du 111ᵐᵉ et une batterie de montagne, pour se rendre à Gafsa où il arrive, le 15, par les redirs Zabeus, l'oued el-Hallouf, Madjèn Sinaoui et les oglet Meretba. Une colonne venue de Constantine est remplacée au nord de l'oasis.

Colonne du Sud. — Le général Logerot ayant ordonné la formation d'une colonne dirigée contre les tribus du Nefzaoua, le bataillon du 61ᵐᵉ quitte Gafsa le 20 mars et précède, jusqu'à Bir Mrabot, les autres troupes du général Philebert. Retenu à Bir Mrabot par des pluies continuelles, il y est rejoint, le 28, par la 6ᵐᵉ brigade. Il s'achemine ensuite avec elle sur Oum Sema, dont les habitants se sont enfuis pour faire cause commune avec les dissidents. Le passage du Chott-el-Fedjej est rendu tout particulièrement pénible par le mauvais temps. De nombreuses blessures sont occasionnées par l'infiltration, dans les chaussures, d'un mélange de sable et d'eau. Le village d'Oum Sema est rasé par le 61ᵐᵉ.

Le 5 avril, le général Philebert campe à Kebilli. Les bataillons du 61ᵐᵉ et du 111ᵐᵉ, conduits par le lieutenant-colonel Travailleur, se rendent au camp de Ras-el-Oued, près de Gabès, pour y prendre des vivres. Ils retournent à Kebilli au bout de douze jours, sans autre repos que celui nécessité par le chargement du convoi.

Dès que le ravitaillement de sa colonne est effectué, le général Philebert se remet en route. Le bataillon du 61ᵐᵉ, détaché le 18 à Seftimi, où des dissidents ont été signalés, rejoint la brigade, le 24, à Bir Zoumit. La colonne séjourne en ce point jusqu'au 1ᵉʳ mai. Puis elle reprend sa marche vers le Sud, à la poursuite des dissidents qui deviennent insaisissables. Les étapes sont rendues très pénibles par la chaleur et le manque d'eau. Le 9, par Bir Soltan, Bir-es-Sof, Kesseur beni Kredach, Kesseur ouled Nadi, Thala, l'oued bou Hamed et l'Aïn el Zitoun, le bataillon du 61ᵐᵉ arrive à l'oued Tatahouin. Quatre jours après, la 6ᵐᵉ brigade lève son camp et longe la frontière tripolitaine jusqu'à l'oued Neffetia, où elle est rejointe, le 13, par le général Logerot qui la conduit à Gabès par l'oued bou Ahmed, l'oued Senem, Kesseur Metameur, l'oued Mejerda-es-Zeuss, Mareth et Ketena. Pour la première fois, depuis le 23 mars, les soldats reçoivent à Gabès une distribution de pain.

Le 25, le bataillon du 61ᵐᵉ quitte la plage de Gabès pour occuper la redoute de Ras-el-Oued, en attendant le retour des troupes du général Jamais envoyées plus au sud. Le lendemain, la 6ᵐᵉ brigade est passée en revue par le général Forgemol, nommé au commandement du corps d'occupation. Elle est ensuite dissoute et le général Philebert rentre en France. La pacification du pays est désormais complète.

Le 18 juin, le bataillon du 61ᵐᵉ retourne à Gabès. Il y campe jusqu'au 4 octobre. A cette date on l'envoie à Tunis par le paquebot *La Martinique*.

Le 6 janvier 1883, le bataillon est rapatrié par le *Charles-Quint*. Il débarque à Toulon le 8, salué sur son passage par les applaudissements de toute la population.

Pendant les quinze mois de son séjour en Tunisie, le 3ᵐᵉ bataillon du 61ᵐᵉ n'a pas eu à combattre sérieusement. La pacification du pays s'est opérée sans secousse. Mais par son entrain, sa résistance à la fatigue à travers des régions souvent désertiques, par son courage à supporter bien des privations, ce bataillon a justifié le bon renom du régiment et prouvé que l'on pouvait avoir en lui toute confiance dans l'avenir (1).

En 1882, le colonel Cadet, nommé au commandement du Prytanée militaire de la Flèche, est remplacé par le colonel Petitgand (2). Au mois de septembre, les 1ᵉʳ, 2ᵐᵉ et 4ᵐᵉ bataillons participent, du côté d'Orange, à des manœuvres du XVᵐᵉ corps.

Epidémie de choléra. — En 1884, de juin à octobre, le choléra sévit à Toulon et fait de nombreuses victimes. Des mesures spéciales sont prises pour mettre le 61ᵐᵉ à l'abri du fléau. Les médecins-

---

(1) L'expédition de Tunisie n'a coûté au 61ᵐᵉ que cinq soldats morts de maladie.

(2) Cadet (Claude-Jules), né à Besançon en 1828, élève à l'Ecole spéciale militaire en 1845, sous-lieutenant en 1847, lieutenant en 1851, capitaine en 1855, major en 1868, lieutenant-colonel en 1874, colonel du 61ᵐᵉ le 7 juin 1879, colonel hors cadres le 13 mai 1882, général de brigade en 1885, a été admis à la retraite sur sa demande, en 1889.

majors Sedan et Bertrand, témoignent de beaucoup
de dévouement et coopèrent, aussi souvent qu'ils en
ont la possibilité, au service des ambulances civiles.
Au mois de juillet 1885, le choléra se déclare de nouveau. Les mesures de l'année précédente sont renou-
velées. Vers la fin de septembre, lorsque disparaît
l'épidémie, le régiment n'a perdu qu'un officier et
quatre soldats.

Actes de courage. — Le 15 juin 1886, un sinistre se produit
en rade de Port-Cros. Une embarcation de plaisance montée par
trois officiers du 61ᵐᵉ, chavire à 150 mètres de l'île Bagaud. Le
sous-lieutenant Fonverne se noie. Les caporaux Colonna et
Marcilly, les soldats Argaud, Colombani et Picchioli, portent
secours aux naufragés et sont cités pour leur courage.

Dans la nuit du 25 au 26 octobre, le transport de guerre
le *Tonkin* est jeté à la côte, sur les rochers de Bagaud, par une
mer complètement démontée. Le lieutenant Adnet, le caporal
Padovani, les soldats Reynier, Gazagne, Sanson, Rodier, Fréoud
et Sinard, du 61ᵐᵉ, viennent à son secours avec l'embarcation
du Lazaret et procèdent au sauvetage des passagers. Leur
action est d'autant plus méritoire, que les pêcheurs de l'île,
effrayés par l'état de la mer, ont renoncé à l'accomplir.

En 1887, le colonel Petitgand, nommé général de
brigade est remplacé par le colonel Donnier (1). Le
régiment est réduit à trois bataillons par application
de la loi du 25 juillet instituant les cadres complémentaires.

Le 28 mars 1888, le colonel Donnier meurt à
Toulon après avoir lutté jusqu'à la dernière minute,
avec une énergie surhumaine, contre la maladie qui
l'emporte et dont il a contracté le germe au Tonkin.

---

(1) Petitgand (Nicolas-Alphonse), né à Chaumont en 1827, soldat en 1846,
élève à l'École spéciale militaire en 1850, sous-lieutenant en 1852, lieutenant en 1855, capitaine en 1858, major en 1870, lieutenant-colonel en
1876, colonel en 1879, colonel du 61ᵐᵉ le 13 mai 1882, général de brigade
en 1887, a été admis à faire valoir ses droits à la retraite en 1889. Le
général Petitgand fut blessé par un éclat d'obus à la bataille de Gra-
velotte.

Il est remplacé par le colonel Jouneau, du 4⁰ᵉ tirailleurs (1). L'année suivante, au mois de juillet, au retour d'une période passée dans les Alpes, le colonel Jouneau retourne au 4ᵐᵉ tirailleurs (2). Le colonel Gay de Taradel prend le commandement du 61ᵐᵉ (3).

COLONEL DONNIER

Le 28 mai 1890, le 2ᵐᵉ bataillon (commandant de Lamaze) est détaché à Menton. Au mois d'octobre on l'envoie à Draguignan.

Séjour en Corse. — Le 25 juillet 1891, le régiment quitte Toulon pour se rendre en *Corse* où il remplace le 111ᵐᵉ. Il est l'objet, à son départ, d'une manifestation enthousiaste. Le *Ferdinand de Lesseps*, sur lequel il est embarqué arrive à Bastia le 21 et à Ajaccio le lendemain. L'état-major du régiment est à Bastia. Les garnisons d'Ajaccio, de Bonifacio, de Calvi et de Corte sont

(1) Donnier (Jean-Frédéric-Auguste), né en 1836 à Cherbourg, élève à l'Ecole spéciale militaire en 1853, sous-lieutenant en 1855, lieutenant en 1858, capitaine en 1863, chef de bataillon en 1875 et lieutenant-colonel en 1884, avait été nommé colonel du 61ᵐᵉ le 25 février 1887. Le colonel Donnier, atteint, en 1884, au Tonkin, d'une balle à la jambe, avait déjà reçu une blessure, le 6 août 1870, à la bataille de Frœschwiller.

(2) Jouneau (Alfred-Joseph), né aux Nouillers (Charente-Inférieure) en 1837, élève à l'Ecole spéciale militaire en 1856, sous-lieutenant en 1858, lieutenant en 1863, capitaine en 1868, chef de bataillon en 1876, lieutenant-colonel en 1881 et colonel du 61ᵐᵉ le 17 avril 1888, avait combattu en 1870 et avait été blessé, le 6 août, à la bataille de Frœschwiller.

(3) De Taradel (Alphonse-Bernard Gay), né en 1841 à Marseille, élève à l'Ecole spéciale militaire en 1861, sous-lieutenant en 1863, lieutenant en 1865, capitaine en 1870, chef de bataillon en 1875, lieutenant-colonel en 1886, colonel du 61ᵐᵉ le 11 juillet 1889, passé au 83ᵐᵉ en 1893, a été nommé général en 1895.

occupées par les détachements. Au mois de septembre, des manœuvres de brigade sont exécutées dans
les environ de Corte sous la direction du général
Couston, gouverneur de l'île.

COLONEL DE TARADEL

Le 25 février
1893, le colonel
de Taradel passe
au commande-
ment du 83ᵐᵉ d'in-
fanterie. Il est
remplacé d'abord
par le colonel de
Geyer d'Orth,
puis par le colo-
nel Niox et en
dernier lieu, au
mois de juillet,
par le colonel
Urion (1). Jusqu'à
cette date le com-
mandement du ré-
giment est exercé,
par interim, par

le lieutenant-colonel Pognard (1). Au mois de septembre, le 261ᵐᵒ régiment de réserve est convoqué à Corte
pour la première fois.

Dans les premiers jours de juin 1894, le 61ᵐᵒ est
remplacé en Corse par le 40ᵐᵒ. Il est embarqué sur le
Winh-Long et conduit à *Marseille*. Le dépôt du corps

<hr>

(1) Urion (Eugène). né en 1838 à Pont-à-Mousson, élève à l'Ecole
spéciale militaire en 1857, sous-lieutenant en 1859, lieutenant en 1864,
capitaine en 1870, chef de bataillon en 1879, lieutenant-colonel en 1889,
colonel du 61ᵐᵉ le 9 juillet 1893, a été blessé, le 14 août 1870, à la
bataille de Borny.

(2) Nommé en remplacement du lieutenant-colonel Delmas de Grammont admis à la retraite le 27 décembre 1892. Le colonel Pognard
commande actuellement le 2ᵐᵉ régiment de tirailleurs.

et un bataillon se rendent à *Privas*, sous le commandement du lieutenant-colonel Graeff (1). Depuis cette époque, un bataillon est annuellement détaché dans les Alpes pour une période de trente jours.

Campement du 61ᵐᵉ à Saint-Dalmas-le-Plan en 1896
(D'Après une photographie de M. de Montgolfier.)

En 1896, des manœuvres de division, dirigées par le général Derrécagaix, ont eu lieu dans la région

____

(1) Nommé en remplacement du lieutenant-colonel Croissandeau, qui n'avait pas rejoint et remplaçait lui-même le lieutenant-colonel Pognard passé, avec son grade, au 2ᵐᵉ régiment de tirailleurs. Le régiment compte actuellement deux lieutenants-colonels, MM. Graeff et Borrel.

du Var et de ses affluents. La 60ᵐᵉ brigade, à laquelle appartient le 61ᵐᵉ, était sous les ordres de son chef, le général Lacapelle.

Telle est, brièvement esquissée, l'histoire du Régiment. Brillante, elle l'est sans doute, parce que des malheurs immérités et le triomphe du nombre sur le courage ne peuvent pas effacer deux siècles de gloire.

Et pourtant, c'est peut-être à vous, soldats du 61ᵐᵉ pour qui cette histoire est écrite, qu'il appartiendra de la rendre plus belle encore.

Si votre destinée doit être celle des combats, souvenez-vous de ce qu'ont fait vos aïeux et que les rayons de leur flamme héroïque passent dans vos cœurs.

Restez fidèles au Drapeau qui symbolise la Patrie.

Et si la mort doit vous frapper dans l'accomplissement de votre devoir, envisagez-la sans faiblesse.

N'oubliez jamais cette maxime des Gaulois dont nous sommes les fils :

« Tout meurt ; une seule chose ne meurt pas, c'est le jugement qu'on porte des morts. »

COLONEL URION

Commandant, en 1897, le 61me Régiment d'Infanterie

APPENDICE

Actes de Courage accomplis par des Militaires du Régiment

Dubos, sapeur. (Médaille d'argent. Saint-Omer, 30 octobre 1824). — Belle conduite dans un incendie.

Goidon, caporal ; **Arnoulf, Jacquet,** voltigeurs. (Médaille d'argent. Cambrai, 21 janvier 1829). — Sauvent au péril de leur vie un homme qui allait disparaître sous la glace de fossés de la ville.

Jacquemet, voltigeur. (Médaille d'argent. Maubeuge, 16 mars 1830). — Sauve de la mort deux ouvriers que la chute d'un échafaudage avait précipités dans les fossés vaseux du corps de place.

Froussel, fusilier. (Médaille d'argent. Bergues, mai 1831). — Sauve de la mort un caporal du 61ᵐᵉ, sur le point de se noyer dans le canal de Bergues.

Hingant, caporal. (Dieppe, 6 octobre 1831). — Meurt dans les flots en essayant de sauver un enfant qui venait de tomber dans les bassins de Dieppe.

Dubos, fusilier. (Médaille d'argent. Rouen, 19 juin 1832). — Sauve d'une mort certaine une femme qui venait de tomber dans la Seine.

Delacour (Michel), caporal. (Médaille d'argent. Lyon, 15 février 1836). — Belle conduite dans en incendie (voir plus bas).

Riant (Joseph), soldat. (Médaille d'argent de 2ᵐᵉ classe. Avignon, 1840). — A fait preuve de beaucoup de dévouement en portant secours à des personnes dont la vie était en danger par suite d'une inondation du Rhône (voir plus bas).

Brulfert (Georges), caporal. (Médaille d'argent de 2ᵐᵉ classe.

Bayonne, 10 mai 1840).— Sauve de la mort un sapeur-pompier qui venait d'être entouré par les flammes.

Minard (François-Etienne), sergent-fourrier. (Médaille d'argent de 2me classe. Lyon, 20 mars 1847).— Belle conduite dans un incendie.

Delacour (Michel), sergent. (Médaille d'argent de 1re classe. Lyon, 20 mars 1847). — Belle conduite dans un incendie.

Riant (Joseph), soldat. (Médaille d'argent de 1re classe. Dieppe, 9 mars 1849). — Sauve au péril de sa vie, un enfant qui était tombé dans les bassins de Dieppe.

Bafour (Henri-Jacques), voltigeur. (Médaille d'argent de 2me classe. La Rochelle, 30 juin 1851).— Sauve au péril de sa vie un enfant qui se noyait dans le port.

Molinier, lieutenant; **Hucher,** sous-lieutenant; **Roque,** sergent-fourrier. (Ordre de la place. Rochefort, 18 décembre 1851). — Belle conduite dans un incendie.

Goubin, caporal. (Médaille d'argent de 2me classe. Rochefort, 1852). — Se jette à la mer et sauve d'une mort certaine un matelot dont la barque venait de chavirer.

De Bruhaupt, sergent ; **Giovanetti,** caporal ; **Lesledant, Chambragne, Legrand, Morcan, Ivain, Het,** soldats. (Ordre du régiment. Ile de Ré, 6 août 1852). — Courageux efforts pour sauver un jeune homme qui se noyait dans la rade de Saint-Martin-de-Ré

Cluzan (Pierre), caporal. (Médaille d'argent de 2me classe. Orléans, 12 juin 1859). — Faits de sauvetage.

Billaron, caporal. (Médaille d'argent de 2me classe, 1862). — Faits de sauvetage.

Boisset, sergent. (Ordre de la brigade. Cambrai, 28 juillet 1864). — Belle conduite dans un incendie.

Lour, sapeur. (Ordre du régiment. Metz, 3 août 1867. — Belle conduite dans un incendie.

Balthazar, fusilier. (Ordre du régiment. Blois, 22 octobre 1867).— Arrête des chevaux emportés attelés à une voiture.

Giorgi, soldat. (Ordre du régiment. Bastia, 6 juillet 1872).

Désarme un malfaiteur dangereux qui allait frapper un gendarme avec un couteau de boucher.

Surgis, caporal ; **Naudet,** soldat. (Ordre du régiment. Bastia, novembre 1872). — Belle conduite dans un incendie (Le Conseil municipal de Bastia leur accorda à chacun une gratification de 60 francs, que Naudet abandonna aux pauvres de la ville).

Maguin (Nicolas), soldat. (Médaille d'argent de 2me classe. Bastia, 7 juillet 1873). — Sauve, au péril de sa vie, un professeur qui se noyait dans la rade.

Barida, soldat. (Médaille d'argent de 2me classe. Toulon, 28 avril 1880). — Sauve, au péril de sa vie, un enfant qui se noyait dans le port.

Lemaistre, sergent (Médaille d'argent de 2me classe. Toulon. 13 juin 1882). — Belle conduite dans un incendie.

Reynier (Prosper), soldat. (Médaille d'argent de 2me classe. Toulon, 19 janvier 1883). — Sauvetage d'une femme et d'un enfant sur le point de périr dans un incendie.

Lect, soldat. (Ordre du régiment. Environs de Toulon, 9 août 1883). — Se jette tout habillé et sac au dos, dans une mare assez profonde où un enfant était en danger de se noyer.

Streicher, lieutenant, **Luccioni,** caporal. (Ordre du régiment. Toulon, 9 mai 1884). — Ont arrêté des chevaux emportés qui faisaient courir un sérieux danger au régiment revenant d'une marche militaire.

Meyssonnier (Joseph-Gabriel), adjudant. (Médaille d'argent de 1re classe. Toulon, 1884-1885). — A fait preuve d'un très grand courage pendant l'épidémie de choléra.

Colonna, Marsilly, caporaux ; **Argaud, Colombain, Picchioli,** soldats. (Médaille d'argent de 2me classe. Port-Cros, 15 juin 1886). — Ont couru les plus grands dangers en portant secours à trois officiers du régiment montés dans une embarcation qui venait de chavirer dans la rade et sont parvenus à opérer le sauvetage de l'un d'entre eux.

Adnet, lieutenant ; **Padovani,** caporal ; **Reynier, Gazagne, Sanson, Sinard, Rodier, Fréoud,** soldats. (Ordre du régiment. Port-Cros, 1er novembre 1886). — Se sont portés, par une nuit noire et une mer absolument démontée, guidés seulement par le bruit du canon d'alarme, au secours du transport de guerre *Le Tonkin* qui venait de faire naufrage sur les rochers de Bagaud.

Espérandieu (Emile-Jules), capitaine. (Médaille d'argent de 2ᵐᵉ classe. Toulon, 30 novembre 1890). — S'est distingué en différentes circonstances, et notamment, le 30 novembre 1890 à Toulon, en travaillant à l'extinction d'un violent incendie survenu dans un magasin de pétrole.

Calendini, sergent ; **Bruschi, Cavaloni, Rougny**, soldats. (Ordre du Gouvernement de la Corse. Ajaccio, 24 avril 1892). — Arrêtent et désarment un malfaiteur dangereux qui venait de frapper une personne d'un coup de stylet.

Versini, Guigou, soldats. (Ordre du Gouvernement de la Corse. Ajaccio, 2 mai 1892). — Ont porté secours à un capitaine de gendarmerie entouré par une foule hostile, ameutée à la suite d'une rixe sérieuse.

Gence (Auguste-Joseph-Marie), caporal (Mention honorable. Ajaccio, 11 novembre 1892. — A fait preuve de courage en prêtant main-forte à un agent de police, pour procéder à l'arrestation d'un individu dangereux.

Arrhigi (Rigo), soldat. (Mention honorable. Borgo, 17 décembre 1892). — S'est signalé particulièrement en opérant le sauvetage d'une femme âgée et d'une enfant en danger de péril dans une maison incendiée.

Franzini, adjudant ; **Piétri**, sergent-major. (Ordre du gouvernement de la Corse. Ajaccio, 10 juillet 1893). — Belle conduite dans une bagarre où, grâce à leur intervention, un agent de police a pu maintenir en état d'arrestation un individu dangereux.

Tellier, soldat. (Mention honorable. Bastia, 2 août 1893). — S'est signalé en arrêtant au péril de sa vie deux chevaux emportés attelés à une voiture.

Piccinotti, Lozano, soldats. (Témoignage officiel de satisfaction. Bonifacio, 13 octobre 1893). — Se sont jetés à la mer, dans des conditions très périlleuses, pour porter secours à des naufragés à deux milles du rivage.

Molines, soldat. (Ordre du régiment. Bastia, 22 octobre 1893).
— A arrêté et désarmé un individu qui, dans une rixe, venait
de blesser son adversaire d'un coup de stylet et s'apprêtait à
le frapper encore.

ADDITIONS ET CORRECTIONS

Notre éloignement ne nous ayant pas permis de surveiller d'assez près l'impression de ce travail, il en est résulté quelques erreurs que nous prions de corriger. Nous signalerons en particulier les suivantes :

Page 2, ligne 11, *au lieu de* : 1661, *lire* : 1671.

Page 36, ligne 14, *au lieu de* : 1709, *lire* : 1710.

Page 65, ligne 33, *au lieu de* : 1822, *lire* : 1802.

Page 91, ligne 18, *au lieu de* : Comité de Salut Public, *lire* : Directoire.

Page 93, ligne 7, voir la note de la page 99.

Page 99, note 1, ligne 3, *au lieu de* : Martinier, *lire* : Martinien.

Page 117, ligne 1, *au lieu de* : Boeildieu, *lire* : Boieldieu.

Page 119, note, ligne 1, *au lieu de* : entre, *lire* : entré.

Page 120, ligne 1, *au lieu de* : formentée, *lire* : fomentée.

Page 154, ligne 15, *au lieu de* : Rhin, *lire* : Weser.

Page 160, ligne 31, *au lieu de* : ramenée, *lire* : ramené.

Page 164, ligne 30. Il n'y eut pas, à proprement parler, de déclaration de guerre entre la France et la Russie. Une proclamation de Napoléon Ier, datée du 23 juin, en tint lieu.

Page 165, ligne 12. Au début de la campagne de 1812, l'armée russe était sous les ordres du général Barclay de Tolly. Le tzar ne s'attribua que plus tard le commandement suprême. Les Russes eurent d'abord trois armées qui avaient pour chefs les généraux Barclay de Tolly, Bagration et Tormasof. Une quatrième armée, dite de Moldavie, fut conduite par Tchitchakof. L'armée de Wittgenstein n'apparut qu'en dernier lieu et fut constituée, par la force même des choses, avec un corps d'armée de Barclay et le corps de Finlande.

Page 173, note 3, ligne 5. On n'est pas très d'accord sur le bannissement de Rostopchine. Quelques-uns l'affirment, d'autres le nient. Il est seulement indubitable que le célèbre gouverneur de Moscou termina ses jours à Paris.

Page 179, note, ligne 2, *au lieu de* : 1811, *lire* : 1810.

Page 199, ligne 9, *au lieu de* : Vi latuerta, *lire* : Villatuerta.

Page 214, ligne 21, *au lieu de* : contre le, *lire* : contre les.

Page 213, ligne 12, *au lieu de* : coups à coups, *lire* : corps à corps.

Page 221, ligne 32, *au lieu de* : 29 février, *lire* 28 février.

Page 4, ligne 24, *au lieu de* : Rhin, *lire* Mayn.

Page 241, ligne 1, *au lieu de* : de Mincio, *lire* du Mincio.

TABLE DES MATIÈRES

R. F. — BIBLIOTHÈQUE NATIONALE — ESTAMPES

MARSEILLE

IMPRIMERIE GÉNÉRALE ACHARD ET Cⁱᵉ

Rue Chevalier-Roze, 3 et 5

Librairie AUBERTIN et Cie, Rue Paradis, 34 — MARSEILLE

DU BARAIL (Général). — Mes Souvenirs.
I : 1820-1851. 8ᵉ édition. In-8° avec portrait........ 7.50
II : 1851-1864. 7ᵉ édition. In-8° avec portrait....... 7.50
III : 1864-1879. 7ᵉ édition. In-8° avec portrait...... 7.50

CASTELLANE (Maréchal de). — Journal du maréchal de Castellane (1804-1862).
I : 1804-1823. 4ᵉ édit. Un vol. in-8° avec un portrait . 7.50
II : 1823-1831. 4ᵉ édit. In-8° avec une héliogravure.. 7.50
III : 1831-1847. 3ᵉ édit. Un vol. in-8° avec portrait
en héliogravure. 7.50
IV : 1847-1853. 3ᵉ édit. Un vol. in-8° avec une hélio-
gravure.................................... 7.50

COMBE (Colonel). — Mémoires du colonel Combe sur les campagnes de Russie 1812, de Saxe
18 de France 1814 et 1815. Nouvelle édition. Un
vol. in-18........ .... 3.50

SAINT-CHAMANS (Général Comte de) Mémoires du général comte de Saint-Chamans,
ancien aide de camp du maréchal Soult (1802-1832).
Un vol in-8° avec portrait..................... 7 50

THIÉBAULT (Général Baron). — Mémoire du général Thiébault, publiés sous les auspices de sa fille,
Mᵐᵉ Claire Thiébault, d'après le manuscrit original, par
Fernand Calmettes.
I : 1769-1795. 8ᵉ édit. Un vol. in-8°................. 7.50
II : 1795-1796. 7ᵉ édit. Un vol. in-8° 7.50
III : 1799-1806. 6ᵉ édit. Un vol. in-8°.......... ..... 7.50
IV : 1806-1813. 5ᵉ édit. Un vol. in-8°..... ... ... 7.50
V : 1813-1820. 5ᵉ édit. Un vol. in-8°............... 7.50

MARBOT (Général Baron de). — Mémoires du général baron de Marbot.
I : *Gênes, Austerlitz, Eylau.*
II : *Madrid, Essling, Torrès-Védras.*
III : *Polotsk, la Bérésina, Leipzig, Waterloo.*
Trois volumes in-8°, 42ᵉ édition.................... 22.50

CHAPTAL (Comte). — Mes Souvenirs sur Napoléon Iᵉʳ, publiés par son arrière-petit-fils le vicomte An. Chaptal, secrétaire d'ambassade. Un vol. in-8°
avec portrait................................... 7.50

A. & Cie

www.ingramcontent.com/pod-product-compliance
Ingram Content Group UK Ltd.
Pitfield, Milton Keynes, MK11 3LW, UK
UKHW021507090726
13657UKWH00001B/83